KB214142

Let's Go 에베소서

깊게 읽고 쉽게 풀어쓴

Let's Go
에베소서

강학종 지음

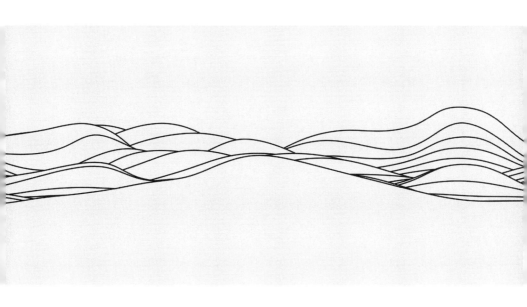

베드로서원

추천사

에베소서는 다른 서신서와 달리 특정한 상황이나 문제를 다루지 않는다. 그리스도의 보편적이며 우주적인 구속 사역, 다양한 사람들로 구성된 교회의 신학적 통일성, 교회와 가정, 사회에서의 바른 행동, 마귀와의 영적 전쟁의 의미를 설명한다. 이것들에 대한 이해 없이 성숙한 그리스도인이 될 수 있을까?

강학종 목사는 성경 이해와 해설에 능한 사람이다. 하나님의 말씀인 성경이 그때 거기에서 어떤 의미를 갖는가를 파악하고 지금 여기에 어떤 의미를 주는지 세밀하고 정확하게 살피는 비상한 능력이 있다. 그의 글에는 감동이 있으며 하나님의 임재로 우리를 초청하는 힘이 있다. 그래서 〈Let's Go 에베소서〉를 모든 독자들에게 추천한다.

강석제(응암교회 담임목사)

강학종 목사는 별난 사람이다. 자기 앞에 놓인 음식은 맛이 있으나 없으나 그냥 먹는 사람, 한번 입은 옷은 빨 때까지 계속 입는 사람, 신학생 때나 목사 된 지 25년인 지금이나 도무지 달라진 게 없는 사람으로 나에게는 형님뻘이다.

그 형님이 또 별난 일을 하신다. 동생에게 추천사를 부탁한다. 별난 일이 하나 더 늘어난 셈이다. 그 별난 목사 형님이 1세기의 소아시아에 있던 에베소교회를 통해 들려주시는 말씀을 편하게 풀어냈다. 소아시아에 있지만 절대 소아시아 사람들처럼 되지 않았으면 하는 에베소의 성도들 그리고 우리에게 주시는 하나님의 편지를 풀어냈다. 이 책 독자들은 언제 다 읽었는지 모르게 책의 마지막 장을 만나는 별난 체험을 하게 될 것이다.

김성환(대양교회 담임목사)

강학종 목사의 책은 특징이 있다. 우선 잘 읽힌다. 문장이 깔끔하고 군더더기가 없으니 그럴 수밖에 없다. 그다음에 설명이 쉽다. 그렇다고 해서 깊이가 없는 것이 아니다. 분명히 깊이 있는 내용인데도 쉽게 설명한다. 참부러운 능력이다. 그런 그가 또 한 권의 강해서를 출판했다. 이번에는 에베소서다. 에베소서는 교회론을 다룬 책이다. 지금까지처럼 〈Let's Go 에베소서〉라는 제목인데, 교회가 어떠해야 하는지 아주 명쾌하고도 깊이 있게 풀어냈다. 그런 그의 책을 기쁜 마음으로 기꺼이 추천한다. 이 책을 읽는 사람마다 신앙 각오를 새로이 다지게 될 것이다.

박종철(꿈꾸는교회 담임목사)

초대교회 이래로 교회는 여러 가지 신학적인 논쟁을 거쳐 왔다. 특히 현대 교회가 여전히 헤매는 문제가 교회론이다. 하나님이 어떻게 교회를 허락하시고 인도하시는가에 대한 이해는 부족한 채, 예수 그리스도를 머리로 하는 사람들의 모임이라 고백하면서도 자기들의 소견에 옳은 대로 교회 공동체를 이끄는 지도자들과 맹목적으로 따르는 성도들에게 책임이 있을 것이다.

이 책은 교회의 매뉴얼로 우리에게 주신 에베소서를 알기 쉽게 풀어냄으로 이 땅의 교회들에게 귀한 이정표가 되어 줄 것이며, 흔들리는 세상에서 흔들리지 않는 구원의 방주 역할을 감당하는 지침서가 될 것이다. 강학종 목사의 전작에서 얻었던 기대와 감격이 배나 더해짐을 느끼며 이 책을 추천한다. 이 책을 읽는 사람마다 신앙의 기쁨을 회복하는 기회를 갖게 될 줄 믿는다.

윤광서(영화교회 담임목사, 힘미니스트리 대표)

하늘의 언어인 성경을 땅의 언어로 풀어내는 일은 결코 쉬운 일이 아니다. 에베소의 교회와 현재의 교회는 시간적인 오랜 간극이 있음에도 강학종 목사의 〈Let's Go 에베소서〉는 교회란 무엇인가라는 신학적 주제를 정확히 담아내되 시간을 뛰어넘어 이 시대의 언어로 잘 풀어내어 현재의 교회와 성도의 삶에 바로 적용할 수 있는 걸작으로 같은 목사로서도 거룩한 질투가 난다.

이 시대는 교회가 폄하되고 복음을 전하기가 점점 어렵지만 다시 교회의 원형과 본질로 돌아가 우리 자신과 교회를 다시 재조명하고 수정한다면 여전히 교회가 소망이며 구원받을 자를 넉넉히 담아낼 수 있는 그릇이 될 줄로 믿고 이 책이 그 목적에 맞게 쓰여지리라 확신한다.

윤동일(무학교회 담임목사)

강학종 목사는 스스로를 무신경한 사람이라고 한다. 매사에 관심이 없다고 한다. 하지만 무신경한 사람이라기보다는 성경만 보는 사람이다. 성경에만 집중하기 때문에 사소한 것에는 신경 쓰지 않는 것이다. 헬스장에 다니는 것을 제외하고는 하루 종일 하나님의 말씀을 묵상하고, 설교 원고를 작성하고, 그 설교 원고를 토대로 책을 내고 있다.

그의 책은 목회자가 보기에도 감탄사가 나온다. "와우, 어떻게 이렇게 어려운 내용을 쉽게 풀어 쓸 수가 있나? 어떻게 이렇게 적절한 예화들을 알고 있나?" 성경 66권을 다 출판하라고 기회마다 권하는 중에 에베소서 출판 소식이 너무 반가워서 이 책을 강력하게 추천한다.

조용선(온무리교회 담임목사)

강학종 목사의 책은 우선 쉽다. 그래서 묵상용으로 좋으며 생각 속으로 잘 스며들어 온다. 목회자나 신학생뿐 아니라 일반 성도들도 읽으면 신앙의 본질에 대해서 쉽게 이해되고 정리되는 장점이 있다. 이번에 〈Let's Go 에베소서〉가 나왔다. 에베소서는 사도 바울이 옥중에서 쓴 서신으로 교회론이 그 내용이다. 그런 에베소서를 알기 쉽게 이해하고 정리할 수 있게 해준다. 책을 읽는 사람마다 예수 그리스도의 십자가 보혈로 구속함을 받은 공동체로서 건강한 교회론을 갖게 해줄 것이라 확신하기에 기꺼이 추천한다.

최광렬(백석대 교수)

머리말

에베소는 항구 도시입니다. 항구는 재화와 용역의 집산지입니다. 물질적인 풍요와 도덕적인 타락이 어우러지는 곳입니다. 현존하는 광고 중에 가장 오래된 광고가 에베소에 남아 있습니다. 금속판에 사람의 발 모양을 새기고 "이보다 작은 사람은 들어오지 마시오"라고 써 놓았습니다.

길거리에 사람들이 모여 있으면 십중팔구 뱀 장수였던 시절이 있습니다. 뱀 장수의 단골 멘트가 "애들은 가라"입니다. 금속판에 사람 발 모양을 새겨 놓고 "이보다 작은 사람은 들어오지 마시오"라고 한 것이 바로 그렇습니다. 이른바 미성년자 출입 금지 구역입니다. 공교롭게도 바울이 2년 동안 말씀을 강론한 두란노서원이 그 맞은편에 있었습니다. 길 하나를 사이에 두고 도서관과 유흥가가 나란히 자리한 셈입니다. 공부할 맛이 날까요?

어떤 고등학교에 실습 나온 교생이 있습니다. 1학년 교실에 들어가서 수업 시간 내내 첫사랑 얘기만 했습니다. 학생들이 다 좋아했습니다. 그런 수업 분위기가 소문이 났습니다. 3학년 교실에 수업을 들어갔습니다. 어떻게 된 영문인지 정상적으로 수업을 진행했습니다. 한 학생이 손을 들어 이의를 표합니다. "1학년 교실에서는 첫사랑 얘기를 했다고 들었는데 저희한테는 왜 안 해주십니까?" 교생이 답합니다. "야! 너희는 고 3이잖아!"

그 옛날, 두란노서원에서도 비슷한 상황이 있었을 수 있습니다. 고개만 돌리면 창밖으로 유흥가가 보입니다. 술에 취해 흥청대는 사람도 보이고 사내 팔에 안겨 교태를 부리는 여인도 보입니다. 허구한 날 성경 말씀만 듣는 자기들보다 훨씬 재미있게 사는 것 같습니다. 한 사람이 질문합니다. "선생님! 저 사람들은 저렇게 사는데 우리는 왜 이렇게 살아야 합니까?" 바울이 대답할 말은 뻔합니다. "여러분은 신자이기 때문입니다."

에베소는 아르테미스를 섬기는 도시입니다. 아르테미스는 제우스의 딸로, 시커먼 몸뚱이에다 온몸에 소의 음낭이 달린 기괴한 모습입니다. 에베소에 있던 아르테미스 신전은 이집트의 피라미드와 더불어 세계 7대 불가사의 중 하나로 꼽힙니다. 길이가 130m, 폭이 70m, 높이가 18m에 이를 만큼 엄청난 규모였습니다. 18m면 5층 건물 높이입니다. 국제 규격의 축구장 길이가 100-110m이고, 폭이 64-75m입니다. 아르테미스 신전은 축구장보다 더 넓은 규모입니다. 지금의 건축 기술로도 그런 건물을 짓는 것은 보통 일이 아닙니다. 하물며 이천 년 전에 그런 건물이 있었습니다. 에베소 사람들이 그 정도로 아르테미스를 섬기는 데 열심이었다는 뜻입니다.

그런 풍조에서 예수를 믿으면 "왜 우리만 이래야 하는가?"라는 의문이 생길 수 있습니다. 신앙 때문에 감수해야 하는 손해가 한둘이 아니었을 것입니다. 대세를 거스르는 소수는 영화에서나 멋있지, 실제로는 전혀 멋있지 않습니다. 오히려 고달픕니다. 그에 대한 답을 제시한 것이 에베소서입니다. "너희가 어떤 사람인 줄 아느냐? 바로 이런 사람이다!"라는 것이 에베소서가 말하는 내용입니다. 그런 에베소서를 가리켜서 우리는 교회론을 다룬 책이라고 합니다. 교회는 건물이 아니라 믿는 사람을 말합니다. 즉 "신자가 어떤 사람인가?", "바람직한 신자는 어떠해야 하는가?"를 다룬 책이 에베소서입니다.

그런 에베소서가 이렇게 책으로 나오게 되니 못내 뿌듯합니다. 저의 에베소서 설교를 듣던 교인들 표정이 지금도 눈에 선합니다. 그들이 더욱 바람직한 교회로 완성되기를 바라는 마음 간절합니다. 출판의 수고를 맡아 주신 방주석 장로님과 베드로서원 가족들, 그리고 기꺼이 추천사를 써주신 강석제 목사님, 김성환 목사님, 박종철 목사님, 윤광서 목사님, 윤동일 목사님, 조용선 목사님, 최광렬 교수님께도 이 지면을 빌려 고마움의 뜻을 전합니다. 이 책을 읽는 모든 독자에게 제가 에베소서를 통해서 받은 은혜가 그대로 전이되기를 소망합니다.

주후 2022년 12월
하늘교회 목사 강 학 종

차례

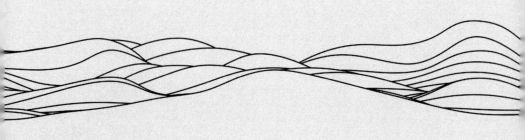

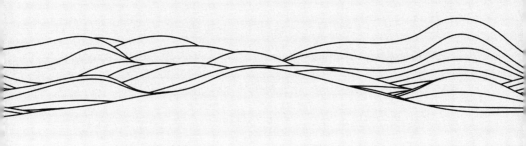

1장 창세전의 예정

1:1a〉 하나님의 뜻으로 말미암아

우리는 편지를 쓸 때 수신자를 쓰고 용건을 쓴 다음에 발신자를 쓰지만 헬라 문화권에서는 발신자를 제일 앞에 썼다. 바울도 먼저 자기를 밝히는데 에베소교회가 바울을 익히 아는 상태다. "나, 바울이오."라고 하면 된다. 그런데 "하나님의 뜻으로 말미암아 그리스도 예수의 사도 된 바울"이라고한다. 바울한테 가장 중요한 것이 하나님의 뜻이었다. 자기가 하나님의 뜻으로 말미암는 인생을 산다는 것이다.

우리한테 하나님의 뜻으로 말미암는 일이 뭐가 있을까? 혹시 하나님의 뜻으로 말미암아 밥을 먹을까? 하나님의 뜻으로 말미암아 휴일을 보낼까? 하나님의 뜻으로 말미암아 친구를 만날까?

이게 너무 사소한 것 같으면 보다 큰 문제로 넘어가 보자. 혹시 하나님의 뜻으로 말미암아 전공을 택할까? 하나님의 뜻으로 말미암아 취직을 할까? 하나님의 뜻으로 말미암아 혼인을 할까?

사소한 일은 사소하니까 자기가 알아서 하고 중요한 일은 중요하니까 자기가 알아서 하면, 우리한테 하나님의 뜻과 관계된 영역은 어디에 있을까? 어쩌면 우리는 예수를 믿는다고 하면서 하나님의 뜻과 아무 상관이 없을 수 있다. 가수 하덕규 씨의 〈가시나무새〉에 나오는 "내 속엔 내가 너무도 많아 당신이 쉴 곳 없네"라는 가사 그대로다. 하나님은 우리 안에 계실 곳이 없다.

복음서에 예수님이 여우도 굴이 있고 공중의 새도 집이 있으되 인자는 머리 둘 곳이 없다고 탄식하는 장면이 나온다. 아무도 예수님을 영접하지 않는 당시 현실을 한탄한 말씀이 아니다. 지금 우리가 예수님을 모시지 않고 있다는 뜻이다. 우리 인생이 우리 계획으로 가득 차 있다. 설령 예수님이라고 해도 비집고 들어오지 못한다. 그러면서 하나님께 함께해달라고 기도한다. 이미 자기 계획이 가득한데 하나님이 어떻게 함께할까? 하나님이 우리 계획 뒤꽁무니에 매달려야 할까?

총신대 대학원 교수와 충현교회 담임목사를 역임한 신성종 목사가 쓴 〈내가 본 지옥과 천국〉이라는 책이 있다. 주님을 직접 뵙게 된 신성종 목사가 주님께 여쭌다. "주님, 제가 기도할 적에 왜 침묵했습니까? 제 평생에 음성으로 응답한 것이 고작 대여섯 번밖에 안 되지 않습니까?" 주님께서 답하셨다. "내가 응답하기 전에 먼저 결정하지 않았느냐? 먼저 결정한 다음에 하는 기도에 어떻게 응답하느냐?"

우리는 하나님의 뜻에 대해서 진지하게 고민할 필요가 있다. 자칫하면 자기 뜻을 하나님 앞에 줄줄이 늘어놓는 것이 신앙생활인 줄 알 수 있다. 연애할 때 애인 뜻이 얼마나 소중한가? 모든 가치 판단의 근거가 애인 뜻이다. 마냥 자기 뜻을 내세우면 더 이상 연애는 못한다. 마찬가지다. 하나님의 뜻보다 자기 뜻이 더 중요하면 신앙생활에 마음이 없는 사람이다.

1:1b〉 그리스도 예수의 사도 된 바울은

사도는 보냄을 받았다는 뜻이다. 예수님이 하나님에 의해 보냄받은 것처럼 바울은 예수님에 의해 보냄받았다. 사도는 자기를 위해 존재하지 않고 자기를 보낸 분을 위해 존재한다.

지금도 보냄받은 사람들이 있다. 일단 선교사가 그렇다. "아프리카 오지에 파송된 선교사가 있는데 늘 자기 일만 챙기더라"라는 말은 들어본 적이 없다. 자기 일에 급급하면 선교사이기를 포기한 사람이다.

그러면 따져보자. 보냄받은 사람이 선교사뿐일까? 선교사로 간 사람과 선교사로 가지 않은 사람이 어떻게 다를까? 선교사로 파송된 사람은 인생 전부를 걸고 예수님을 나타내야 하지만 선교사로 파송되지 않은 사람은 꼬박꼬박 예배 참석하고 가끔 선교헌금을 하면 될까?

유아세례 때 부모가 세례문답을 한다. "이 아이가 하나님 앞에 죄인임과 예수님 외에는 소망이 없는 것을 인정하십니까?", "이 아이를 하나님께 헌신하는 사람으로 양육하기로 서약하십니까?", "하나님께서 이 아이의 주인 되심을 믿으십니까?" 이런 질문에는 아무렇지도 않게 "예"라고 답한다. 다시 묻는다. "이 아이가 나중에 해외 선교사를 지원해도 반대하지 않으시겠습니까?" 이런 질문에는 쉽게 "예"라고 하지 못한다. 앞의 세 가지 질문과 무슨 차이가 있어서 그럴까?

단언컨대 사람들이 예수 믿는다는 말을 너무 건성으로 한다. 예수를 믿는다는 말이 얼마나 심각한 말인지, 예수를 믿으면 삶이 어떻게 달라져야 하는지 생각하지 않는다. 예수를 믿는다는 얘기는 이 세상에 보냄받았다는 뜻이다. 선교사로 나간 사람이나 나가지 않은 사람이나 아무 차이가 없다. 우리는 어디에 있든지 우리를 보내신 분을 위해서 살아야 한다. 예수님이 보냄받았고 바울이 보냄받은 것처럼 우리 역시 보냄받았다.

내가 진실로 진실로 너희에게 이르노니 내가 보낸 자를 영접하는 자는 나를 영접하는 것이요 나를 영접하는 자는 나를 보내신 이를 영접하는 것이니라(요 13:20)

예수님이 보낸 사람을 영접하는 사람은 예수님을 영접하는 사람이고 예수님을 영접하는 사람은 하나님을 영접하는 사람이다. 어떤 사람이 우리를 영접하면 하나님은 그 사람을 예수님을 영접한 사람으로 기억하신다. 마냥 신나는 말씀이 아니다. 우리 책임도 있다. 우리를 영접한 사람이 마치 예수님을 영접한 것 같은 착각이 들게 해야 하기 때문이다.

아버지께서 나를 세상에 보내신 것같이 나도 그들을 세상에 보내었고(요17:18)

하나님이 예수님을 보내신 것처럼 예수님이 우리를 보내셨다. 예수님을 통해서 하나님을 알 수 있는 것처럼 우리를 통해서 예수님을 알 수 있어야 한다.

예수님이 내일 하루만 우리 일과를 대신한다고 가정해 보자. 오늘 밤에는 우리가 잠자리에 들지만 내일 아침에는 예수님으로 깨게 된다. 아마 핸드폰 알람에 눈을 뜰 것이다. 설마 예수님이 핸드폰 알람을 끄고 도로 눕지는 않을 것이다. 잠을 설쳤다고 불평하거나 입맛이 없다고 짜증을 내지도 않을 것이다. 상쾌한 마음으로 집을 나선다. 지하철이 아무리 붐벼도 그런 이유로 마음이 상하지 않을 것이다. 직장 동료를 대하거나 학교 친구를 대해도 마찬가지다. 항상 밝은 표정으로 대할 것이다. 설령 손해를 보는 일이 있어도 그런 것에 연연하지 않을 것이다. 늘 감사하는 마음으로 자기보다 남을 먼저 생각하며 하루를 보낼 것이다.

우리가 그렇게 살아야 한다. 그렇게 살기 위해서 예수님 마음에 동참해야 한다. 때로는 불쾌한 일이 있을 수 있다. 그러면 얼마나 불쾌한지가 문제가 아니다. 예수님도 불쾌하게 생각하실지가 문제다. 예수님이 마음 두지 않는 일이라면 우리도 마음 둘 이유가 없다.

"입장 바꿔서 생각해봐. 당신 같으면 안 그러겠어?"라는 말이 있다. 참 안 좋은 말이다. "나도 내가 옳다는 것이 아니다. 하지만 이런 경우라면 당신도 마찬가지일 것 아니냐?"라는 뜻이기 때문이다. 상대방이 틀리면 자기 역시 틀려도 괜찮을까? 대체 기준이 누구인가?

정 그런 말을 하고 싶으면 하나님과 입장을 바꿔서 생각해야 한다. 실제로 하나님은 우리 입장이 되어보셨다. 그렇게 해서 오신 분이 예수님이다. 더 얘기하면 우리는 예수님과 입장을 바꿔서 생각만 하면 되는 사람들이 아니다. 정말로 예수님처럼 되어야 하는 사람들이다.

우리가 왜 이 세상에 존재할까? 예수님이 보내서 존재할까, 그냥 우연히 존재할까? 지금 몸담고 있는 직장이나 학교에 존재하는 이유가 무엇일까? 예수님이 보냈을까, 우리 선택일까? 우리가 가정에 존재하는 이유는 무엇이고 교회에 존재하는 이유는 무엇일까? 예수님이 보냈을까, 우연일까?

혹시 우연히 존재한다면 그냥 그대로 살면 된다. 그런 사람한테는 요행만 따라주면 더 이상 바랄 것이 없다. 하지만 예수님이 보내서 존재한다면 예수님에 의해서 보냄받은 모습이 있어야 한다. 모든 행위의 근거가 예수님이어야 한다.

선교지에서 헌신하는 선교사들이 믿는 예수님과 우리가 믿는 예수님이 같은 분이다. 그분들만 그곳으로 보냄받은 것이 아니라 우리 역시 이곳으로 보냄받았다. 그분들은 그곳에서 예수님을 나타내고 우리는 이곳에서 예수님을 나타낸다. 환경에는 차이가 있어도 헌신에는 차이가 있으면 안 된다. 우리 모두가 예수님에 의해서 보냄받은 사람으로 살아야 한다.

1:1c） 에베소에 있는 성도들과 그리스도 예수 안에 있는 신실한 자들에게 편지하노니

에베소서의 수신자는 "에베소에 있는 성도들과 그리스도 예수 안에 있는 신실한 자들"인데 번역이 정확하지 않다. 〈표준새번역성경〉에는 "에베소에 사는, 그리스도 예수를 믿는 신도들에게 이 글을 씁니다."라고 되어 있다.

성도로 번역된 헬라어 '하기오스'는 거룩하다는 뜻이다. 거룩한 사람들이 에베소에 있다. 에베소는 거룩하지 않은 곳이다. 거룩한 사람들이 거룩하지 않은 곳에 살려니 문제가 생길 수밖에 없다.

live(살다)를 거꾸로 하면 evil(악)이다. 생명이 있는 것이 lived인데 거꾸로 하면 devil(마귀)이다. 영어 단어를 만들면서 이런 내용을 감안했을 리는 없지만 우리가 사는 세상이 악으로 오염된 것도 사실이고 우리한테 생명이 있는 동안 마귀가 술책을 부리는 것도 사실이다.

에베소교회가 천상에 있으면 무슨 문제가 있을까? 늘 평온하게 하나님을 찬양할 수 있다. 그런데 그게 아니다. 문만 나서면 신앙과 관계없는 사람들과 부대껴야 한다. 신앙을 얘기하면 오히려 조롱받는다. 그런 환경에서 사는 교인들한테 쓴 편지가 에베소서다.

김동리의 〈무녀도〉에 무당 모화가 나온다. 모화에게는 사생아인 아들 욱이가 있다. 사람들의 시선을 피하여 따로 살던 욱이가 기독교인이 되어 나타난다. 모화는 아들에게 예수 귀신이 붙었다고 하고, 욱이는 어머니에게 귀신이 붙었다고 한다. 그러던 어느 날 모화가 성경을 태운다. 욱이가 달려들어 성경을 빼앗으려 하는데 모화에게는 그런 욱이가 예수 귀신으로 보였다. 급기야 욱이를 식칼로 찌르고 만다. 정신을 차린 모화가 두문불출하고 욱이를 간호했지만 결국 죽는다. 모화는 예수 귀신이 욱이를 잡아갔다며 매일같이 귀신 쫓는 주문을 외운다. 달포가 지났다. 모화가 물에 빠져 죽은 여인의 혼백을 위로하는 굿을 하게 되었다. 그 굿을 하다가 스스로 물속으로 사라지는 것으로 생을 마감한다.

기독교와 세상이 융화할 수 없음을 담은 내용이다. 아닌 게 아니라 예수를 제대로 믿으려면 세상 사는 것을 포기해야 할 것 같고, 세상을 열심히 살려면 신앙을 보류해야 할 것 같은 생각이 수시로 든다. 같이 묶어 놓으면 죽도 밥도 안 될 것 같다.

본문에는 그런 말이 없다. "신앙을 지키려면 에베소에 있으면 안 된다. 일단 에베소에서 나와라."라는 말도 없고 "너희가 에베소에 살고 있느냐? 그러면 신앙을 보류해라."라는 말도 없다.

바울이 에베소에 있는 성도들에게 편지를 쓴다는 사실에 정답이 있다. 바울의 편지를 받지 않으면 거룩한 사람들이 아니다. 누가 누구를 본받아야 할까? 우리가 성도인 이유는 세상이 틀렸기 때문이다. 우리가 세상을 따라갈 게 아니라 세상이 우리를 따라와야 한다. 그런데 세상이 우리를 부러워하는 것이 아니라 우리가 세상을 부러워한다. 그래서 에베소서가 필요하다.

1:2) 하나님 우리 아버지와 주 예수 그리스도로부터 은혜와 평강이 너희에게 있을지어다

에베소에 있는 성도들은 요즘 말로 세상 한복판에 남겨진 크리스천이다. 그런 사람들한테 은혜와 평강을 기원한다. 거룩한 사람들이 거룩하지 않은 곳에서 살려면 가장 먼저 확인해야 할 것이 은혜와 평강이다.

은혜 중에 가장 큰 은혜는 예수를 믿는 것이다. 예수를 믿는다는 얘기는 예수를 믿을까 말까 고민하다가 믿기로 했다는 뜻이 아니다. 자연인은 예수를 선택할 수 없다. 빛보다 어두움을 더 사랑하는 것이 본성이기 때문이다. 그러면 우리는 어떻게 된 영문일까?

"영접하는 자 곧 그 이름을 믿는 자들에게는 하나님의 자녀가 되는 권세를 주셨으니(요 1:12)"라는 말씀이 있다. 주로 전도지에서 "예수님을 영접하면 하나님의 아들이 된다. 얼른 예수님을 영접해라."라는 뜻으로 인용한다. 그런데 문맥을 살피면 그렇지 않다.

이는 혈통으로나 육정으로나 사람의 뜻으로 나지 아니하고 오직 하나님께로부터 난 자들이니라(요 1:13)

영접하는 자는 하나님께로부터 난 자들이다. 우리가 선택해서 예수를 믿는 것이 아니다. 하나님이 우리를 선택해서 예수를 믿게 되었다. 우리가 믿어서 구원 얻은 것이 아니라 구원을 얻어서 예수가 믿어지는 것이다.

예수를 믿기 전, 우리는 어두움에 속했었다. 빛보다 어두움을 더 사랑하는 죄의 종이었다. 하나님과 불화할 수밖에 없었다. 그런데 이제 화목하게 되었다. 하나님과의 평강이 이루어졌다.

예수를 믿으면 복 받는다고 한다. 정확한 표현이 아니다. 예수를 믿는 것 자체가 복이기 때문이다. 그 복은 하나님과의 관계가 평강으로 개선된 것이다. 전에는 하나님과 불화했는데 화목한 사이가 되었다. 하나님이 이 세상 우주만물의 주인인데 그런 분과 불화하면 그 노릇을 무슨 수로 감당할까?

구약성경 내내 우상 숭배 얘기가 반복된다. 우상을 섬기는 것은 참 신이 아닌 거짓 신을 섬긴다는 얘기가 아니다. 하나님을 섬기려면 하나님 뜻에 순종해야 한다. 우상을 섬기는 것은 그렇지 않다. 우상에게는 순종해야 할 우상의 뜻이 없다. 그 우상을 통해서 이루고 싶은 욕망이 있을 뿐이다.

예수를 믿는다고 하면서 은혜와 평강의 개념이 없으면 우리도 별반 다르지 않게 된다. 예수를 믿게 된 것이 얼마나 놀라운 일인지, 우리가 본래 어떤 모습이었는지 모르면 예수를 믿어서 자기 욕망을 채우려 들 것이다. 자기 앞가림을 하는 것에 관심이 고착되기 때문이다.

하나님이 누구인가? 하나님은 우리 아버지다. 신앙은 이 한마디로 충분하다. 하나님과 우리가 같은 편이다. 이 사실을 알면 "내 원대로 마옵시고 아버지의 뜻대로 되기를 바라나이다"가 가능하다. 이 사실을 모르면 끊임없이 이 세상보다 더 큰 힘을 찾게 된다.

세상을 살기 위해서 가장 중요한 것이 무엇일까? 남보다 더 강력한 스펙으로 자신을 치장하는 것일까? 주변에서 함부로 대하지 못할 만큼 자신을 무장하고 세상을 호령할 수 있는 힘을 기르는 것일까?

요즘 세상을 살아가려면 집안에 판검사 한 명쯤은 있어야 한다는 말을 들은 적이 있다. 주변에서 다 동의하는 분위기였다. 뭔가 이상했다. "세상에서 신앙 원칙을 놓치지 않으려면 집안에 목회자 한 사람쯤은 있어야 한다"라는 말에는 아무도 동의하지 않을 것이다. 목사는 교회에 있는 것으로 충분하다. 그런데 판검사는 검찰청이나 법원에 있는 것으로 모자라다. 대체 이유가 무엇일까? 신앙을 지키는 것에는 관심이 없어도 세상을 야무지게 사는 것에는 관심이 많기 때문이다. 자기 신앙 수준은 고민 대상이 아니다. "내가 예수를 믿은 지 10년인데 왜 아직도 이런 일을 억울하게 여길까?"라는 고민은 하지 않는다. 하지만 "날 뭘로 알고 이렇게 함부로 대하나?"라는 고민은 한다.

누군가 빌리 그레함 목사한테 물었다. "목사님도 때로는 힘든 일이 있을 텐데 늘 평온한 마음을 유지하는 비결이 무엇입니까?" 빌리 그레함 목사가 답했다. "저는 성경 마지막 장을 믿습니다." 요한계시록 22장에 새 하늘, 새 땅이 나온다. 주님께서 모든 것을 다 갚아주신다. 그 사실을 믿는데 뭐가 문제냐는 것이다.

우리는 세상이 모르는 은혜와 평강을 안다. 교리적으로 아는 것은 의미가 없다. 그것을 누려야 한다. 우리는 세상에 속한 것으로 남과 경쟁하지 않는다. 하나님과의 관계가 새롭게 된 것이 우리의 유일한 힘이다.

1:3〉 찬송하리로다 하나님 곧 우리 주 예수 그리스도의 아버지께서 그리스도 안에서 하늘에 속한 모든 신령한 복을 우리에게 주시되

1-2절은 서론이고 3절부터 본론이다. 가장 먼저 "하나님이 우리에게 굉장한 복을 예비하셨다. 그것을 그리스도 안에서 이루실 것이다."라는 내용을

설명한다. 그런데 설명보다 '찬송하리로다'가 먼저 나온다. 조크를 하면서 먼저 웃는 사람처럼 자기가 설명할 내용을 생각하니 하나님을 찬양하지 않고는 견딜 수 없었다.

바울이 하나님을 찬양하는 이유는 신령한 복 때문이다. 신령한 복이라는 말이 있는 것을 보면 신령하지 않은 복도 있는 모양이다. 그리고 사람들은 주로 신령하지 않은 복으로 하나님을 찬양하고 싶어 한다. 성경은 "너희는 먼저 그의 나라와 그의 의를 구하라 그리하면 이 모든 것을 너희에게 더하시리라"라고 하는데 "저희에게 모든 것을 더해주십시오. 그러면 하나님의 나라와 하나님의 의를 구하겠습니다."라고 하는 격이다.

초등학교 5학년 때 〈삼국지연의〉를 처음 읽었다. 조조에게 패한 여포가 항복을 청하는 장면을 보고 어울리지 않는다는 생각을 했던 기억이 있다. 〈삼국지연의〉에 나오는 장수들 중에 무용이 가장 뛰어난 여포가 죽음 앞에서는 너무나 초라했다.

개그맨 전유성이 쓴 〈구라삼국지〉라는 책이 있다. 〈삼국지연의〉의 내용 중간중간에 나름대로의 설명을 보탠 책이다. 거기에 여포의 마지막 모습이 이렇게 그려져 있다. 여포가 조조 앞에 꿇어 엎드려 살려주면 충성을 다하겠다며 목숨을 구걸한다. 의연하게 죽음을 기다리던 여포의 수하 장수가 그런 여포를 책망한다. 사내답게 굴지, 구차하게 무슨 추태냐는 것이다. 그 말을 들은 여포가 다시 애걸한다. "그러니까 살려주세요. 살려주면 사내답게 굴게요."

신령한 복을 언급할 때마다 나타나는 반응이 주로 그렇다. "내가 사내답게 굴지 않겠다는 것이 아니다. 일단 살려주면 앞으로 사내답게 굴겠다."
라는 얘기와 "내가 신령한 복을 외면하는 것이 아니다. 일단 현실 문제부터
해결한 다음에 신령한 문제에 신경 쓰겠다."라는 얘기가 뭐가 다를까? 그런
식으로 예수를 믿으면 평생 예수를 믿어도 예수 믿는 유익을 모르게 된다.

에베소교회 교인들한테는 해당 사항이 없었을까? 그런 사람들한테 바울
이 말한다. "하나님이 하늘에 속한 모든 신령한 복을 주셨다. 그 복이 어떤
복인지 아느냐? 하나님은 창세전부터 우리를 택하셨다. 우리를 하나님의
아들들로 부르셨다. 예수님의 피로 그 일을 이루셨다. 우리가 하나님의 기
업이다. 하나님의 관심이 오직 우리한테 있다. 이 모든 내용을 성령님이 보
증하신다." 이런 사실을 말하려니 가슴이 벅차서 '찬송하리로다'가 나온 것
이다.

에베소교회 교인들이 어떤 반응을 보였을까? 바울의 말을 알아들었으면
같이 찬양했을 것이고 알아듣지 못했으면 눈만 멀뚱멀뚱했을 것이다. 에베
소교회 교인들의 반응은 중요하지 않다. 문제는 우리다. 우리한테서는 찬
송이 나올까? 안 나오면 안 된다. 바울이 믿는 하나님과 우리가 믿는 하나
님이 같은 분이다. 마땅히 같은 마음으로 하나님을 높여야 한다.

**1:4〉 곧 창세전에 그리스도 안에서 우리를 택하사 우리로 사랑 안에서 그
앞에 거룩하고 흠이 없게 하시려고**

구원은 우리의 조건과 관계없다. 행위가 아니라 은혜로 얻는 것이기 때문

이다. 그 은혜가 창세전에 베풀어졌다. 우리의 구원이 영원 전부터 시작되었다는 뜻이다. 또 있다. 구원은 우리의 조건과 상관없다는 뜻도 된다. 우리가 존재하기도 전에 하나님이 계획하셨으니 우리의 조건과 상관없을 수밖에 없다. 우리 중에 남보다 구원에 가깝거나 먼 사람은 없다.

우리는 흔히 하는 말로 공짜로 구원 얻었다. 하지만 하나님 편에서는 절대 공짜가 아니었다. 우리를 구원하기 위해서 예수님을 대신 죽게 하셨다. 그것이 하나님이 우리를 택하신 근거다. 우리는 예수님이 우리 대신 죽었다 치는 사람들이 아니다. 예수님이 정말로 우리 대신 죽으셨다.

계명 중에 가장 큰 계명이 마음을 다하고 목숨을 다하고 뜻을 다하여 하나님을 사랑하라는 것이다. 하나님은 이런 요구를 하실 자격이 있는 분이다. 예수님이 우리 대신 돌아가신 것이 실제 상황이기 때문이다. 우리는 하나님을 보통 수준으로 섬기면 안 된다. 마음을 다해서 섬겨야 하고 목숨을 다해서 섬겨야 하고 뜻을 다해서 섬겨야 한다. 하나님을 사랑하는 마음 외에 다른 마음이 있으면 안 되고, 하나님을 사랑하는 일에 목숨을 아끼면 안 되고, 하나님을 사랑하려는 뜻 외에 다른 뜻이 있으면 안 된다. 그렇지 않으면 가장 큰 계명을 어기는 것이다.

하나님이 이스라엘을 구원하신 이유는 가나안으로 인도하시기 위해서다. 가나안에 가지 않으면 애굽을 나온 의미가 없다. 하나님이 우리를 구원하신 이유는 우리로 하여금 거룩하고 흠이 없게 하기 위해서다. 우리가 그런 사람이 되지 않으면 예수님이 괜히 십자가에 달려 돌아가신 것이 된다.

교회에 있으면 도와달라고 찾아오는 사람들이 있다. 노동 능력이 있어 보이면 천 원, 노동 능력이 없어 보이면 삼천 원을 드리는 것이 내가 정한 원칙이다. 그 돈으로 무엇을 하는지는 받아 가신 분 마음대로다. 내가 관여할 문제가 아니다. 하지만 받아 가신 분이 술에 취해 있으면 서운할 것이다.

하나님은 안 그럴까? 하나님이 우리에게 구원을 주셨다고 해서 그 구원이 하나님과 무관한 우리의 전유물일 수 없다. 그런 내용을 본문은 "우리로 사랑 안에서 그 앞에 거룩하고 흠이 없게 하시려고"라고 얘기한다. 하나님은 우리가 '사랑'이라는 기준에서 만족할 만큼 거룩하고 흠이 없기를 바라신다.

남녀가 같이 있는 집단에서는 특별한 사이로 발전하는 커플이 생기게 마련이다. 그런 경우에 전에는 말다툼 한 번 한 적 없는 사이라도 교제를 시작하면 말다툼을 하는 일이 생긴다. 서로 사랑하는 사이가 아니었을 때도 말다툼이 없었으니 사랑하는 사이가 되면 더욱 감미로운 대화만 오가야 할 것 같은데 그게 아니다. 사랑을 하면 요구도 많아지기 때문이다. "누구의 사랑을 받느냐?"는 "누구의 간섭을 받느냐?"와 통하는 얘기다.

한 사람과 관계를 맺으면서 다른 사람과 또 관계를 맺으면 음란한 사람이다. 한 사람의 사랑을 받으면서 다른 사람의 간섭을 수용하는 것도 마찬가지다. 이 사람, 저 사람의 사랑을 다 받으면 안 되는 것처럼 이 사람, 저 사람의 간섭을 다 받아도 안 된다. 우리 인생에 간섭할 수 있는 분은 오직 한 분뿐이다.

만일 우리가 하나님의 사랑을 체험했으면 세상 눈치를 보지 말아야 한다. 오히려 우리가 하나님의 소유임을 선포해야 한다. 우리는 세상에 대해서 남이다. 우리가 여전히 세상 눈치를 보면 하나님이 간섭하실 것이다. 우리를 결국 거룩하고 흠이 없는 모습으로 고쳐 놓으실 것이다. 그것이 우리를 향한 하나님의 사랑이다.

1:5) 그 기쁘신 뜻대로 우리를 예정하사 예수 그리스도로 말미암아 자기의 아들들이 되게 하셨으니

장로교 교리 중에 가장 논란이 되는 교리는 단연 예정론이다. 먼저 알아야 할 사실이 있다. 예정론은 우리의 책임이나 호기심을 위한 교리가 아니라 하나님의 은혜와 영광을 찬미하기 위한 교리다. '예정'이라는 표현으로 하나님의 주권을 찬양하고 하나님께 영광 돌리는 것은 가하지만 인간의 호기심을 충족하려 들거나 인간의 책임을 변명하는 것은 잘못이다.

〈메시지성경〉은 본문을 "하나님께서는 예수 그리스도를 통해 우리를 자녀로 맞아들이기로 작정하셨습니다. 이 계획을 세우시며 하나님은 얼마나 기뻐하셨는지 모릅니다."로 번역했다. 하나님이 마치 초등학교 1학년 아이가 소풍을 준비하는 것처럼 들뜬 마음으로 우리의 구원을 계획하셨다.

예수님은 하나님의 독생자다. 그런데 본문은 하나님이 우리로 하나님의 아들들이 되게 하셨다고 한다. 예수님이 하나님의 친자라면 우리는 하나님의 양자다. 자식을 입양하는 이유는 딱 한 가지뿐이다. 바로 사랑하기 위해서다. 예기치 못한 임신은 있어도 예기치 못한 입양은 없다. 양자는 애초부터 사랑하기로 작정하고 입양하는 법이다. 출생 경로는 친자와 달라도 법적인 지위는 동등하다.

카이사르의 후계자는 나중에 아우구스투스가 되는 옥타비아누스다. 옥타비아누스의 어머니는 카이사르의 조카다. 그런데 카이사르가 옥타비아누스를 양자로 입양했다. 손자뻘을 양자로 입양하는 것이 로마시대에는 가능했다. 아니, 후계자로 삼으려면 그렇게 해야 했다. 하드리아누스 황제의 경우도 만만치 않다. 하드리아누스 황제는 자식이 없었다. 〈명상록〉으로 유명한 마르쿠스 아우렐리우스를 후계자로 지목하고 싶었지만 너무 어렸다. 하드리아누스 황제가 환갑이 지났을 때 열여섯 살이었다. 차선책으로 심복인 안토니누스에게 자기 양자가 될 의향이 있는지 물었다. 양자가 된다는 얘기는 차기 로마 황제가 된다는 뜻이다. 단 조건이 있었다. 마르쿠스 아우렐리우스를 양자로 삼아야 했다. 놀라운 사실은 하드리아누스 황제와 안토니누스가 열 살 차이였다. 열 살 차이를 양자로 삼을 만큼 양자의 지위가 중요했다. 성경은 그런 시대 상황을 배경으로 하나님이 우리를 양자 삼았다는 얘기를 한다. 하나님이 창세전에 이런 일을 예정하셨다.

앞에서 예정론은 논란이 많은 교리라고 했다. "내가 면접에 떨어진 것도 하나님이 예정하셨느냐?", "길에서 동창을 만난 것도 하나님이 예정하신 일이냐?" 등의 의문을 제기하는 예가 왕왕 있다. 그런 오해만 있는 것이 아니다. 하나님이 우리 구원을 예정하셨다고 할 때 칭의에 국한해서 생각하는 경향이 있다.

설마 하나님의 예정에 한계가 있을까? 하나님은 칭의만 예정하신 것이 아니다. 우리의 성화와 영화도 창세전부터 하나님의 예정 안에 있었다. 한번 얻은 구원은 취소되지 않는다고 한다. 우리의 구원을 완성하려는 하나님의 계획이 번복되지 않기 때문이다. 우리는 영광스럽게 될 수밖에 없는 사람들이다.

조선은 신분제 사회였다. 그런데 후기에 가면 신분제가 무너진다. 재정이 필요할 때마다 돈을 받고 양반 신분을 팔았기 때문이다. 〈숙종실록〉에 흉년이 들자 공명첩 2만 장을 팔도에 나눠서 팔게 했다는 기록이 있다. 공명첩은 이름을 빈칸으로 남긴 관직 임명장을 말한다. 급기야 철종 때는 양반 비율이 70%를 넘어섰다.

당시 사람들한테 "양반처럼 처신하면 양반 시켜주마"라고 했으면 어떻게 되었을까? 조선 팔도에 '양반 따라 하기' 열풍이 불었을 것이다. 걸음걸이나 말투, 옷매무새 하나하나까지 다 신경 썼을 것이다. 만일 우리에게 "하나님의 자녀처럼 처신하면 하나님의 자녀 시켜주마"라고 하면 어떻게 될까? "양반처럼 처신하면 양반 시켜주마"라고 했을 때와 같은 일이 일어날까?

태초에 하나님이 모든 것을 종류대로 지으셨다. 사자는 사자처럼, 얼룩말은 얼룩말처럼, 토끼는 토끼처럼 사람은 하나님처럼 지으셨다. 사자는 사자처럼 사는 것이 어울리고 얼룩말은 얼룩말처럼 사는 것이 어울린다. 마찬가지로 사람은 하나님처럼 사는 것이 어울린다. 그런데 그 일에 실패했다. 사탄의 꼬임에 넘어가 선악과를 먹고는 에덴동산에서 쫓겨났다. 본질상 진노의 자녀로 전락하여 이 세상 풍조를 따르는 신세가 되었다. 하나님이 그것을 묵과하지 않으셨다. 예수 그리스도로 말미암아 우리의 지위를 회복해 주셨다. 우리를 다시 하나님의 아들로 살 수 있게 하셨다.

하나님은 창세전부터 우리를 하나님의 아들 삼으실 계획을 세우시면서 기뻐하셨다. 그것으로 끝나면 안 된다. 이제는 우리가 하나님의 아들로 살아가는 것을 보면서 기뻐하셔야 한다. 하나님의 기쁨이 곧 우리의 기쁨이다.

1:6〉 이는 그가 사랑하시는 자 안에서 우리에게 거저 주시는 바 그의 은혜의 영광을 찬송하게 하려는 것이라

어떤 사람이 전철에서 옆자리 학생한테 5만 원짜리 한 장을 내민다.

"이거 받아."

"왜요?"

"그냥 받아."

"이걸 왜 주세요?"

"이유는 없어. 필요한 데 써."

"고맙습니다."

"정말 고마워?"

"당연히 고맙죠."

"바로 그게 이유야. 고마워하라고 주는 거야."

이런 대화가 가능할까? 본문이 그런 식이다. 하나님이 왜 우리를 구원하셨는가 하면, 고마운 줄 알라고 그렇게 하셨다. 그런데 그렇게 직설적으로 얘기하면 '폼'이 안 난다. 그래서 "하나님께 고마워해라" 대신 "하나님의 영광을 찬양해라"라고 한다. 우리로 하여금 하나님의 영광을 찬송하게 하는 것이 우리를 구원하신 목적이다.

하나님의 영광을 위한다는 말을 금욕적으로 살라는 뜻으로 오해하는 경우가 더러 있다. 그만큼 우리 본성이 세속적인 욕구에 민감하다는 뜻이다. 하나님의 영광을 위해서 살라는 말은 회사에서 신입사원들한테 "앞으로 회사를 위해서 수고해 주십시오"라고 하는 것과 같다. 특정 회사에 입사했으면 당연히 그 회사를 위해서 일해야 한다. 다른 회사를 위해서 일하는 것은 말이 안 된다. 마찬가지로 구원을 얻었으면서 사탄 비위를 맞추는 것도 말이 안 된다. 당연히 하나님의 백성으로 살아야 한다.

문제는 신앙이 언어유희가 아니라는 사실이다. 그런 말에 동의하면 되는 것이 아니라 실제로 그렇게 살아야 한다. 예수를 믿는 사람치고 하나님의 영광에 관심 없다는 사람은 없다. 그런데 하나님의 영광을 위하여 구체적으로 무엇을 하는지 물으면 딱히 할 말이 없다.

식당에서 "물은 셀프입니다"라는 안내 문구를 본 적이 있다. 어쩌면 "하나님의 영광은 셀프입니다"라는 문구도 붙여야 할지 모른다. 우리는 하나님의 영광을 인생 목표로 삼지 않는다. 식당에서 손님이 직접 물을 챙기는 것처럼 하나님도 하나님의 영광을 스스로 챙겨야 한다. 우리가 하는 일이 마침 하나님도 좋아하시는 일이면 다행이지만 안 그러면 별수 없다.

부교역자 시절, 예배 중에 이상한 사실을 발견했다. 찬양대의 찬양이 항상 끝이 올라가면서 끝나는 것이었다. 지휘자가 그런 곡 위주로 선곡한다는 뜻이다. 이유가 짐작되었다. 높은 음으로 끝나야 회중들이 더 크게 "아멘"으로 화답하기 때문이다. "아멘" 소리가 작으면 서운할 수 있다. 그러면 누구를 위한 찬양일까?

그분이 유독 과시욕이 많아서 그런 것이면 신경 쓸 것 없다. 하지만 그렇지 않다면 문제가 심각하다. 누구나 그런 잘못을 범할 수 있다는 뜻이기 때문이다. 명심해야 한다. 우리는 죄인이다. 우리의 보편적인 정서가 죄에 오염되어 있다. 우리한테서 자연스럽게 나오는 생각이 하나님 보시기에 혐오스럽다. "누구나 그렇지 않느냐?"라는 마음으로는 절대 하나님의 영광을 추구하지 못한다.

교회에서는 흔히 "나는 죽고 예수만 살아야 한다"라는 말을 한다. 전에 어떤 분이 그렇게 살려면 어떻게 해야 하는지 물었다. 내가 답했다. "나는 죽고 예수만 사는 사람처럼 행동하세요." 당연한 말이다. 노숙자가 되고 싶은 사람은 노숙자처럼 행동하고, 공처가가 되고 싶은 사람은 공처가처럼 행동하고, 신앙이 좋아지고 싶은 사람은 신앙이 좋은 사람처럼 행동하면 된다. 하나님의 영광을 사모하는 것도 마찬가지다. 하나님의 영광을 사모하는 사람처럼 행동하면 된다. 우리 행동이 곧 우리를 보여준다. 우리를 통해 영광 받으시는 것이 하나님의 소원이고 우리의 소원이다.

1:7) 우리는 그리스도 안에서 그의 은혜의 풍성함을 따라 그의 피로 말미암아 속량 곧 죄 사함을 받았느니라

3-6절은 하나님이 베푸신 은혜에 대한 설명이었다. 본문에서는 그런 일이 어떻게 가능하게 되었는지 설명한다. 요컨대 그리스도 안에서 가능하게 되었다. 그리스도의 피로 말미암아 가능하게 되었고, 우리가 속량 곧 죄 사함

을 받아서 가능하게 되었다.

노예라고 해서 평생 노예로 살아야 하는 것이 아니다. 속량을 받아서 양민이 되는 수도 있었다. 본문은 그런 경우에 빗대어 구원을 설명한다. 우리는 속량이라는 말에 별 감흥이 없지만 당시 상황은 다르다. 에베소교회 교인 중에도 노예가 있었을 것이다. 그들은 속량이라는 말을 들으면 눈이 번쩍 뜨였을 것이다.

다른 종교에는 속량 개념이 없다. 인간이 죄의 종이라는 사실을 모르기 때문이다. 대표적인 것이 불교다. 성불하려면 자기 안에 있는 신적 가능성을 극대화해야 한다. 그런데 우리는 속량을 말한다. 우리 스스로 죄를 해결할 방법이 없기 때문이다. 구원이 내부에서 만들어지는 것이 아니라 외부에서 주어져야 한다.

가끔 "저런 사람도 구원 얻느냐?"라는 질문을 받는다. 질문 자체에 모순이 있다. 구원을 얻어도 이상하지 않은 사람이 어떤 사람일까? 본래 모든 사람은 구원이 불가능하다. 남보다 구원에 더 가까운 사람은 없다.

우리에게 필요한 것이 구원 얻는 방법에 대한 가르침이면 예수님이 오실 이유가 없다. 하나님 보좌 우편에 계신 채 말로 하면 된다. 그런데 직접 오셨다. 예수님이 우리 대신 돌아가셨다는 사실이 우리 스스로 구원을 이룰 수 없다는 명백한 증거다. 구원에 필요한 것이 속량이기 때문이다.

세조 때 충청도 관찰사 김진지와 도사 강안중이 의정부와 육조, 승정원 등 중앙 유력자에게 뇌물을 준 사건이 발생했다. 세조의 판결이 황당했다. 뇌물을 받은 고관들의 죄는 묻지 않고 뇌물을 준 사람들의 죄만 물었다.

"모두 공훈이 있는 장수와 재상이다. 이런 일을 특별히 용서하지 않으면 무엇을 용서하겠느냐?"라는 것이 세조의 말이었다. 세조는 조카 단종을 몰아내고 왕위에 오른 사람이다. 뇌물을 받은 사람이 전부 쿠데타 동지인데 어떻게 처벌한단 말인가?

하나님은 그런 식으로 세상을 다스리지 않는다. 하나님이 죄를 묵인한다면 더 이상 하나님이 아니다. 본문에 "속량 곧 죄 사함을 받았느니라"라는 말이 나오는 이유가 여기에 있다. 죄는 그냥 사해지는 것이 아니다. 죗값을 치러서 속량해야 한다. 그래서 그 앞에 "그의 피로 말미암아"가 있다. 그의 피가 죗값이다. 예수님이 우리 대신 죽으시는 것으로 죗값을 치르셨고, 우리가 속량 곧 죄 사함을 얻었다.

이스라엘이 홍해를 건넌 것은 애굽에서 나가는 것이 목적이었기 때문이 아니라 가나안에 가기 위한 것이었다. 우리 역시 그렇다. 하나님이 우리를 속량하셨다고 해서 우리의 죄를 사하는 것이 목적일 수 없다. 우리는 죄만 해결하면 되는 사람들이 아니라 하나님께 다가가야 하는 사람들이다. 그런데 본문에는 "…속량 곧 죄 사함을 받았느니라"라고 되어 있다.

구원은 죄만 사함받으면 되는 것이 아니다. 칭의, 성화를 거쳐 영화를 이루어야 한다. 그런데 "…속량 곧 죄 사함을 받았느니라"라고 했으니 칭의에 초점을 둔 것 같다. 얼핏 구원의 범위를 제한하는 것 같지만 그럴 수 없다. 구원이 하나님과의 관계에 대한 문제임을 말하는 것이다. "속량은 죄 사함의 영역에 해당된다. 칭의만 따지면 된다."라는 얘기가 아니라 "우리한테 가장 시급한 문제는 우리가 죄인이라는 사실이었다. 그 문제가 해결되었다."라는 뜻이다. 구원의 본질을 강조하는 것이다.

그런데 사람은 본성적으로 세속적이다. 구원까지도 세속적으로 가늠하려는 경향이 있다. 대표적인 예가 구원을 행복이나 형통과 연결 지으려 든다는 사실이다. 출애굽한 이스라엘이 불평한 이유가 그렇다.

우리가 애굽에 있을 때에는 값없이 생선과 오이와 참외와 부추와 파와 마늘들을 먹은 것이 생각나거늘 이제는 우리의 기력이 다하여 이 만나 외에는 보이는 것이 아무 것도 없도다(민 11:5-6)

홍해를 건너기 전에도 생선, 오이, 참외, 부추, 파, 마늘을 먹었다. 홍해를 건넌 다음에는 더 좋은 것을 먹어야 한다. 왜 허구한 날 만나만 먹어야 한단 말인가? 이럴 거면 애굽에서 나올 이유가 없지 않은가?

성경은 구원을 하나님과의 화목으로 얘기한다. 그 내용을 설명하려니 "…속량 곧 죄 사함을 받았느니라"라고 한 것이다. 구원의 초점은 하나님과의 관계 개선에 있다. 우리한테 가장 중요한 문제는 "세상에서 무엇을 얻었느냐?"가 아니다. "하나님과 어떤 사이로 지내느냐?"이다. 이스라엘로 얘기하면, 광야에서 얼마나 배불리 먹느냐로 홍해를 건넌 의미를 확인하려 들면 안 된다. 가나안이 점점 가까워지고 있다는 사실로 확인해야 한다.

이 모든 내용을 수식하는 말이 "그의 은혜의 풍성함을 따라"이다. 하나님은 예수의 피로 말미암아 우리를 속량하시고 하나님과 우리의 관계를 회복하실 만큼 은혜가 풍성하신 분이다. 우리가 우리 피로 우리를 속량한 것이 아니라 하나님이 하셨다.

어쩌면 우리는 신앙의 ABC부터 다시 배워야 하는지 모른다. 우선 하나님이 우리한테 주시기 원하는 것과 우리가 하나님께 받기 원하는 것이 같은지 확인해야 한다. 그것이 다르면 아무리 예수를 오래 믿어도 무효다. 구하는 것마다 자기 욕심일 것이기 때문이다. 하나님이 우리한테 주시기 원하는 것을 우리 역시 받기 원하면 하나님의 은혜가 얼마나 풍성한지 저절로 알게 된다. 그러면 마음이 찬양으로 북받칠 것이다. 그런 날이 속히 오기를 소망한다.

1:8-9〉 이는 그가 모든 지혜와 총명을 우리에게 넘치게 하사 그 뜻의 비밀을 우리에게 알리신 것이요 그의 기뻐하심을 따라 그리스도 안에서 때가 찬 경륜을 위하여 예정하신 것이니

구원이 선포되기만 하면 저절로 모두한테 적용되는 것이 아니다. 구원을 구원으로 받아들여야 한다. 그래서 하나님이 우리에게 모든 지혜와 총명을 넘치게 하신다. 우리가 그 뜻의 비밀을 알아야 하기 때문이다.

비밀은 헬라어 '뮈스테리온'을 번역한 말이다. 여기에서 mystery가 파생했다. 비밀에는 두 가지가 있다. mystery와 secret이다. secret은 보면 알 수 있는데 못 봐서 모르는 것이고 mystery는 봐도 모르는 것이다.

하나님의 비밀은 secret이 아니라 mystery다. 우리말로는 비밀보다 신비에 가깝다. 감춰져서 모르는 것이 아니라 공개되어 있는데도 모른다. 영적인 문제이기 때문이다. 하나님이 어떤 분인지 불신자에게는 아무리 설명해도 모른다.

신자들은 다 아느냐 하면 그렇지 않다. 불신자들은 모르는데 신자들은 알고 싶어 하지 않는다. 하나님을 체험할 기회를 스스로 마다한다. 하나님을 더 알려고 신경 쓰는 것이 아니라 하나님을 더 알게 될까 신경 쓴다.

딸의 혼사 때문에 고민하는 분의 푸념을 들은 적이 있다. 딸이 너무 고집이 세다는 것이었다. 그냥 교회만 다니는 남자는 안 되고 한사코 신앙 좋은 남자를 찾는다고 했다. 남들은 안 믿는 남자한테도 잘만 가는데 왜 그렇게 꽉 막혔는지 모르겠다는 말도 보탰다.

목사한테 그런 푸념을 할 수 있는 이유가 무엇일까? 그런 생각이 신앙에 어긋나는 줄 모르기 때문이다. 신앙이 세상을 사는 수단인 줄 알면 그렇게 될 수밖에 없다.

어떤 청년이 물었다. "우리한테 신앙생활 잘하라고 할 게 아니라 하나님이 우리를 신앙생활 잘하도록 만들면 되잖아요?" 비단 그때만 들은 것이 아니다. 그런 말을 종종 들었다.

하나님이 우리 인생에 직접 개입하셔서 불신앙으로 통하는 길은 다 봉쇄하고 신앙으로 통하는 길만 남겨 놓으면 신앙생활을 잘할 수 있게 되는 것이 아니라 신앙생활을 아예 할 수 없게 된다. 신앙이 정말 신앙이려면 불신앙의 여지가 있어야 한다. 마음먹기에 따라 불신앙을 택할 수도 있지만 스스로 신앙을 택해야 그것이 신앙이다. 그래서 하나님이 그 뜻의 비밀을 알리신다. 하나님의 뜻을 우리한테 강제하지 않으신다.

혼자 기도하다가 찬송가 461장을 부른 적이 있다. "십자가를 질 수 있나 주가 물어보실 때"라는 첫 소절에서 목이 메었다. "주님이 왜 내 의사를 물어보실까? 그냥 십자가를 지라고 하면 되는데…"라는 생각이 든 것이다. 주님이 십자가를 지라고 하시면 선택의 여지가 없다. 그런데 십자가를 지겠느냐고 물으면 나는 보나마나 딴소리를 할 것이다. "다른 사람 없나요? 왜 하필 저한테 그러세요?"라고 할 수도 있고 "지금은 바쁘니까 나중에 질게요."라고 할 수도 있다.

그렇게 변명을 늘어놓지 않아도 그렇다. 내가 기꺼이 십자가를 질까? 보나마나 엄청 갈등할 것이다. "야! 이리 와. 너, 이 십자가 져!"라고 하는 것이 백번 속 편하다. 그런데 굳이 물어보신다. 우리에게 주신 지혜와 총명으로 하나님의 뜻의 비밀을 알게 했으니 거기에 얼마나 바람직하게 반응하느냐 하는 것이 우리 책임이기 때문이다.

1:10〉 하늘에 있는 것이나 땅에 있는 것이 다 그리스도 안에서 통일되게 하려 하심이라

'통일된다'로 번역된 헬라어는 본래 '다스린다'는 뜻이다. 하나님은 하늘과 땅에 있는 모든 피조 세계가 그리스도의 통치를 받도록 하기 위해서 우리를 구원하셨다.

아담, 하와가 선악과를 먹은 벌로 에덴동산에서 쫓겨났다. 그것이 전부가 아니었다. 땅에서는 가시덤불과 엉겅퀴가 생겨났다. 아담, 하와의 범죄로 세상이 엉망이 되고 말았다. 모든 피조 세계가 하나님의 저주 아래 놓이게 되었다.

> 피조물이 고대하는 바는 하나님의 아들들이 나타나는 것이니 피조물이 허무한 데 굴복하는 것은 자기 뜻이 아니요 오직 굴복하게 하시는 이로 말미암음이라 그 바라는 것은 피조물도 썩어짐의 종노릇 한 데서 해방되어 하나님의 자녀들의 영광의 자유에 이르는 것이니라 피조물이 다 이제까지 함께 탄식하며 함께 고통을 겪고 있는 것을 우리가 아느니라(롬 8:19-22)

모든 피조물이 우리 구원의 완성을 바란다. 본래 하나님이 만든 세상은 지금 같은 세상이 아니었다. 그런데 지금처럼 변질되고 말았다. 우리 구원이 완성되면 모든 피조물이 썩어짐의 종노릇 한 데서 해방된다. 모든 피조 세계가 같이 구원을 누린다.

하나님이 사람을 지으셨을 때 "생육하고 번성하여 땅에 충만하라. 땅을 정복하라. 바다의 물고기와 하늘의 새와 땅에 움직이는 모든 생물을 다스리라."라고 하셨다. 사람한테는 하나님을 대신해서 이 세상을 통치할 책임이 있었다. 그런데 그 책임을 제대로 이행하지 못했다. 아담, 하와는 에덴동산에서 쫓겨났고 세상은 저주 아래 놓이게 되었다.

만일 아담, 하와한테 구원이 허락된다면 어떤 일이 있어야 할까? 에덴동산으로 돌아가는 것으로는 모자라다. 세상이 받은 저주도 풀려야 한다. 애초에 하나님께서 의도하신 대로 하나님의 통치가 회복되어야 한다. 때가 차면 하나님이 그 일을 이루실 것이다.

> 때가 차매 하나님이 그 아들을 보내사 여자에게서 나게 하시고 율법 아래에 나
> 게 하신 것은 율법 아래에 있는 자들을 속량하시고 우리로 아들의 명분을 얻게
> 하려 하심이라(갈 4:4-5)

예수님이 오실 당시는 로마가 세계의 주인이었다. 단일 통치 체제 아래 그토록 많은 인구가 편입된 유례가 없었다. 모든 길은 로마로 통한다는 말이 만들어질 정도로 교통이 발달했다. 치안도 양호했다. 라틴어만 하면 어디서나 의사소통이 가능했다. 복음 전파를 위한 인프라가 제대로 갖춰진 셈이다. "때가 차매 하나님이 그 아들을 보내사…"라는 말씀은 그런 상황을 배경으로 한다.

마찬가지로 하나님께서는 때가 차면 예정하신 구원을 이루실 것이다. 그때까지 우리가 무엇을 해야 할까? 구원이 개인 영혼 문제라면 각자 예수를 영접하면 된다. 구원이 모든 영혼에 대한 문제라면 전도에 힘을 써야 한다. 구원이 모든 피조 세계에 해당하는 문제라면 우리가 할 일이 무엇일까? 나무와 풀을 붙잡고 전도라도 해야 할까? 집에서 기르는 강아지나 고양이를 예배에 참석시켜야 할까?

유치원에 다니는 아이가 위인전을 보더니 상기된 표정으로 말한다. "엄마! 나도 이렇게 훌륭한 사람 될래. 그럼 지금 뭐해야 해?" 엄마가 답한다. "응, 엄마 말 잘 듣고 편식하지 마." 그런 말을 들으면 맥이 풀릴 것이다. 자

기는 정말로 훌륭한 사람이 되고 싶은데 엄마는 똑같은 잔소리만 한다고 생각할 것이다. 하지만 엄마 말이 옳다는 사실을 아는 사람은 다 안다.

신자들한테 "주님께 헌신된 인생을 살기 원하십니까?"라고 물으면 전부 그렇다고 할 것이다. 다시 묻는다. "오늘 하루를 어떻게 헌신할 계획입니까?" 이 질문에는 딱히 할 말이 없을 것이다. 이유가 무엇일까? 왜 인생 전부를 헌신할 마음은 있는데 오늘 하루를 헌신할 계획은 없을까? 인생 전부를 한꺼번에 주님께 드릴 수는 없다. 우리가 드릴 수 있는 날은 오늘뿐이다. 오늘 하루 헌신하는 것이 우리가 할 수 있는 전부다.

하나님은 하늘과 땅에 있는 모든 피조 세계가 그리스도의 통치를 받기 원하신다. 우리 역시 그날을 소망한다. 그러면 우리가 할 일은 자기 한 몸 제대로 추스르는 일이다. 가로수가 주님 뜻대로 그늘을 만드는지, 뽀삐가 주님 뜻에 맞게 짖는지 고민할 이유가 없다. 우리가 할 수 있는 일만 하면 된다. 우리가 할 수 있는 일은 하루하루 신자로 사는 일이다. 아침에 일어나서 밤에 잠자리에 들 때까지 그리스도의 통치를 받으면 된다. 그리스도의 통치를 받는 인생은 그리스도의 통치를 받는 나날로 이루어진다.

사람들이 얘기한다. "사업과 신앙은 별개다. 사업하는 사람한테 신앙을 들이대면 사업하지 말라는 뜻 아닌가? 단, 십일조는 꼭 한다. 그러면 된다고 생각한다.", "나는 결혼정보회사에 근무한다. 회원들을 보면 참 답답하다. 수입이나 학벌, 종교 등에서 조금만 눈높이를 낮추면 행복한 만남을 이을 수 있는데 왜 그렇게 고집을 부리는지 모르겠다.", "사회생활을 하면서 어떻게 일일이 신앙을 따진단 말인가? 일단 사회생활을 잘해야 한다. 신앙은 가외 시간에 지키면 된다."

이 얘기들이 옳다면 하나님은 교회 안에만 계신 분이다. 그러면 주일 예배 참석하고 십일조나 하는 것이 신앙의 전부가 된다. 신자답게 살라는 말은 곧 엄청난 부담을 감수하라는 뜻이다. 그런데 성경은 우리의 구원이 우리에게서 끝나는 것이 아니라 모든 피조 세계가 그 구원을 같이 누려야 한다고 선언한다.

그때에 이리가 어린양과 함께 살며 표범이 어린 염소와 함께 누우며 송아지와 어린 사자와 살진 짐승이 함께 있어 어린아이에게 끌리며 암소와 곰이 함께 먹으며 그것들의 새끼가 함께 엎드리며 사자가 소처럼 풀을 먹을 것이며 젖 먹는 아이가 독사의 구멍에서 장난하며 젖 뗀 어린아이가 독사의 굴에 손을 넣을 것이라(사 11:6-8)

이리와 어린양이 함께 사는 것이 가능할까? 표범이 어린 염소와 함께 눕는 것은 어떤가? 사자가 소처럼 풀을 먹는 것이나 어린아이가 독사 굴에 손을 넣어서 장난치는 것도 역시 말이 안 된다.

그런데 다시 생각해 보자. 왜 말이 안 될까? 본래 하나님이 만든 세상이 그런 세상이었다. 해 됨도 없고 상함도 없는 세상이었다.

사람들이 하는 착각이 있다. 보편적인 것을 정상으로 여기는 것이다. 그럼 따져보자. 죽음이 정상일까? 사람이 본래 죽게 만들어져서 죽는 것일까, 죄 때문에 죽는 것일까? 여자가 밤길을 혼자 다니는 것은 어떤가? 여자가 밤길을 혼자 다니면 위험한 세태가 정상일까, 비정상일까?

하나님은 우리가 비정상인 세상에서 사는 것을 원하지 않으신다. 이리와 어린양, 표범과 어린 염소, 사자와 소가 다 함께 어우러져 그리스도의 통치에 순응하는 세상이 정상적인 세상이다. 죽음이 없는 세상, 여자가 밤길을 혼자 다녀도 위험하지 않은 세상이 정상적인 세상이다.

그런데 사자에게 이 말을 하면 어떤 반응을 보일까? "사자야, 기뻐해라! 하나님이 모든 피조 세계를 위해서 새로운 나라를 준비하신다. 그 나라가 이르면 소가 너를 봐도 도망가는 게 아니라 반갑게 인사할 거다. 그럼 너는 소와 하이파이브를 나눈 다음 사이좋게 풀을 먹으면 된다." 사자가 뭐라고 할까? 자기 눈에 흙이 들어가기 전에는 그런 일이 있을 수 없다고 펄쩍 뛸 것이다.

우리는 신앙의 참 맛을 모른다. 우리가 하나님의 경륜을 무슨 수로 헤아릴까? 하늘과 땅에 있는 모든 것이 그리스도의 통치 아래 들어가기까지는 모를 수밖에 없다.

하지만 하나님의 은혜는 알면 알수록 풍성하다. 우리가 지금까지 받아 누린 은혜는 장차 받아 누릴 은혜의 극히 일부에 불과하다. 하나님이 그 모든 은혜의 몇 천 배, 몇 만 배, 몇 억 배 더 풍성한 은혜를 예비하시고서 때가 차기를 기다리고 계시다. 그날이 올 때까지 우리가 할 일은 그리스도의 통치 아래 들어가는 일이다. 때가 되면 우리를 위하여 예비하신 하나님의 은혜를 직접 체험하게 될 것이다.

1:11-12〉 모든 일을 그의 뜻의 결정대로 일하시는 이의 계획을 따라 우리가 예정을 입어 그 안에서 기업이 되었으니 이는 우리가 그리스도 안에서 전부터 바라던 그의 영광의 찬송이 되게 하려 하심이라

10절에서 우리를 향한 하나님의 구원 스케일을 확인했다. 본문은 그 하나님이 우리가 하나님의 기업이 되는 것을 계획했다고 한다. 또 우리로 하여금 하나님의 영광의 찬송이 되게 할 계획을 세우셨다고 한다.

찬송가 435장에 "나의 영원하신 기업 생명보다 귀하다"라는 가사가 있다. 하나님은 우리의 영원한 기업이다. 우리의 모든 것이 하나님으로 말미암는다. 하나님이 우리의 존재 목적이다. 우리가 다 아는 사실이다.

본문은 다른 말을 한다. 우리가 하나님의 기업이라는 것이다. 하나님께서 그렇게 하신 이유는 우리로 그리스도 안에서 하나님의 영광의 찬송이 되게 하려는 것이다.

에베소서가 시작된 이래 지금까지 거의 모든 절마다 '그리스도 안에서'라는 말이 나왔다. 신자는 그리스도 안에 있는 사람이다. 박지성 선수가 "나는 축구 교도소 안에서 지내고 있다. 일주일에 한 번뿐인 90분 경기를 위해서 나머지 6일 동안 축구만 생각한다."라고 했다. 박지성 선수가 축구 교도소 안에서 지낸다고 한 것처럼 우리는 그리스도 안에서 지내야 한다.

"무슨 소리냐? 세상 사는 문제는 다 팽개치고 오직 주님 일만 하란 말이냐?"라고 할 수도 있을 것 같은데 그런 뜻이 아니다. 지아비가 있는 여자처럼 살라는 뜻이다. 성경은 우리를 그리스도의 신부라고 한다. 신부의 모든 것은 신랑한테 맞춰져 있다. 남편과 같이 있을 때만 유부녀가 아니라 남편이 없는 자리에서도 유부녀. 그렇게 하는 것이 그리스도 안에 있는 것이다. 우리가 그렇게 하면 하나님의 기업이 되고 하나님의 영광의 찬송이 될 것이다.

혹시 둥근 네모나 각진 동그라미를 본 적 있는가? 하얀 밤, 차가운 태양, 조용한 외침, 푸르른 사막, 까만 무지개는 어떤가? 그리스도 밖에 있는 신자도 마찬가지다. 신자는 그리스도 안에 있게 마련이다. 그런데 에베소서는 유난히 '그리스도 안'을 강조한다. 특히 본문은 우리가 그리스도 안에서 하나님의 기업이 되었다고 한다. 그리스도 밖에서 하나님의 기업이 될 수는 없다. 이런 뻔한 말을 하는 이유는 우리가 그리스도 안에 있는데도 그 사실로 우리의 정체성을 삼지 않기 때문이다.

친구가 모친상을 당해서 장례에 참석한 적이 있다. 장지가 온누리교회 공원이었다. 마침 하용조 목사 묘소가 보이기에 잠깐 참배했다. 현수막에 "목사님이 계셔서 행복했습니다"라는 글귀가 있었다.

혼자 생각했다. "주님이 계셔서 행복했습니다"라는 말은 누구나 할 수 있다. 그것으로는 부족하다. 주님이 우리를 보면서 "네가 있어서 참 행복하구나"라고 할 수 있어야 한다. 그리 어려운 일이 아니다. 그리스도 안에 있으면 된다. 우리가 하나님의 기업이기 때문이다. 우리가 하나님으로 인하여 살맛이 나는 것처럼 하나님은 우리로 인하여 하나님 노릇 할 맛이 났으면 좋겠다.

1:13-14) 그 안에서 너희도 진리의 말씀 곧 너희의 구원의 복음을 듣고 그 안에서 또한 믿어 약속의 성령으로 인치심을 받았으니 이는 우리 기업의 보증이 되사 그 얻으신 것을 속량하시고 그의 영광을 찬송하게 하려 하심이라

설교 중에 "···하나님이 우리를 십자가 군병으로 부르셨습니다. 우리는 사나 죽으나 하나님의 영광을 위하는 사람들입니다."라고 할 수 있다. 그러면 전부 "아멘" 할 것이다. 계속 말을 잇는다. "여러분은 하나님을 위하여 죽을 준비가 되어 있습니까?" 이번에는 "아멘" 소리가 적을 것이다. 무슨 차이일까?

지금까지 계속 '우리'가 나오다가 본문에서 '너희'가 나오는 이유가 여기에 있다. 에베소교회 교인들의 주의를 환기시키는 것이다. "지금까지 말한 내용에 너희도 포함된다"라는 뜻이다. 직설적으로 꼬집으면 "몇몇 신앙 엘리트만 말씀대로 살아야 하는 것 아니다. 예수를 믿으면 다 똑같다. 너희도 구원 얻은 것은 매일반 아니냐?"가 된다.

기타노 다케시라는 일본 영화감독이 있다. 포르쉐를 상당히 좋아했다. 그런데 막상 타보니 자기한테는 포르쉐가 안 보였다. 친구한테 차 열쇠를 주면서 고속도로를 달려달라고 부탁했다. 자기는 택시를 타고 쫓아가면서 그 포르쉐를 뿌듯한 마음으로 감상했다. 중간에 기사에게 말을 걸었다.

"멋있죠? 저 포르쉐, 내 거예요."

"아니, 왜 직접 안 타십니까?"

"당신, 바보군요. 내가 타면 내 포르쉐가 안 보이잖아요."

누가 바보인지 다수결로 정해볼까? "나는 포르쉐의 승차감이나 속도감을 원하지 않는다. 눈으로 보고 즐길 뿐이다."라고 하면 할 말이 없다. 그러면 "꼭 제가 직접 하나님의 영광의 찬송이 되어야 합니까? 저는 다른 사람이 하나님께 영광 돌리는 것을 보는 것으로 만족합니다."라고 하는 사람에게는 뭐라고 해야 할까?

그래서 "그 안에서 너희도 진리의 말씀 곧 너희의 구원의 복음을 듣고"라고 했다. '진리의 말씀'은 곧 '너희의 구원의 복음'이다. 신앙은 자기 자신과 관계있어야 한다. 예수님이 세상 죄를 위해서 십자가에 달린 것을 아는 것이 문제가 아니라 그때 자기 죄가 사해진 것을 알아야 한다.

하나님이 그리스도 안에서 우리를 하나님의•기업으로 부르셨다. 그 '우리'에는 당연히 자기 자신이 포함된다. 하나님이 우리를 하나님의 기업으로 불렀다는 얘기에 고개를 끄덕이면 되는 것이 아니라 자기가 하나님의 기업인 것을 알아야 한다.

문제는 우리가 우리를 믿지 못한다는 사실이다. 하루에도 열두 번씩 변하는 것이 우리 마음이다. 경건한 마음으로 하나님을 예배할 때는 하나님의 기업인 것 같지만 늘 그런 마음인 것이 아니다. 그래도 아는 사실이 있다. 하나님이 우리를 하나님의 기업으로 불렀다는 사실이다. 그 하나님은 "모든 일을 그의 뜻의 결정대로 일하시는 하나님"이다. 이 세상 모든 일이 하나님의 뜻에 달려 있으니 우리를 향한 하나님의 뜻도 이루어지게 마련이다.

그것이 전부가 아니다. 우리가 약속의 성령으로 인치심을 받았다. 예수를 믿는다는 얘기는 성령님이 내주하신다는 뜻이다. 한번 얻은 구원은 취소되지 않는 이유가 여기에 있다. 우리가 지옥에 가려면 성령님도 같이 가든지, 성령님이 우리를 버리고 떠나서야 한다. 그런데 둘 다 말이 안 된다. 성령님이 우리 안에 계신 이상 우리의 구원은 확실할 수밖에 없다. 그 내용을 "그 안에서 또한 믿어 약속의 성령으로 인치심을 받았으니 이는 우리 기업의 보증이 되사"라고 한다.

보증금 액수가 많을수록 거래 단위도 크게 마련인데 성령님이 우리를 위한 보증금이면 하나님의 계획이 얼마나 엄청나다는 뜻일까? 14b절에 그 답이 있다. "그 얻으신 것을 속량하시고 그의 영광을 찬송하게 하려 하심이라"가 우리를 향한 하나님의 구원 계획이다. 우리를 하나님의 소유로 속량해서 하나님의 영광을 찬양하게 한다는 것이다. 이런 내용을 행여 다른 사람한테만 해당되는 얘기로 여길까 싶어서 "그 안에서 너희도"라고 못을 박았다.

은근히 맥이 풀리는 것 같기도 하다. 하나님이 우리의 구원을 계획하셨다. 그리스도 안에서 그 일이 이루어졌다. 성령님이 우리 안에 내주하셔서 그 일을 보증하신다. 우리의 구원을 위해서 성부, 성자, 성령이 다 동원되었다. 그런데 결과가 우리가 하나님의 소유가 되어서 하나님의 영광을 찬양하는 것이라면 왠지 허전하다. 우리가 천국에서 누리게 될 복락에 대한 설명도 있어야 하지 않을까?

북유럽 신화에 따르면 전쟁에서 용감하게 싸우다 죽으면 천국에 간다고 한다. 그런데 그들이 말하는 천국이 별로 천국답지 않다. 천국에 가면 매일 꿀로 빚은 술을 마시고 아무리 먹어도 줄어들지 않는 돼지고기를 먹는다고 한다. 그렇다고 해서 늘 먹고 마시기만 하는 것은 너무 무료하다. 그래서 낮에는 칼과 창을 가지고 죽고 죽이는 살육전을 벌인다. 그리고 밤이 되면 죽은 사람들이 살아나서 같이 어울려 또 먹고 마신다.

우리가 보기에는 유치하기만 하다. 하지만 남의 얘기가 아닐 수 있다. 우리도 하늘에서 보기에 마냥 유치한 것들을 구원이라는 이름으로 기대하고 있을 수 있다.

우리가 하나님의 소유가 되어서 하나님의 영광을 찬양하는 것이 우리 계획이 아니라 하나님의 계획인 것이 정말 다행이다. 우리 인생에서 우리 계획이 이루어져봐야 남보다 많이 가져서, 남보다 넓은 집에 살고, 남보다 큰 차를 타는 것 말고 무엇이 있을까? 우리 인생 속에서 우리 계획이 이루어지면 안 된다. 하나님의 계획이 이루어져야 한다.

1:15-16) 이로 말미암아 주 예수 안에서 너희 믿음과 모든 성도를 향한 사랑을 나도 듣고 내가 기도할 때에 기억하며 너희로 말미암아 감사하기를 그치지 아니하고

지금까지 "신자는 그리스도 안에 있는 사람이다"를 말했다. 즉 본문은 "너희가 그리스도 안에 있음으로 말미암아 너희에게 믿음과 사랑이 있는 것을 내가 들었다. 기도할 때마다 그 사실을 기억한다. 또 그로 인하여 감사하기를 그치지 않는다."라는 뜻이다. 그리스도 안에 있으면 어떻게 되느냐 하면, 믿음과 사랑이 생겨난다.

어떤 분이 "…간절히 믿사오며 예수 그리스도 이름으로 기도드립니다"라고 하는 것을 들은 적이 있다. 간절히 믿는다는 얘기가 말이 될까? 아마 간절히 바란다는 뜻으로 그렇게 말했을 것이다.

왜 간절히 믿는다고 했는지 짐작이 가능하다. 어디선가 믿으면 된다는 말을 들었을 것이다. 그러니 얼른 믿어서 그 결과를 받고 싶은 것이다. 믿음에 대해서 그런 오해가 더러 있다. 믿음을 그리스도의 주권에 대한 문제로 생각하지 않고 자기 열심에 대한 문제로 생각한다.

신앙은 믿을 신(信) 우러를 앙(仰)을 쓴다. 믿고 우러르는 것이 신앙이다. 신앙이 정말 신앙이려면 신앙 주체보다 신앙 대상에 초점이 있어야 한다. 믿음도 마찬가지다. 믿는 주체보다 믿는 대상이 중요하다. 믿음이 자기의 요망 사항과 연결되면 안 된다. 예수님과 연결되어야 한다.

이런 믿음이 있으면 그 믿음은 이웃을 사랑하는 것으로 나타나게 마련이다. 그런데 사람은 누구나 자기편이다. 자기가 가장 중요하다. 그런 상태에서 누구를 사랑할 수 있을까? 정말로 사랑을 실천하려면 그리스도 안에 있어야 한다. 예수님을 자기 주인으로 믿는 믿음이 있어야 한다. 자기보다 예수님이 더 중요해야 이웃 사랑이 가능하지, 자기가 가장 중요하면 어림도 없다.

특정인 때문에 신앙생활을 못 하겠으니 어떻게 하면 좋으냐는 말을 들은 적이 있다. 고민이 잘못 되었다. 그런 경우에는 "특정인에 대해서는 신앙적으로 반응하지 못 하겠다"라고 해야 한다. 특정인 때문에 신앙생활을 못 하겠다고 하면 특정인 책임이다. 신앙의 이름으로 특정인을 정죄하게 된다.

하지만 특정인에 대해서는 신앙적으로 반응하지 못 하겠다고 하면 자기 책임이다. 자기를 고쳐야 한다. 결국 우리의 모든 문제는 자기가 중요하냐, 예수님이 중요하냐의 문제다.

영국 육상 선수 에릭 리들은 1924년 파리 올림픽 100m에서 유력한 금메달 후보였다. 그런데 예선 경기가 주일이었다. 에릭 리들이 주일에는 달릴 수 없다며 기권을 선언했다. 영국이 발칵 뒤집혔다. 편협한 신앙관 때문에 국가를 버린다는 비난이 들끓었다.

에릭 리들은 요지부동이었다. 대신 주 종목인 100m가 아닌 400m에 참가했다. 그의 입상 가능성을 입에 담는 사람이 아무도 없었다. 예선 기록이 다른 선수에 비해서 0.4초나 뒤졌다. 그런데 47초 6이라는 세계 신기록으로 금메달을 땄다. 나중에 그는 "처음 200m는 최선을 다해서 달렸고 나머지 200m는 하나님의 도우심으로 달렸다"라고 소감을 밝혔다. 이 내용은 〈불의 전차〉라는 제목의 영화로 만들어지기도 했다.

그다음 해에 중국 선교사로 떠났다. 올림픽 영웅에게 보장된 화려한 삶을 기꺼이 포기한 것이다. 그리고 2차 대전이 벌어졌다. 일본은 중국에 거주하는 외국인들을 웨이시엔 수용소에 집단 수용했다. 모두 1만 8천 명이었다.

수용소 시설은 극히 열악했다. 그곳에서 에릭 리들은 모두의 본이 되었다. 가장 먼저 일어나서 조용히 기도를 드린 다음 물 긷기, 장작 패기, 석탄 나르기, 화장실 청소 등 궂은일을 도맡았다. 배고파하는 사람이 있으면 자기 몫을 나눠주기 일쑤였다. 수용소 아이들을 모아서 공부와 운동을 가르쳤다. 1945년 2월 21일, 그런 그가 뇌종양으로 하늘의 부름을 받았다. 6개

월 후에 전쟁이 끝났고 수용소에 있던 사람들은 자유의 몸이 되었다.

나중에 수용소 생활을 글로 쓴 사람들이 있었는데 그 모든 글에 에릭 리들이 등장한다. 데이비드 미첼은 그의 책 〈어느 소년의 전쟁〉에서 에릭 아저씨가 운동 경기를 주관하던 이야기를 썼다. 랭던칼키는 〈산둥수용소 - 압제 속의 남자들과 여자들의 이야기〉에서 "세상에서 성자를 만나는 행운을 갖는 것은 쉬운 일이 아니다. 나에게 그런 행운이 다가왔다. 그 성자의 이름은 에릭 리들이다."라고 썼다. 노먼 클리프는 〈행복의 길로 가는 안마당〉에서 "에릭은 웨이시엔에서 가장 인품이 좋은 사람이었다. 내가 만난 사람 중에 그토록 깊은 신앙을 간직한 그리스도인은 없었다."라고 썼다. 수용소에는 모두 1만 8천 명이나 있었으니 누가 누구인지 어떻게 알까? 그래도 에릭 리들은 모두에게 특별한 사람이었다.

당연한 일이다. 에릭 리들은 "나는 예수 믿는 사람입니다. 주일에는 달리지 않습니다."라고 신앙을 고백한 사람이다. 그런 사람이 다른 사람들과 똑같이 먹을 것을 놓고 다투고 힘든 일에는 뒤로 빠지면서 지냈으면 그것이 오히려 이상하다.

요컨대 사랑은 믿음을 근거로 한다. 하나님이 누구인지 알아서 그의 주권을 인정하는 것이 믿음이고 그런 마음으로 사람을 대하는 것이 사랑이다. 우리가 기준이 아니라 하나님이 기준이다. 하나님을 기준으로 생각하고 하나님을 기준으로 처신하는 것이 믿음이고 사랑이다. 그런 믿음과 사랑은 그리스도 밖에 있는 사람에게는 나타나지 않는다. 그리스도 안에 있는 우리에게만 나타난다. 믿음과 사랑, 이 두 단어가 우리의 등록 상표다.

1:17) 우리 주 예수 그리스도의 하나님, 영광의 아버지께서 지혜와 계시의 영을 너희에게 주사 하나님을 알게 하시고

17-19절은 바울의 기도다. 우리가 하는 기도와 차이가 많다. 초점이 하나님께 있다. "에베소교회 교인들에게 이런 일이 있게 해주십시오"라고 기도하지 않고 "에베소교회 교인들이 하나님을 더 알게 해주십시오"라고 기도한다.

하나님을 부르는 호칭은 다양하다. 혹시 아브라함과 이삭과 야곱의 하나님께 기도하는 사람이 있을까? 하나님이 아브라함의 하나님이고 이삭의 하나님이고 야곱의 하나님인 것은 맞지만 우리가 그렇게 기도할 까닭이 없다. 기왕이면 '우리 하나님'께 기도하지, 왜 '남의 하나님'께 기도한단 말인가? 그런데 바울이 "우리 주 예수 그리스도의 하나님"이라는 말로 기도를 시작한다.

지금까지 신자는 그리스도 안에 있는 사람이라는 내용을 말했다. 우리는 그리스도 빼면 시체다. 그런데 하나님은 우리의 모든 것 되시는 예수님께도 하나님이다. 하물며 우리에게는 말할 것도 없다. 바울이 예수 그리스도의 하나님께 기도하는 이유가 여기에 있다. 우리의 모든 것이 궁극적으로 하나님께 달려 있기 때문이다. 하나님이 우리의 주인이며 우리의 존재 목적이다.

그다음 나오는 말이 '영광의 아버지'다. 하나님은 자비의 아버지일 수도 있고 전능의 아버지일 수도 있고 위로의 아버지일 수도 있다. 하나님을 자비의 아버지라고 부르는 사람은 아마 사죄의 은총을 구하는 사람일 것이다. 부도 위기에 몰린 사람이라면 전능의 아버지라고 부를 것이고 장례를 치르는 유족은 위로의 아버지라고 부를 것이다. 자기가 체험하고 싶은 하나님의 속성에 따라서 호칭이 달라진다.

하나님을 영광의 아버지라고 하는 이유도 그렇다. 하나님의 영광을 체험하고 싶다는 뜻이다. 모름지기 신자는 하나님이 얼마나 영광스러운 분인지 체험하려는 열망이 있어야 한다. 문제는 그것이 자연인의 본성에 어긋난다는 사실이다. 사람은 누구나 자기의 영광에 민감하다. 자기 영광을 구하는 마음만 있고 하나님의 영광을 구하는 마음은 없다.

사람이 얼마나 자기중심적인지 단체 사진을 찍으면 금방 드러난다. 단체 사진에서는 누구나 자기를 가장 먼저 찾아본다. 몇몇 사람이 흐리게 나와도 자기가 잘 나왔으면 잘 나온 사진이라고 한다. 반대의 경우도 성립한다. 다 잘 나와도 자기가 안 나왔으면 안 나온 사진이다. 특별히 이기적인 사람이 그런 생각을 하는 것이 아니다. 누구나 다 그렇게 생각한다. 자기가 가장 중요하다.

자기보다 덜 중요한 범주에는 다른 사람만 포함되는 것이 아니다. 하나님까지 포함된다. 신앙이 자기중심적이 된다. 자기가 행복해야 하고 자기가 만족해야 한다. 하나님의 뜻이 궁금할 이유가 없다. 어떻게 해야 하나님이 자기 소원을 들어줄지가 궁금할 따름이다. 하나님은 자기를 행복하게 해주고 자기를 만족하게 해주는 분이다. 자기가 하나님의 영광을 위해서 존재하는 줄 모르고 하나님이 자기의 만족을 위해서 존재하는 줄 안다.

입시철이 되면 흔하게 볼 수 있는 풍경이 있다. 우선 시험 잘 보게 해달라고 기도한다. 시험 날짜가 다가올수록 새벽기도에 참가하는 교인이 많아진다. 나중에 점수가 나오면 점수에 맞춰서 원서를 작성한다. 그러고는 합격하게 해달라고 또 기도한다.

참 이상한 일이다. 원하는 대학에 진학하게 해달라고는 기도하면서 자기가 어떤 인생을 사는 것이 하나님의 뜻인지는 궁금하게 여기지 않는다. 자기가 하나님께 발언권을 행사할지언정 하나님께 발언권을 드리지는 않는다. "제 인생은 알아서 할 테니까 하나님은 가끔 제가 필요할 때 도와주기만 하면 됩니다"라고 하는 격이다. 그러면서 입술로는 하나님의 영광을 얘기한다.

예수를 믿는 사람 중에 하나님을 모르는 사람은 없다. 그런데 바울은 에베소교회 교인들이 하나님을 알게 되기를 바란다고 기도하면서 '지혜와 계시의 영'을 말한다. 하나님을 알려면 하나님이 우리에게 지혜와 계시의 영을 주셔야 한다는 것이다. 하나님을 아는 것이 단지 '안다', '모른다'로 끝나는 얘기가 아니라는 뜻이다. 우리는 하나님을 알되, 더 알아야 하는 사람들이다.

"하나님이 천지를 창조했다고 하더라", "하나님이 예수님을 보냈다고 하더라"라는 정도로는 어림도 없다. 우선 하나님의 뜻을 알아야 한다. 하나님이 무엇을 기뻐하고 무엇을 싫어하는지 알아야 한다. 더 나아가서 하나님이 기뻐하는 것을 기뻐해야 하고 하나님이 싫어하는 것을 싫어해야 한다. 하나님의 뜻을 이루는 것이 우리의 소원이어야 한다. 그렇게 해서 하나님이 얼마나 영광스러운 분인지 체험해야 한다. 그것이 하나님을 아는 것이다.

1:18-19) 너희 마음의 눈을 밝히사 그의 부르심의 소망이 무엇이며 성도 안에서 그 기업의 영광의 풍성함이 무엇이며 그의 힘의 위력으로 역사하심을 따라 믿는 우리에게 베푸신 능력의 지극히 크심이 어떠한 것을 너희로 알게 하시기를 구하노라

17절에서 에베소교회 교인들이 하나님을 알게 되기를 바란다고 했다. 본문에서는 그에 따른 구체적인 내용이 나온다. 하나님의 부르심의 소망이 무엇인지, 하나님이 우리를 위하여 예비하신 기업이 얼마나 영광스러운지, 하나님께서 우리 안에서 얼마나 큰 능력으로 역사하는지 알아야 한다는 것이다.

군에 갓 입대한 훈련병 시절의 일이다. 일과 후에 편지를 나눠준다. 편지 뭉치를 든 담당 병사가 수취인을 호명한다. 요즘은 군에서도 핸드폰을 이용하지만 그때는 편지가 유일한 낙이었다. 자기 이름이 호명되면 그렇게 반가울 수가 없다. 우리가 그렇게 호명된 사람들이다. 우리는 하나님의 호명이 얼마나 큰 복인지 알아야 한다. 즉 부르심의 소망을 알아야 한다.

예수를 믿는다는 얘기는 지극히 높은 곳의 호출을 받았다는 뜻이다. 그러면 자기를 호출한 곳을 지향하는 삶을 살아야 한다. 부름받은 삶을 살지 않으면 그것이 불신앙이다. 불신앙은 주로 소극적인 형태로 나타난다. 우리가 드러내놓고 죄를 범하지는 않는다. 그것으로 자위하면 안 된다. 자기 나름대로 재해석한 순종은 순종이 아니다. 과연 부름받은 삶을 살고 있는지 점검해야 한다.

그다음에는 우리에게 허락하신 기업의 영광의 풍성함을 알아야 한다. 영광이 풍성하려면 어떻게 하면 될까? 세상에서는 올림픽에서 금메달을 따거나 노벨상을 받으면 엄청난 영광이라고 하겠지만 그 정도로는 어림도 없다. 포도송이에 포도 알맹이가 달린 것처럼 그런 영광들이 주렁주렁 달려야 한다.

앞에서 하나님이 우리를 부르셨다는 내용을 확인했다. 이 세상에서도 사람의 능력에 따라서 선물이 달라지는 법인데 설마 하나님이 껌 한 통씩 나눠주려고 우리를 부르셨을까? 하나님은 영원하신 분이다. 하나님이 예비하신 것이 어떤 것인지 우리의 제한된 인식 체계로는 상상도 못한다.

혹시 하나님이 "네 소원이 무엇이냐?"라고 물으시면 뭐라고 답해야 할까? 그때는 가만히 있는 것이 바람직하다. "왜 말이 없느냐? 원하는 것이 무엇이냐?" 하고 채근하시면 "저는 잘 모르겠습니다. 하나님께서 권하는 것으로 하겠습니다."라고 하면 된다. 하나님이 알프스산맥만 한 다이아몬드, 히말라야산맥만 한 순금, 에베레스트산만 한 진주를 준비하신 것을 모르고 "집채만 한 금덩어리요"라고 답하면 낭패다. 우리는 하나님을 몰라도 너무 모른다.

그다음에는 우리에게 미치는 하나님의 능력이 얼마나 큰지 알아야 한다. 우리 머릿속에는 750억에서 1천억 개의 신경 세포가 있다. 각 세포에 다른 세포와의 연결선이 1만 개가량 있다. 우리 몸을 구성하는 염색체 하나에는 약 200억 바이트의 정보가 저장되어 있다. A4 용지 한 장에 300단어를 쓸 경우 200만 장을 채울 수 있는 정보량이다. 책 한 권이 평균 300페이지가 안 된다고 하면, 그런 책 7,000권에 해당한다. 우리 염색체 하나가 작은 도서관이다. 이 모두를 만드신 분이 하나님이다.

하나님이 그런 능력으로 우리를 그리스도 안에서 하나님의 자녀로 부르셨다. 그러면 당장 의문이 생긴다. "그런데 왜 내 문제를 해결해주지 않으실까?"

그 답을 찾기 전에 먼저 성경에 주목하자. 성경은 우리한테 하나님을 알아야 한다고 한다. 하나님이 우리를 부르신 부르심의 소망을 알아야 한다고 하고, 하나님이 우리에게 허락하신 기업의 영광의 풍성함을 알아야 한다고 한다. 거기에 더하여 하나님의 능력을 알아야 한다고 한다. 하나님의 능력으로 이 모든 내용을 우리에게 알려 주시는 것이 아니다. 우리한테 알라고 하신다.

사람들이 신앙의 이름으로 기대하는 것은 주로 심리적인 안정과 주술적인 효과일 것이다. 그런데 성경은 하나님을 아는 것이 신앙이라고 한다. 우리의 문제는 하나님을 모른다는 것이다. 하나님이 우리를 왜 불렀는지 모르고, 하나님이 우리를 위해서 어떤 것을 예비하셨는지 모른다. 하나님이 어떤 능력으로 우리 안에서 역사하시는지 모른다.

우리 눈에는 우리 문제만 보인다. 하나님이 보이지 않는다. 예수를 믿는다는 이유로 뭔가 좋은 일이 생기기를 막연히 기대한다. 하나님을 아는 문제보다 세상 사는 문제가 훨씬 급하다. 마음의 눈이 어두운 탓이다.

우리 마음의 눈이 무엇에 어두워졌을까? 마땅히 하나님을 아는 일에 쓰여야 할 우리 인생이 무엇에 쓰이고 있을까? 하나님은 우리 인생이 가장 복되기를 바라신다. 그래서 하나님을 알라고 채근하신다. 하나님을 아는 일이 우리에게 가장 복된 일이다.

1:20-22〉그의 능력이 그리스도 안에서 역사하사 죽은 자들 가운데서 다시 살리시고 하늘에서 자기의 오른편에 앉히사 모든 통치와 권세와 능력과 주권과 이 세상뿐 아니라 오는 세상에 일컫는 모든 이름 위에 뛰어나게 하시고 또 만물을 그의 발아래에 복종하게 하시고 그를 만물 위에 교회의 머리로 삼으셨느니라

하나님의 능력이 가장 잘 나타난 사건이 어떤 사건일까? 당연히 천지를 창조한 사건 아닐까? 그런데 성경에 "나는 온 세상을 창조한 창조주 하나님이니라"라는 표현은 한 번도 안 나온다. 오히려 "나는 너희를 구원한 하나님이니라"라는 표현이 나온다.

하나님이 천지를 창조할 때는 필요한 것이 아무것도 없었다. 순전히 '맨입'으로 천지를 창조했다. 그런데 우리를 구원하실 때는 그렇지 않았다. "빛이 있으라" 말씀하셔서 빛을 만드신 것처럼 "아무개는 구원을 얻을지어다"라고 하신 것이 아니라 예수님이 십자가에 달려 죽으셔야 했다. 창조보다 구원이 더 큰 사건이다.

본문은 하나님의 능력으로서의 구원을 설명하는 내용인데 두 가지를 말한다. 예수님의 부활과 교회다. 우선 20절에 하나님의 능력이 그리스도 안에서 역사해서 죽은 자들 가운데서 다시 살리셨다는 말이 나온다. 성경이 우리한테 알리고 싶어 하는 하나님의 능력은 그리스도를 부활하게 한 능력이다. 그 그리스도를 하나님의 오른편에 앉게 하셨다.

하나님이 제일 높은 분이니까 가운데 앉으시고 예수님은 그보다 조금 못한 분이어서 옆에 앉는 것이 아니다. 예수님이 하나님과 동등한 분이라는 뜻이다. 사극에서 왕은 보좌에 앉고 신하들은 서 있는 것을 본 적이 있을 것이다. 신하가 왕과 나란히 앉을 수는 없다. 그런데 예수님은 하나님과 나란히 앉으시는 분이다. 예수님은 하나님 옆에 시립해서 명을 기다려야 하는 분이 아니다. 근본 하나님과 본체인 분이다. 이 세상뿐 아니라 오는 세상에서도 모든 이름 위에 뛰어난 분이다. 그 예수님을 만물 위에 교회의 머리로 삼으셨다.

에베소서는 교회론을 다룬 책이다. 교회라고 해서 건물을 연상하면 안 된다. 믿는 사람들을 연상해야 한다. 본문은 예수님이 교회의 머리라고 한다. 예수님을 우리의 머리로 삼으신 것이 하나님의 능력이다.

에베소서를 시작하면서 나온 내용이 "신자는 예수 그리스도 안에 있는 사람이다"라는 내용이라고 했다. 예수 그리스도 안에 있는 것이 어떤 것일까? 예수 그리스도 안에 있는 사람과 예수 그리스도 밖에 있는 사람은 어떻게 다를까? 본문의 표현대로 하면 예수 그리스도 안에 있는 사람은 예수 그리스도가 자기 머리인 사람이다. 예수 그리스도와 유기적인 결합을 이룬 사람이다. 그런데 예수님은 죽은 자 가운데서 부활하셨다. 예수님의 몸인 우리 역시 죽은 자들 틈바구니에 있을 이유가 없다. 얼른 그 자리에서 나와야 한다.

1:23〉 교회는 그의 몸이니 만물 안에서 만물을 충만하게 하시는 이의 충만함이니라

생각할수록 놀라운 말씀이다. 혹시 놀라지 않는다면 무슨 뜻인지 모르기 때문이다. 앞에서 예수님을 교회의 머리로 삼으셨다고 했으니 교회는 예수님의 몸이다. 그 교회가 만물 안에서 만물을 충만하게 하시는 이의 충만함이라는 것이 무슨 영문일까? "만물 안에서 만물을 충만하게 하시는 이"는 예수님이다. 즉 교회가 예수님의 충만함이라는 것이다.

무한대에서 1을 빼면 얼마일까? 무한대에서 100을 빼면 얼마일까? "1이 모자라서 무한대가 안 되었다", "무한대가 되려면 100을 더 채워야 한다"라는 말은 없다. 천억에서 1을 빼면 천억보다 1 작은 수가 되지만 무한대에서는 천억을 빼도 그대로 무한대다. 숫자의 영향을 받으면 무한대가 아니다.

예수님은 홀로 충만하신 분이다. 우리가 충만하게 해드려야 하는 분이 아니다. 그런데도 우리가 없으면 충만하지 않기로 작정하셨다. 예수님은 부족한 것이 아무것도 없는 분임에도 불구하고 우리가 없는 것은 부족한 것으로 간주하신다.

이치적으로 말이 되지 않는다. 우리에게는 예수님이 없으면 안 되지만 예수님에게도 우리가 있어야 할까? 루터가 한 말이 있다. "주님은 저의 의이고 저는 주님의 죄입니다." 비단 이 말이 아니라도 우리에게 예수님이 차지하는 비중과 예수님에게 우리가 차지하는 비중이 같을 수는 없다. 그런데 성경이 그렇게 말한다.

그러나 너희에게 이르노니 내가 포도나무에서 난 것을 이제부터 내 아버지의 나라에서 새것으로 너희와 함께 마시는 날까지 마시지 아니하리라 하시니라(마 26:29)

예수님이 제자들과 유월절 만찬을 나누면서 하신 말씀이다. "내가 이제 아버지 나라에 간다만 너희가 올 때까지 천국 잔치 분위기를 즐기지 않겠다"라는 뜻이다. 예수님은 천국에 계시면서도 그 마음에 즐거움이 없다. 우리가 함께 있지 않기 때문이다. 예수님은 홀로 천국 잔치에서 열외가 되어 우리를 기다리신다.

그렇다고 해서 아버지가 집 나간 탕자를 기다리는 것처럼 할 수는 없다. 그때 아버지는 탕자가 거지꼴로 돌아온 것을 전혀 문제 삼지 않았다. 예수님은 그런 모습의 우리를 기다리는 것이 아니다. 몸은 머리에 어울려야 한다. 교회가 그리스도의 몸이라면 당연히 그에 부합한 모습이 있어야 한다.

신앙 책임을 외면할 때 가장 많이 말하는 핑계가 "나도 알아요"와 "고민 많이 했어요"다. 머리의 지시에 그런 식으로 반응하는 몸도 있다. 중풍병자의 몸이다. 중풍병자의 몸은 머리의 말을 듣지 않는다. 늘 알기만 하고 늘 고민만 하면서 움직이지는 않는다. 나중에는 움직이기를 포기하고 만다.

우리가 그리스도의 몸이라고 하면서 머리 된 그리스도의 뜻에 흔쾌히 따르지 않는 이유를 이 사실에서 짐작할 수 있다. 아우구스티누스가 한 말처럼 경험해보지 못한 선보다 습관화된 악이 더 우리를 강하게 지배하기 때문이다. 우리는 부활 생명을 살아본 경험이 없다. 우리에게 익숙한 것은 죄와 사망에 속한 옛 습관이다. 하나님 편으로 살아가는 것은 몸에 배지 않아서 어색한데 세상 편으로 살아가는 것은 몸에 배어 있다.

그런 우리를 예수님께 접붙인 것이 하나님의 능력이다. 우리는 예수님과 결합된 사람들이다. 흔히 예수님처럼 살아야 한다는 말을 하는데 정확한 표현이 아니다. 우리는 예수님처럼 살면 안 된다. 예수님으로 살아야 한다. 우리가 예수님의 몸이다.

2장 그때와 지금

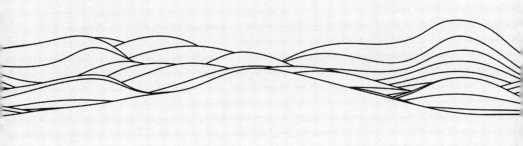

2:1-2〉 그는 허물과 죄로 죽었던 너희를 살리셨도다 그때에 너희는 그 가운데서 행하여 이 세상 풍조를 따르고 공중의 권세 잡은 자를 따랐으니 곧 지금 불순종의 아들들 가운데서 역사하는 영이라

구원을 알려면 구원 얻기 이전 상태를 알아야 한다. 그런데 구원 얻기 이전 상태는 구원을 얻어야 알 수 있다. 자고 있는 동안에는 자기가 잠든 것을 모르다가 깬 다음에 잠이 들었던 것을 아는 것과 같다.

앞에서 바울이 "지혜와 계시의 영을 주셔서 하나님을 알게 해주십시오"라고 기도했다. 우리는 하나님을 알아야 한다. 또 있다. 2장 시작하면서 "너 자신을 알라"라는 내용이 나온다(1-3절). 하나님을 아는 지식과 사람을 아는 지식이 상관관계가 있다. 우리가 어떤 존재인지 알수록 하나님을 더 잘 알게 된다.

기도 중에 "죽을 수밖에 없는 저희를 구원해 주서서 감사합니다"라고 할 수 있다. 그런데 성경에는 그런 말이 없다. 하나님은 죽어 있는 우리를 구원해주셨다. 이스라엘이 애굽의 노예가 될 수밖에 없었는데 구원해주신 것이 아니라 애굽의 노예였는데 구원해주신 것처럼 하나님은 허물과 죄로 죽었던 우리를 살리셨다.

허물은 '파라프토마'를 번역한 말이고 죄는 '하마르티아'를 번역한 말이다. 본래 파라프토마는 미끄러졌다는 뜻이다. 또 하마르티아는 화살이 과녁을 벗어났다는 뜻이다. 파라프토마는 실수로 인한 죄를 말하고 하마르티아는 실력으로 인한 죄를 말한다. 시험 볼 때 실수로 틀렸든지 실력으로 틀렸든지 틀린 것은 틀린 것이다. 이런 식으로 따지면 죄에서 벗어날 수 있는 사람이 아무도 없다. 우리가 범하는 죄 중에 어떤 것이 파라프토마이고 어떤 것이 하마르티아인지 구별하는 것은 의미가 없다. 우리가 이미 죽었다는 사실이 문제다. 하나님이 그런 우리를 살리셨다.

2절에서 "그때에 너희가 그 가운데서 행하여 이 세상 풍조를 따르고"라는 말이 나온다. 허물과 죄로 죽은 모습을 이 세상 풍조를 따르는 것으로 말한다. "남들이 어떻게 하느냐?"가 기준이다. 그렇게 살면 편하기는 할 것이다. 아무 생각 없이 살면 된다. 시편 기자는 그런 사람을 바람에 나는 겨에 비유했다.

이 세상 풍조에는 하나님이 자리할 공간이 없다. 그러면 공중 권세 잡은 자의 영역이 된다. 공중 권세 잡은 자는 다른 말로 불순종의 아들들 가운데서 역사하는 영이다. 불신자의 가장 큰 특징이 불순종이다. 그런데 성경에 순종의 아들이라는 말은 안 나온다. 불신자의 가장 큰 특징이 불순종이면 신자의 가장 큰 특징은 순종이어야 하는 것 아닐까?

불신자는 순종, 불순종의 개념이 없다. 아무 생각 없이 불순종을 고집한다. 그러면 신자는 순종에 경도되어야 하는데 그렇지 않다. 불신자는 태연하게 불순종을 자행하고 신자는 찔리면서 불순종을 자행한다. 신자와 불신자의 차이가 순종, 불순종으로 나타나지 않고 불순종에 대한 자책 유무로 나타난다. 불신자는 불신자여서 신자답게 살지 않는 반면 신자는 신자인데도 신자답게 살지 않는다. 훈련이 되어 있지 않기 때문이다. 훈련은 할 수 없는 것을 하는 것이 아니다. 할 수 있는 것을 익숙하게 하는 것이다. 할 수 없는 것은 아무리 훈련해도 안 된다. 그런데 할 수 있는 것도 그것을 할 실력이 없을 때는 할 수 없는 것으로 보인다.

본문에서 공중 권세 잡은 자를 불순종의 아들들 가운데서 역사하는 영이라고 했다. 우리는 불순종의 아들들이 아니다. 그런데 우리 역시 공중 권세 잡은 자에게서 자유롭지 못하다. 사탄이 더 이상 우리한테 역사하지 못해야 하는데 그렇지 않다. 다른 말로 하면, 우리가 허물과 죄로 죽었던 때에는 세상 풍조를 따랐다. 그런데 지금도 여전히 세상 풍조를 따르는 것이 무슨 까닭일까?

1517년 10월 31일, 루터가 비텐베르크 성당에 95개조 반박문을 붙이는 것으로 종교개혁이 촉발되었다. 급기야 1521년 보름스 의회에서 루터가 이단으로 파문된다. 당시 독일의 상황은 매우 복잡했다. 프랑스와 교전 중이었고 투르크의 위협도 있었다. 루터를 이단으로 모는 일보다 국내 안정이 시급했다. 결국 1526년 슈파이어 의회에서 보름스 의회의 결정을 유보하고 각 제후와 도시가 신앙의 자유를 갖는다고 결정했다. 그 후 루터파가 급속히 확장되었다. 전쟁도 그쳤다. 1529년에 2차 슈파이어 의회가 열렸는데 가톨릭 도시에서는 루터파를 금하되 루터파 도시에서는 가톨릭 전파가 가능하다는 새로운 결정을 내렸다. 루터파가 이에 항의했다. 그때 생긴 말이 Protestant(저항하는 사람들)이다. 처음에는 루터파를 가리키는 말이었는데 나중에는 개신교 전체를 지칭하는 말이 되었다.

우리는 저항하는 사람들이다. 그 옛날 루터파가 불공정한 의회 결정에 항거했던 것처럼 우리는 세상 풍조에 항거해야 하고 공중 권세 잡은 자에게 항거해야 한다. 그리고 더욱 자기 뜻대로 살려는 마음에 항거해야 한다. 하나님이 우리를 순종의 아들로 부르셨다. 순종이 우리의 트레이드 마크다.

2:3) 전에는 우리도 다 그 가운데서 우리 육체의 욕심을 따라 지내며 육체와 마음의 원하는 것을 하여 다른 이들과 같이 본질상 진노의 자녀이었더니

1장 말미에서 하나님을 알아야 한다는 말이 나왔다. 하나님이 우리를 인도하시는 목적지를 알아야 하고, 그 목적지가 얼마나 영광스러운 곳인지 알아야 하고, 우리를 인도하시는 하나님의 능력이 얼마나 엄청난지 알아야 한다고 했다.

2장 시작하면서 한 가지가 더 나온다. "너희가 어떤 곳에서 출발했는지 아느냐?"이다. 사람들이 예수를 믿지 않는 이유는 그것이 얼마나 후회할 일인지 몰라서 그렇다. 신자가 신앙에 성실하지 않은 이유도 마찬가지다. 그것이 얼마나 후회할 일인지 모른다.

1절에서 우리가 허물과 죄로 죽었다고 했다. 그 얘기를 본문에서는 본질상 진노의 자녀였다고 한다. 우리 정체성 자체가 하나님의 진노 대상이던 시절이 있었다. 본질상 진노의 자녀의 특징은 "육체와 마음이 원하는 것을 하는 것"이다. 상당히 무서운 말이다. 우리가 어떤 것을 소원하면 그것이 하나님의 진노 대상이라는 뜻이다.

헬라사상은 이원론을 토대로 한다. 사람을 영혼과 육체로 나눠서 영혼은 선하고 육체는 악하다고 한다. 그 후유증이 지금도 있다. 몸과 마음을 분리해서 생각하는 것이다. "마음은 안 그렇다"라는 말이 단적인 예다. 마음은 안 그런데 육체가 그랬으면 그 육체는 누구의 육체일까?

본문은 "전에는 우리도 다 그 가운데서 우리 육체의 욕심을 따라 지내며 육체와 마음의 원하는 것을 하여 다른 이들과 같이 본질상 진노의 자녀이었더니"라고 한다. 육체의 욕심이라고 해서 육체만 원하지 않는다. 육체와 마음이 같이 원한다. 육체만 부패한 것이 아니라 마음도 부패했다. 그래서 본질상 진노의 자녀다.

금수만도 못하다는 말이 있다. 사람이면 짐승보다 나아야 한다는 전제가 있는 말이다. 하지만 사람은 금수보다 낫지 않다. 짐승의 세계에는 유괴나 강간 같은 범죄 용어도 없고 무엇보다 탐심이 없다.

밀림에서 만난 호랑이 두 마리가 인사를 나눈다.

"요즘 경기 어때?"

"간신히 멧돼지 다섯 마리하고 사슴 열두 마리 저축했어. 넌?"

"나는 사슴 세 마리에 토끼 네 마리뿐인데 노력 많이 해야 되겠네."

호랑이들이 이런 인사를 나누기 시작하면 생태계는 끝난다. 다행히 그들은 배가 고플 때만 사냥을 한다. 사람은 그렇지 않다. 아무리 많이 가져도 더 가지려고 한다. 그런데 이런 사실이 그리 심각하게 다가오지 않는다. 다 그렇게 살기 때문에 분별이 안 된다.

지난 2003년 2월 18일에 대구 지하철 참사가 있었다. 사망자가 192명이고 부상자가 148명에 이르는 대형 참사였다. 그때 차내에 불길이 번지기까지 10여 분의 시간이 있었다. 사람들이 연기가 스며들고 불길한 소음이 들리는데도 그냥 앉아 있었다. 다른 사람들의 행동을 판단 기준으로 삼았기 때문이다.

실제로 EBS에서 실험을 한 적이 있다. 실험 참가자들이 대기하는 방 문틈으로 연기를 흘려보내 화재 상황을 연출했다. 대기실에는 실험 목적을 아는 공모자 네 명과 실험 정보가 없는 피실험자 한 명이 있었다. 실험이 시작되고 방 안에 연기가 자욱하자, 피실험자가 당황하며 주변을 살폈다. 그런데 전부 태연한 것을 보고는 그냥 앉았다. 몇 차례 반복했지만 탈출을 시도한 피실험자는 없었다. 실험 후에 이유를 물었더니 전부 다른 사람들이 가만히 있었기 때문이라고 답했다.

성경은 우리가 본질상 진노의 자녀였다고 한다. 나 혼자 진노의 자녀였던 것이 아니라 모두가 진노의 자녀였다. 옳고 그른 것이 분별되지 않을 수밖에 없다. 출애굽 당시의 이스라엘로 생각해 보자. 전부 가나안에 대한 소망이 가득했으면 애굽으로 돌아가자는 말을 함부로 못한다. 그런데 애굽으로 돌아가자는 것이 대세였다. 그런 말을 하면 안 되는 것을 누가 알겠는가? 아무도 육체의 욕심을 따라 지내지 않는데 혼자만 육체의 욕심을 따라 지내면 문제가 심각하지 않을 수 있다. 자기 잘못을 금방 알 수 있기 때문이다. 전부 다 엉망이니 엉망이면서도 엉망인 것을 모른다.

지난날 우리 모습이 그랬다. 우리가 본질상 진노의 자녀였을 적에는 죄에 대한 분별이 없었다. 우리 육체와 마음이 원하는 대로 했는데 그것이 모두 하나님의 진노 대상이었다.

이스라엘의 미련함이 무엇이었나? 그들은 아는 것이 없었다. 자기들이 가는 곳이 얼마나 복된 곳인 줄 몰랐고 자기들을 인도하시는 하나님이 어떤 분인지 몰랐다. 특별히 본문에 견주면 자기들이 살던 애굽이 얼마나 끔찍한 곳인지 몰랐다.

이제는 우리 차례다. 우리는 죄의 자리에서 나온 사람들이다. 그 근처에서 얼씬거릴 이유가 없다. 시간이 지날수록 죄의 자리에서 멀어져야 한다. 몸도 멀어져야 하고 마음도 멀어져야 한다. 하나님의 능력 안에서 그 일이 이루어질 것이다.

2:4-5〉 궁휼이 풍성하신 하나님이 우리를 사랑하신 그 큰 사랑을 인하여 허물로 죽은 우리를 그리스도와 함께 살리셨고 (너희는 은혜로 구원을 받은 것이라)

1장 마치면서 하나님의 능력을 얘기했다. 그리스도를 죽은 자 가운데서 다시 살리셔서 교회의 머리로 삼으신 것이 하나님의 능력이다. 2장에서는 우리의 본래 모습을 얘기한다. 하나님의 능력을 알려면 우리가 그리스도의 몸인 것만 알면 안 된다. 본래 어떤 모습이었는지도 알아야 한다. 부활하신 그리스도를 교회의 머리로 삼으신 것이 하나님의 능력인 것처럼 허물과 죄로 죽었던 우리를 살리신 것도 하나님의 능력이고 본질상 진노의 자녀였던 우리를 그리스도와 함께 살리신 것도 하나님의 능력이다.

본문에서는 그런 능력의 배경이 되는 하나님의 성품을 언급한다. 긍휼, 사랑, 은혜라는 단어가 나오는 이유가 그렇다. 우리는 본질상 진노의 자녀지만 하나님은 긍휼이 풍성하신 분이다. 우리를 사랑하신다. 그래서 구원의 은혜를 베푸셨다.

"긍휼이 풍성하신 하나님이 우리를 사랑하신 그 큰 사랑을 인하여 허물로 죽은 우리를 그리스도와 함께 살리셨다"라고 해도 하나님의 은혜를 떠올릴 수 있다. 그런데 "너희는 은혜로 구원을 받은 것이라"를 첨언한다. 자칫 선입견 때문에 "난 예수 믿어서 구원 얻었다"라고 할 사람을 위한 보충 설명이다. 예수를 믿어서 구원 얻는 것과 하나님의 은혜로 구원 얻는 것이 어떻게 다를까?

밀림의 성자로 유명한 슈바이처는 본래 철학과 신학을 전공한 루터교 목사였다. 그가 프랑스어로 〈예수 생애 연구사〉를 썼는데 그 책을 독일어로 번역하다가 한계에 부딪혔다. 프랑스어로는 나타나는 의미가 독일어로는 나타나지 않았다. 결국 독일어로 다시 썼다. 한 나라의 언어를 다른 나라의 언어로 옮기는 일이 그 정도로 어렵다. 하물며 하늘에 속한 내용을 땅에 속한 언어로 정확히 옮기는 일이 가능할까? 구원에 대한 설명이 복잡한 이유가 그런 때문이다.

예수를 믿으면 구원 얻는다는 말은 예수에 대한 마음 상태에 따라 구원이 결정된다는 뜻이 아니다. 구원에는 아무런 조건도 필요 없다. 그런데 왜 그렇게 말해서 헛갈리게 하느냐 하면 행위가 아닌 것을 강조하려고 해서 그렇다.

구원을 얻으려면 그럴 만한 자격이 있어야 한다는 것이 사람들의 보편적인 생각이다. 불교에서 수행정진에 힘쓰고 힌두교에서 고행을 하는 것이 그런 연유다. 종교가 없는 사람들은 착하게 살아야 천당 간다고도 한다.

성경은 그렇게 말하지 않는다. 긍휼이 풍성하신 하나님이 우리를 사랑하신 그 큰 사랑을 인하여 허물로 죽은 우리를 그리스도와 함께 살리셨다고 한다. 우리가 구원 얻은 것은 전적으로 하나님의 은혜다. 우리에게는 내세울 수 있는 것이 없다. 원인은 없는데 결과가 주어졌다. 그것을 놓고 "예수 믿으면 구원 얻는다", "구원은 은혜로 주어진다"라고 하는 것이다.

"은혜로 구원 얻었다"라는 말을 "공짜로 구원 얻었다"로 바꿔보자. 공짜가 공짜일 수 있으려면 대가로 지불한 것이 없어야 한다. 100만 원짜리 핸드폰을 단돈 1만 원에 사면 수지맞았다고 한다. 하지만 공짜는 아니다. 설문 조사에 응해주고 핸드폰을 받는 것도 그렇다. 핸드폰이 공짜로 생기는 것을 상상해서 핸드폰을 받는 것은 어떨까? 이 경우도 핸드폰 받을 일을 한 셈이다. 공짜가 공짜일 수 있으려면, 즉 은혜가 은혜일 수 있으려면 아무

조건도 없어야 한다. 자기에게 결과만 있고 원인이 없어야 한다.

"예수를 믿으면 구원 얻는다"가 예수에 대한 마음 상태로 구원 얻는다는 뜻이면 은혜가 아니다. 예수를 믿는 믿음이 구원 얻을 자격이기 때문이다. 예수를 믿으면 구원 얻는다는 얘기는 "아무것도 할 필요 없다. 믿기만 해라."라는 뜻이 아니라 구원은 우리의 조건에 관계없이 주어진다는 뜻이다. "예수를 믿으면 구원 얻는다"와 "구원은 은혜로 얻는다"가 같은 뜻이다.

하나님이 우리를 그리스도와 함께 일으켰다. 앞에서는 하나님이 창세전에 그리스도 안에서 우리를 택했다는 말이 있었다. 하나님은 이 세상 역사가 존재하기도 전에 우리를 택하셨다. 역사 이전의 사건이 마냥 역사 이전에 머물면 의미가 없다. 역사 속에서 성취되어야 한다. 그것이 그리스도의 부활이다. 하나님은 창세전에 우리의 구원을 계획하셨고 그리스도의 부활로 그 일을 성취하셨다.

본문은 "우리를 구원하신 하나님이 얼마나 놀라우신 분인가?"를 설명하는 중이다. 우리가 알아야 할 내용은 요컨대 하나님의 능력이다. 1장 말미부터 계속 하나님의 능력을 설명하는 중이다.

잠깐! 우리가 허물과 죄로 죽은 것이 아니라 죽을 수도 있었던 상태라면 어떻게 될까? 허물과 죄로 죽을 수도 있었던 우리를 살린 것보다 허물과 죄로 죽은 우리를 살린 것이 더 큰 능력일까?

1998년 프랑스 월드컵에서 우리나라가 네덜란드에게 5:0으로 패했다. 그때 네덜란드 감독이 히딩크였다. 히딩크 감독은 1998년에도 4강 감독이었고 2002년에도 4강 감독이었다. 히딩크 감독에게는 네덜란드를 이끌고 월드컵 4강에 오른 것보다 우리나라를 이끌고 4강에 오른 것이 더 큰 사건일 수 있다. 하나님께는 그런 것이 통하지 않는다. 하나님은 중환자를 일으키는 것이나 시신을 일으키는 것이나 아무 차이가 없다. 그런데 성경은 굳이 우리의 본래 형편을 설명한다. 하나님의 능력이 문제가 아니라 우리가 그 사실을 알아야 하기 때문이다.

어렸을 적에 바둑통에 검은 돌과 흰 돌을 구분하지 않고 넣었다가 아버지께 야단맞았던 기억이 있다. 내가 바둑돌 색깔을 구분하지 않은 이유는 성가셨기 때문이다. 검은 돌, 흰 돌을 구분해서 통에 넣는 것보다 구분하지 않고 넣는 것이 편했다.

하나님은 다르다. 하나님께는 우리와 그리스도를 구분하는 것이 전혀 번거로운 일이 아니다. 본질상 진노의 자녀인 우리는 그냥 둔 채 그리스도만 따로 살리신다고 해서 수고스러울 것이 없다. 그런데도 우리를 그리스도와 함께 살리셨다. 하나님은 우리와 그리스도를 구분하지 않으신다. 우리 생각에는 우리와 그리스도가 천지 차이라도 하나님 보시기에는 아무 차이가 없다.

그것이 어떻게 가능할까? 우리는 모른다. 그래서 "너희는 은혜로 구원을 받은 것이라"라고 말한다. 지옥에 안 가고 천국에 턱걸이 하는 것이 구원이 아니다. 그리스도와 한 몸을 이루는 것이 구원이다. 그것을 가능하게 하는 것이 하나님의 은혜다. 그 은혜가 지금까지 우리를 인도했다. 앞으로도 인도할 것이다. 우리에게 허락된 구원이 완성될 때까지 하나님의 은혜가 우리를 주장할 것이다.

2:6) 또 함께 일으키사 그리스도 예수 안에서 함께 하늘에 앉히시니

'함께 일으키사', '함께 하늘에 앉히시니'는 현재형처럼 번역되었지만 둘
다 완료형이다. 우리를 그렇게 만드시고야 말겠다는 하나님의 의지 선언
이다. 하나님의 뜻을 거스를 수 있는 것은 아무것도 없다. 하나님이 우리를
그리스도와 함께 하늘에 앉히시기로 작정하셨으면 그 일은 이루어진 것이
나 진배없다.

고등학교 동창들이 모였다. 서로 안부를 주고받은 다음에 불참한 친구들
얘기를 한다.

"영철이 안 보이네. 영철이 소식 아는 사람 없어?"

"영철이, 다음 주에 타워팰리스로 이사 간다더라."

이런 경우에 "다음 주부터 영철이 주소가 강남구 도곡동 467번지로 바뀌
는구나"라고 하지 않는다. "돈 많이 번 모양이네"라는 생각을 한다.

하나님이 우리를 그리스도와 함께 하늘에 앉히신다는 얘기가 그렇다. 우
리의 처소가 바뀐다는 뜻이 아니다. 우리가 어떤 사람인지에 대한 설명이
다. 하나님이 우리를 그리스도와 함께 하늘에 있는 것이 어울릴 수준으로
만들어 놓으신다는 뜻이다.

5절에서 허물로 죽은 우리를 그리스도와 함께 살리셨다고 했다. 그 내용
만으로 충분할 수 있다. 그런데도 본문을 말하는 이유가 여기에 있다. 우리
에게 허락된 구원은 완성될 수밖에 없다는 사실을 강조하는 것이다. 출애
굽 당시로 얘기하면 "내가 너희를 가나안으로 인도하고야 말겠다. 내가 바

로도 박살냈고 홍해도 갈랐다. 하물며 가나안에 데려가는 일을 못할 것 같으냐? 너희는 가나안에 있는 것과 마찬가지다. 명심해서 가나안에 들어가서 살 준비를 해라."라는 뜻이다.

하나님은 전능하시다. 하나님의 계획은 반드시 이루어진다. 그럼에도 불구하고 그 계획을 우리한테 말씀하시는 이유가 있다. 하나님이 하시는 일이지만 그 일이 우리한테 이루어져야 하기 때문이다.

하나님이 우리를 그리스도와 함께 하늘에 앉히신다는 얘기가 우리의 거처를 옮기는 일이면 간단하다. 하지만 하나님의 궁극적인 관심은 우리의 수준이다. 어머니가 아이를 등에 업고 시장에 가는 일은 어렵지 않다. 어머니만 시장에 가면 아이는 자동적으로 시장에 있게 된다. 모녀가 같이 장을 보는 것은 다르다. 나름대로의 안목으로 물건을 고를 수 있을 만큼 딸을 키워야 한다. 하나님이 우리에게 그 일을 하실 것이다.

그러면 우리는 그 준비를 해야 한다. 우선 하나님이 우리를 왜 그곳으로 인도하시는지 알아야 한다. 하나님이 우리를 구원하신 이유가 무엇일까? 교회학교 아이들한테 물으면 "우리를 사랑하니까요"라고 할 것이다. 물론 맞는 말이다. 우리가 구원 얻은 이유를 하나님의 사랑 말고 무엇으로 설명할 수 있을까? 긍휼이 풍성하신 하나님이 우리를 사랑하신 그 큰 사랑을 인하여 허물로 죽은 우리를 그리스도와 함께 살리셨다는 얘기는 4-5절에서도 나왔다. 우리의 구원이 그것으로 끝나지 않았다. 본문이 '또'로 시작했다. 하나님은 허물로 죽은 우리를 그리스도와 함께 살리시기만 한 것이 아니라 또 함께 일으키사 그리스도 예수 안에서 함께 하늘에 앉히셨다. 그렇게 하신 이유가 7절에 설명된다.

2:7〉 이는 그리스도 예수 안에서 우리에게 자비하심으로써 그 은혜의 지극히 풍성함을 오는 여러 세대에 나타내려 하심이라

사람의 목적은 하나님께 영광 돌리는 것이다. 영광을 일반적인 표현으로 바꾸면 칭찬이다. 우리가 하나님을 칭찬한다고 하는 것이 외람되기 때문에 영광 돌린다고 하는 것이다. 우리는 "와! 하나님은 정말 놀라우신 분입니다. 하나님 최고입니다."라고 감탄하기 위해서 존재한다.

"그 은혜의 지극히 풍성함을 오는 여러 세대에 나타낸다"를 우리에게 익숙한 표현으로 바꾸면 "하나님께 영광 돌린다"가 된다. 하나님이 우리를 그리스도와 함께 하늘에 앉히신 이유가 우리로 하여금 하나님께 영광 돌리도록 하기 위해서다.

하나님께 영광 돌린다는 얘기에는 이상한 오해가 있을 수 있다. 내 경우만 해도 "우리는 무조건 하나님 좋은 일만 해야 하나요?"라는 질문을 수차례 받았다. 하나님께 영광 돌리는 것을 자기 권리를 포기해서 하나님을 챙겨드리는 것으로 생각한 것이다.

농부의 영광은 농사가 잘되는 것이고 시인의 영광은 훌륭한 시를 쓰는 것이고 조각가의 영광은 좋은 작품을 만드는 것이다. 농부나 시인, 조각가는 농사가 잘될수록, 시가 훌륭할수록, 조각상이 잘 만들어질수록 영광받는다. 흔히 하는 말로 Win-Win이다. 그런데 하나님의 영광에 대해서는 엉뚱한 생각을 한다. 사람은 손해 보고 하나님만 이익 본다는 것이다. 생각이 그만큼 세속적이다.

이스라엘이 홍해를 건넜다. 이제 애굽의 노예가 아니다. 아들을 낳으면 나일강에 던져야 하는 비극도 없다. 때에 따라 하늘에서 만나가 내리는 감격도 있고 반석에서 물이 나오는 기쁨도 있다. 구름 기둥, 불 기둥을 따라 걷다 보면 가나안에 이를 것이다.

잠깐 성경에 없는 상상을 해보자. 이스라엘이 중간에 어떤 이방 민족을 만났다. 그들이 묻는다. "당신들은 어디로 가는 중입니까?" 이스라엘이 뭐라고 답했을까? "우리는 애굽의 노예였는데 하나님이 구해주셨습니다. 지금은 가나안에 가는 중입니다. 하나님의 은혜가 정말 놀랍습니다."라고 했을까? 혹시 "말도 마세요. 우리 나름대로 애굽에서 그럭저럭 살고 있었는데 갑자기 모든 것이 엉망이 되고 말았습니다. 그야말로 죽지 못해 사는 인생입니다."라고 하지는 않았을까? 그런 노골적인 불평은 아니라도 "몰라요. 피곤하니까 말 시키지 마세요."라고 할 사람은 한둘이 아니었을 것 같다.

당시 이스라엘은 자기들이 애굽의 노예가 아니라는 사실에 별다른 느낌이 없었다. 가나안에 대한 기대도 없었다. 출애굽의 의미가 노예에서 자유인으로 신분이 바뀐 것인데 그것을 모르면 어쩔 수 없다.

남의 얘기가 아니다. 우리는 허물과 죄로 죽었던 사람들이다. 그때 우리는 이 세상 풍조를 따랐다. 공중 권세 잡은 자의 하수인이었고 본질상 진노의 자녀였다.

지금은 그렇지 않다. 이제는 죄를 거부할 수 있게 되었다. 전에는 죄를 지어도 불편하지 않았지만 이제는 죄를 지으면 불편하다. 전에는 의를 행할 능력이 없었지만 이제는 의를 행할 수 있다. 비로소 하나님의 형상으로 지음받은 사람답게 살 수 있게 되었다. 그런데 땅에 속한 문제에만 관심이 있으면 이런 엄청난 변화에서 아무 의미도 못 찾을 수 있다.

앞에서 하나님이 우리를 그리스도와 함께 하늘에 앉히신 이유가 그 은혜의 지극히 풍성함을 오는 여러 세대에 나타내기 위해서라고 했다. 그런 일이 가능한 원동력이 있다. 하나님이 그리스도 예수 안에서 우리에게 자비를 베푸신 것이다.

하나님께 영광 돌린다고 하면 사람들은 하나님을 위하여 희생을 감수하는 것을 연상하는 경향이 있다고 했다. 참으로 가소로운 일이다. 하나님이 우리에게 자비를 베푸셔서 하나님께 영광 돌릴 수 있는 삶을 살게 해주셨는데 그것을 손해로 여기면 어떻게 하자는 얘기인가? 실제로 지금까지 "내가 진작 예수 믿기를 잘했지"라는 말은 들어본 적이 없다. "이럴 줄 알았으면 좀 나중에 믿을 걸…" 하고 한탄하는 얘기만 숱하게 들었다.

지난 1995년에 카이로에 있는 이집트 박물관에 간 적이 있다. 역대 파라오의 미라가 전시된 방이 있었다. 누군가 "어느 바로가 그 바로야?"라고 했다. 출애굽 당시의 바로 미라가 어느 것이냐는 얘기다.

문득 엉뚱한 상상을 해보았다. 모세가 동족의 고난을 외면하고 바로 딸의 양자로 만족했으면 어떻게 되었을까? 모세를 아들로 삼은 바로의 딸은 투트모세 1세의 무남독녀이며 투트모세 2세의 왕비인 핫셉슈트다. 그가 아들을 낳지 못하던 차에 모세를 양자로 삼은 것이다.

투트모세 2세는 재위 8년 만에 죽었다. 그가 죽기 전에 핫셉슈트와의 사이에서 얻은 딸과 첩에게서 얻은 아들을 결혼시켰는데 그가 당시의 바로인 투트모세 3세다. 그는 어린 나이에 바로가 되어야 했다. 그래서 핫셉슈트가 사위를 대신해서 섭정을 했다.

이런 상황이었으니 모세가 바로로 등극했을 확률도 있다. 바로가 안 되면 어떤가? 동족의 고통만 외면하면 세상에서 누릴 수 있는 모든 부귀, 영화, 권세를 다 누린다. 아무 부족한 것 없이 살다가 죽어서 미라가 되었을 것이고, 이집트 박물관 어느 한쪽에 전시되었을 것이다. 그 대신 우리 중에 모세를 아는 사람은 아무도 없을 것이다. 하나님 역시 모세에게 별 관심을 두지 않았을 것이다.

우리의 문제는 무엇이 복이고 무엇이 화인지 모른다는 사실이다. 무엇이 이익이고 무엇이 손해인지 모른다. 우리는 건성으로 세상을 살면 안 되는 사람들이다. 하나님이 우리를 통하여 영광받기를 원하시기 때문이다. 하나님의 영광이 없는 일에 시간을 낭비할 틈이 없다. 우리 인생은 하나님의 영광과 연결될 때 비로소 의미를 갖는다.

2:8-9〉 너희는 그 은혜에 의하여 믿음으로 말미암아 구원을 받았으니 이것은 너희에게서 난 것이 아니요 하나님의 선물이라 행위에서 난 것이 아니니 이는 누구든지 자랑하지 못하게 함이라

본문의 '너희'는 1-3절에 있는 허물과 죄로 죽었던 너희, 이 세상 풍조를 따르던 너희, 공중 권세 잡은 자의 하수인이던 너희, 육체의 욕심을 따라 행하던 너희, 본질상 진노의 자녀이던 너희다. 그런 '너희'가 '그 은혜'에 의하여 믿음으로 말미암아 구원을 받았다. '그 은혜'가 어떤 은혜일까? 4-6절에 답이 있다. 긍휼이 풍성하신 하나님이 허물로 죽은 우리를 그리스도와 함께 살리신 은혜, 또 함께 일으키사 그리스도 예수 안에서 함께 하늘에 앉히신 은혜다. 1-3절의 사람들이 4-6절과 같은 은혜에 의하여 믿음으로 말미암아 구원을 받았다.

구약성경에서 우리가 얻은 구원을 가장 잘 보여주는 사건이 이스라엘의 출애굽이다. 이스라엘은 한 일이 아무것도 없는데 홍해를 기준으로 신분이 바뀌었다. 칭의의 특성을 그대로 보여준다. 홍해를 건넌 다음부터는 다르다. 가나안에는 자기들이 직접 가야 했다. 하나님이 만나를 주시고 물을 주실지언정 가나안까지 가는 일을 대신 해주시지는 않았다. 성화를 보여준다.

칭의와 성화의 가장 큰 차이가 우리의 할 일 유무다. 칭의에서는 우리가 할 일이 없다. 구원은 말 그대로 공짜로 주어진다. 구원 얻은 다음에는 다르다. 신앙생활은 예수님이 대신 해주시지 않는다. 하나님이 홍해는 갈라 주셨지만 광야 길을 대신 걸어주시지는 않은 것과 같다.

8절 말씀이 칭의, 성화, 영화 중 어디에 해당할까? '은혜'라는 말도 있고 '선물'이라는 말도 있으니까 칭의 같다. 그런데 그렇지 않다는 사실을 미리 밝혔다. 여기에서 말하는 은혜는 4-6절에 있는 긍휼이 풍성하신 하나님이 허물로 죽은 우리를 그리스도와 함께 살리신 은혜이고 또 함께 일으키사 그리스도 예수 안에서 함께 하늘에 앉히신 은혜다. 구원의 전 영역을 아우르는 은혜다.

구원은 하나님께 속한 영역이다. 구원을 시작하신 분이 하나님인 이상 그 구원은 이루어질 수밖에 없다. 성경은 하나님이 우리를 그리스도와 함께 하늘에 앉혔다고 선언한다. 아직 이루어지지 않은 일을 이루어진 것으로 단정한다. 하나님은 영화까지의 청사진을 갖고 계신 상태에서 우리에게 칭의를 허락하셨다. 8절에서 말하는 구원이 칭의에 해당할 수는 있다. 하지만 그 구원을 가능하게 한 은혜에는 이미 영화까지 포함되어 있다.

"믿음이 있느냐, 없느냐?"라고 할 때의 믿음과 "믿음이 좋으냐, 안 좋으냐?"라고 할 때의 믿음은 다르다. 전자는 신자인지 아닌지를 말하고, 후자는 얼마나 신자다운지를 말한다. "믿음이 있느냐, 없느냐?"는 칭의의 영역이고 "믿음이 좋으냐, 안 좋으냐?"는 성화의 영역이다.

성화는 칭의와 달리 당사자의 노력이 필요하다. 칭의는 전적으로 하나님의 은혜인 반면 성화는 전적으로 자기 책임이라는 얘기가 아니다. 구원을 칭의, 성화, 영화로 나눈 것은 설명을 위한 구분이지, 구원 얻은 사람으로 살아가기 위한 구분이 아니다. 우리가 체험할 수 있는 영역은 어차피 성화뿐이다.

구원은 종종 출생에 비유된다. 혹시 태어나던 순간을 기억하는 사람이 있을까? 마찬가지다. 우리가 언제 구원 얻었는지 아무도 모른다. 간혹 자기가 언제 거듭났다며 구체적인 날짜를 말하는 사람이 있는데 그날은 구원 얻은 날이 아니고 구원 얻은 사실을 깨달은 날이다. 거듭난 날이 아니고 거듭난 사람으로 살아가기로 작정한 날이다.

칭의는 우리가 체험할 수 있는 영역이 아니다. 성경은 하나님이 창세전에 우리를 택하셨다고 한다. 성경에 그런 기록이 있는 것을 모른다고 해도 어쨌든 칭의는 지나간 과거다. 영화도 마찬가지다. 영화는 아직 오지 않은 미래다. 언젠가 우리 구원이 완성되는 줄은 알지만 이 세상에서는 체험할 수 없다. 우리가 할 수 있는 일은 성화에 힘쓰는 일뿐이다. 그 성화가 하나님의 은혜 아래서 이루어진다. 칭의와 대조되는 성화의 특성이 우리 노력이 수반된다는 사실인데 그럼에도 불구하고 구원의 전 영역을 주장하는 것은 하나님의 은혜다.

에드워드 호퍼 목사가 작사한 찬송가가 있다.

나는 갈 길 모르니 주여 인도하소서
어디 가야 좋을지 나를 인도하소서
어디 가야 좋을지 나를 인도하소서

에드워드 호퍼 목사는 뉴욕항 근처에서 목회를 했는데 교인 대부분이 선원이었다. 그들은 늘 지도와 나침반에 의지해서 일과를 보낸다. 그럼에도 불구하고 "나는 갈 길 모르니 주여 인도하소서"라고 한다. 아무것도 안 하고 가만히 있는 채로 인도해달라는 것이 아니다. 때로는 비바람과 싸우고 거친 파도 속에서 지도와 나침반을 보며 행로를 정할지라도 실제로 자기들을 인도하는 것은 주님이라는 고백이다. 성화의 특성을 그대로 보여준다.

성경은 "너희는 그 은혜를 인하여 믿음으로 말미암아 구원을 받았다"라고 선언한다. 새삼스러울 것이 없다. 4-5절을 다른 표현으로 반복한 것이다. 방금 나온 얘기를 왜 또 할까? 우리가 그만큼 자주 틀리기 때문이다.

때로는 우리의 인식 체계가 사실을 바로 아는 데 방해가 될 수 있다. 프톨레마이오스의 천동설이 대표적이다. 지금은 지구가 돈다는 사실을 초등학생도 다 알지만 중세시대에는 달랐다. 태양이 뜨고 지는 것이 뻔히 보이는데 태양을 중심으로 지구가 돈다는 말에 누가 귀를 기울이겠는가?

구원도 그렇다. 내가 예수를 믿어서 구원 얻었는데 그 모두가 하나님이 하신 일이라고 하면 납득이 안 될 수 있다. 그래서 계속 반복한다. 우리한테서 "내가 믿었다"라는 생각을 지우는 것이 그 정도로 힘들다.

본문은 "행위에서 난 것이 아니니 이는 누구든지 자랑하지 못하게 함이라"라고 못을 박는다. 자기가 얻은 구원을 제대로 아는지 가늠할 수 있는 시금석이 "자랑이 있느냐, 없느냐?"이다.

자기가 얻은 구원에 자랑이 있다고 해서 구원이 취소되는 것은 아니다. 하지만 신앙이 제대로 자라지 못한다. 기초가 부실하면 건물을 높이 올릴 수 없는 것과 같다. 신앙은 자기가 얼마나 남다른 사람인지 증명하는 것이 아니라 하나님을 높이는 것이다. 자기가 자격이 있어서 구원을 얻었다고 생각하면 하나님을 높일 수 있는 기회가 막힌다. 신앙생활을 할수록 하나님이 드러나야 하는데 오히려 자기가 드러나는 모순이 생긴다.

아우구스티누스가 한 말이 있다. "공로에서 은총이 생기는 것이 아니라 은총에서 공로가 생긴다. 은총에서 멀어지고 싶으면 공로를 자랑하라." 이런 말을 왜 해야 할까? 사람들한테 편견이 있기 때문이다. 구원은 은혜로 받는다고 하면서도 자기는 은혜를 받을 만해서 받았다고 생각한다. 받을 만해서 받으면 은혜가 아니다. 자기가 은혜를 받을 만하다고 생각할수록 은혜에서 멀어진다.

예를 들어보자. 하나님 은혜로 진급했다는 말도 들어보았고 하나님 은혜로 집을 장만했다는 말도 들어보았다. 그 은혜가 정말로 은혜인지 점검할 수 있는 방법이 있다. 혹시 자랑이 섞여 있지나 않은지 하는 것이다. 자랑이 섞여 있으면 아무리 은혜라고 우겨도 은혜가 아니다.

2:10) 우리는 그가 만드신 바라 그리스도 예수 안에서 선한 일을 위하여 지으심을 받은 자니 이 일은 하나님이 전에 예비하사 우리로 그 가운데서 행하게 하려 하심이니라

'포이에마'라는 단어가 있다. "우리는 그가 만드신 바라"라고 할 때 '만들다'에 해당하는 단어다. 시를 뜻하는 poem이 여기에서 유래했다. 하나님이 우리를 만드실 때 소설가가 소설을 쓰는 것처럼 만들지 않았다. 시인이 시를 쓰는 것처럼 만들었다. 소설가라고 해서 글을 대충 쓰지 않는다. 소설가 이외수 씨는 쓰레기 더미에 처박힌 느낌을 알기 위해서 실제로 쓰레기통에서 3시간을 보낸 적도 있다. 남다른 글을 쓰기 위해서는 남다른 노력이 필요한 모양이다. 하지만 단어 하나하나를 고르고 다듬는 정성은 시인이 제격이다. 하나님이 우리를 '포이에마'했다는 얘기가 그렇다.

하나님이 그렇게 하신 이유가 있다. "그리스도 예수 안에서 선한 일을 위하여 지으심을 받은 자니"가 그 답이다. 그것이 우리의 존재 목적이다. 흔히 하는 말로 믿는 사람은 믿는 사람다워야 한다. 하나님이 왜 우리를 구원하셨느냐 하면, 구원 얻은 사람답게 살게 하기 위해서 구원하셨다.

하나님이 이스라엘을 책망할 때마다 "내가 너희를 애굽에서 건져내었거늘…"이라는 말을 반복한다. 하나님이 이스라엘을 구원했는데 이스라엘이 그 사실과 관계없이 산다는 지적이다. 주변에 기혼이면서 미혼인 척 하는 사람이 있으면 어떻게 대하겠는가? 신자이면서 불신자인 척 하는 사람도 마찬가지다.

스탈린 집권 전에는 소련에 약 38만 명의 러시아정교 사제가 있었다. 스탈린 집권 기간 중에 172명으로 줄어들었다. 1,000개의 수도원과 60개의 신학교가 없어졌고 정교회 100개 당 98개꼴로 문을 닫았다. 그 시대를 배경으로 만든 〈참회〉라는 영화가 있다. 한 시골 여인이 교회로 가는 길을 묻는 장면으로 영화가 끝난다.

"이 길로 곧장 가면 교회가 나오나요?"

"아뇨, 길을 잘못 들었습니다."

"계속 가도 교회가 안 나오면 그게 무슨 길인가요?"

이 대화 내용을 바꿀 수 있다. 행여 남보다 뒤질세라 아등바등 사는 사람한테 묻는다.

"지금 그 일을 계속하면 하나님을 만날 수 있습니까? 그 일이 하나님과 연결된 일입니까?"

"글쎄요, 그런 것 같지는 않습니다."

"하나님을 만날 수 있는 일이 아니면 대체 무슨 일입니까?" 어쩌면 속으로 "그런 일을 왜 하십니까?"라는 말을 덧붙일 수도 있다.

우리가 신자답게 살기로 마음먹어서 이를 악물고 그렇게 살면 하나님은 무엇을 하실까? 누구에게 상을 주고 누구에게 벌을 줄지 가늠만 하실까? 군대 조교도 그렇게 하지 않는다. 조교라고 해서 무조건 군기를 잡고 지적만 하는 것이 아니라 동작 하나하나를 가르친다. 어떻게 해서든지 제대로 훈련시키려고 애를 쓴다. 그래서 그리스도 안에서 선한 일을 하도록 하기 위해서 우리를 만드신 일을 하나님이 전에 예비하셨다고 한다. 우리가 그리스도 예수 안에서 선한 일을 하지 않는 것은 하나님이 우리를 만드신 이유에 대한 모독이다.

어떤 책에서 정신이 확 드는 질문을 본 적이 있다. "당신은 예수 그리스도가 인정하는 진정한 그리스도인입니까?"라는 질문이었다. 그리스도인 중에는 예수 그리스도가 인정하는 진정한 그리스도인도 있고 그렇지 않은 그리스도인도 있는 모양이다. 어떤 그리스도인이 예수 그리스도가 인정하는 진정한 그리스도인일까?

상황에 따라 다르게 답할 수 있을 것이다. 사랑을 강조할 때는 원수를 사랑하는 사람이 예수 그리스도가 인정하는 진정한 그리스도인이고 충성을 강조할 때는 죽도록 충성하는 사람이 예수 그리스도가 인정하는 진정한 그리스도인이고 구제를 강조할 때는 오른손이 하는 일을 왼손이 모르게 하는 사람이 예수 그리스도가 인정하는 진정한 그리스도인이다.

본문을 기준으로 하면 그리스도 예수 안에서 선한 일을 하는 사람이 예수 그리스도가 인정하는 진정한 그리스도인이다. 하나님이 예비하신 대로 그 가운데서 행하는 사람이 예수 그리스도가 인정하는 진정한 그리스도인이다.

집을 지을 때는 설계도대로 지어야 한다. 하물며 우리 인생은 말할 것도 없다. 하나님이 우리 인생을 설계하셨다. 그 설계도에 충실한 사람이 예수 그리스도가 인정하는 진정한 그리스도인이다. 그 일을 위해서 하나님이 우리를 '포이에마'하셨다.

2:11-12〉 그러므로 생각하라 너희는 그때에 육체로는 이방인이요 손으로 육체에 행한 할례를 받은 무리라 칭하는 자들로부터 할례를 받지 않은 무리라 칭함을 받는 자들이라 그때에 너희는 그리스도 밖에 있었고 이스라엘 나라 밖의 사람이라 약속의 언약들에 대하여는 외인이요 세상에서 소망이 없고 하나님도 없는 자이더니

유대인은 출생과 더불어 하나님을 섬기는 분위기에서 살지만 이방인은 그렇지 않다. 이방인에게 "당신은 왜 할례를 받지 않습니까?"라고 물으면 뭐라고 할까? "하나님의 백성이 아니라서 안 받습니다."라고 하지 않는다. "할례가 뭡니까?"라고 할 것이다. 그들은 할례를 모른다. 그리스도 밖에 있었고 이스라엘 나라 밖의 사람이다. 약속의 언약들에 대해서는 외인이었고 세상에서는 소망이 없으며 하나님도 없었다.

유대인들은 다를까? 이방인들은 그리스도를 만난 적이 없는 반면 유대인들은 그리스도를 배척했다. 그리스도 밖에 있기는 매일반이다. 막상막하가 아니라 '막하막하'다.

　이스라엘 나라 밖의 사람이라는 말도 그렇다. 이방인들만 이스라엘 나라 밖의 사람이 아니다. 여기에서 말하는 이스라엘은 팔레스타인에 있는 나라 이름이 아니라 하나님 나라를 말한다. 유대인들 역시 해당 사항이 없다.

　"약속의 언약들에 대하여는 외인이요"라는 말은 어떤가? "하나님이 아브라함의 후손에게 가나안 땅을 약속하시지 않았느냐?"라고 할 수도 있다. 하지만 아브라함의 후손은 육신으로 따지는 것이 아니다. 하나님이 아브라함의 믿음을 좇는 사람에게 영원한 도성을 약속하셨다. 그런 약속에 대해서 유대인들 역시 외인일 수밖에 없다.

　"세상에서 소망이 없고"는 참 무서운 말이다. 그리스도 밖에 있는 사람에게 무슨 소망이 있을까? 특히 유대인들은 이 땅에 실현될 메시야 왕국을 기다리지만 그런 나라는 없다. 성경은 이 세상 소망을 소망으로 인정하지 않는다. 이 세상에 소망을 둔 사람은 아무 소망도 없는 사람이다.

　마지막으로 "하나님도 없는 자이더니"라는 말이 나온다. 유대인들은 발끈할 수 있다. 자기들한테 왜 하나님이 없단 말인가? 유대인들의 생각은 중요하지 않다. 하나님 생각을 들어봐야 한다. 하나님께 "유대인들에게 하나님이 있습니까?"라고 여쭈면 뭐라고 답하실까? "내 말이 그렇다. 그들한테 하나님 노릇 한 번 해봤으면 원이 없겠다."라고 하지 않으실까?

　책을 읽을 때는 행간을 읽어야 하는 법이다. 11절을 그렇게 읽어 보자. "너희는 그때에 육체로는 이방인이요"라고 했다. 그럼 영혼으로는 어떻다는 얘기일까? 영혼으로는 이방인인지 아닌지 모른다. 이 말을 유대인에게 적용하면 "너희는 그때에 육체로는 유대인이요"가 될 텐데 그것이 뭐 그리 대단할까?

또 "손으로 육체에 행한 할례를 받은 무리라 칭하는 자들로부터 할례를 받지 않은 무리라 칭함을 받는 자들이라"라는 말을 따져 보자. 괜히 말을 복잡하게 하는 것 같다. 간단하게 "유대인은 할례를 받은 반면 너희는 할례를 받지 않았다"라고 해도 마찬가지 아닐까?

마찬가지가 아니다. 그렇게 하면 이방인에게 할례를 받지 않았다고 말하는 주체가 하나님이 된다. 본문은 그렇지 않다. 이방인이 유대인으로부터 할례를 받지 않은 무리라 일컬어진다는 것이다. 하나님은 거기에 관심이 없으시다. 유대인은 이방인을 얘기할 적에 "할례를 받지 않은 무리"라고 해서 다분히 멸시하는 표현을 쓴다. 마찬가지로 하나님은 유대인을 가리켜서 "손으로 육체에 행한 할례를 받은 무리라 칭하는 자들"이라고 하신다. 이방인을 보는 유대인의 시선이 곧 유대인을 보는 하나님의 시선이다. 유대인은 이방인을 한심하게 보는데 하나님은 그런 생각을 하는 유대인을 한심하게 보신다.

어떤 분이 전도를 하다가 모욕당한 얘기를 했다. 굉장히 속이 상했던 모양이다. 얘기 끝에 "그 사람은 지옥 가도 싸요"라고 했다. 그 사람이 어떤 사람인지 모르지만 천국에 합당한 사람은 어떤 사람일까? 유대인이 따로 없다. 누군가에 대해서 영적 우월감을 느낀다면 그 사람이 유대인이다. 옛날 유대인들이 이방인에 대해서 그런 감정을 느꼈다.

사람은 하나님 앞에서 다 똑같다. 유대인들은 자기들이 이방인보다 나은 줄 알았지만 순전히 착각이다. 같은 착각을 우리가 할 수 있다. 하나님의 은혜로 구원 얻었다고 하면서 "난 은혜 받을 만해서 받았다. 넌 은혜 받을 자격 없다."라고 한다면 아직 구원을 모르는 사람이다. 우리가 천국에 가면 전혀 뜻밖의 사람을 만날 것이다. 그리고 그 사람이 우리를 보고 놀랄 것이다. 일찍이 아우구스티누스가 한 기도가 있다. "내가 나를 죄인으로 여기지 않았던 것이 고침받을 수 없는 큰 죄였습니다."

미국에서 살다 온 지인에게 들은 얘기가 있다. 제한 속도 20마일인 곳에서 23마일로 운전해서 재판에 회부된 적이 있다고 했다. 별로 큰 잘못도 아닌데 재판씩이나 받아야 한다는 불만은 있었지만 별수 없었다. 그런데 같이 재판을 받는 사람 중에는 살인범도 있었고 강간범도 있었다. 순간 화가 났다. "난 잠깐 실수한 것뿐인데 이런 사람들과 동일하게 취급하는 거야?" 그런 불만이 표정에 그대로 드러난 모양이었다. 재판장이 물었다. "스쿨존에서 과속했네요. 자신의 운전에 대해 어떻게 생각하세요?" 억울하다는 생각에 굳은 표정으로 서 있으려니 재판장이 다시 말했다. "잘못했다고 생각하지 않는군요. 다음 달 재판까지 자신의 운전에 대해 생각해보고 다시 오세요." "뭐야? 이따위 재판을 받으러 다음 달에 또 오라고?" 화가 나서 재판정을 나오는데 문득 깨달아지는 것이 있었다고 했다. 재판장 앞에서는 경범죄든, 중범죄든 다 같은 죄인이라는 사실이었다.

모래알이나 자갈이나 물에 가라앉기는 마찬가지라고 했던가? 죄에는 큰 죄, 작은 죄가 따로 없다. 죄인이라는 단어가 모두에게 똑같이 적용된다. 하물며 유대인과 이방인이 무슨 차이가 있을까? 하나님 앞에서는 모두가 죄인일 뿐이다.

그런데 어떻게 구원 얻었을까? 하나님을 알던 사람이 하나님의 은혜로 구원 얻은 것이 아니라 하나님을 모르던 사람이 구원 얻었다. 이런 일이 어떻게 가능할까? 그 답이 13절이다.

2:13〉 이제는 전에 멀리 있던 너희가 그리스도 예수 안에서 그리스도의 피로 가까워졌느니라

12절이 '그때에'로 시작했다. '그때에'와 대조되는 말이 본문의 '이제는'이다. 하나님과 관계없이 살던 우리가 구원 얻는 일이 어떻게 가능하게 되었느냐 하면, 그리스도의 피로 가능하게 되었다.

본문은 "이제는 전에 멀리 있던 너희가 그리스도로 인하여 가까워졌느니라"라고 해도 된다. 그런데 굳이 '피'를 언급한다. 세상에서 말하는 피는 처절함의 뜻일 수 있지만 성경에서는 죽음을 말한다. 그리스도가 우리를 위해서 죽었다. 대체 우리가 무슨 죄를 지었기에 그럴까?

우리나라 천주교 역사는 기독교보다 100년 더 길다. 정약용의 형 정약종도 천주교 신자였다. 그가 〈주교요지〉라는 책에서 아담이 선악과를 먹은 것이 왜 그렇게 큰 죄인지 설명한다. "죄악의 가볍고 무거움은 죄지은 곳의 높고 낮음에 달렸으니, 이를테면 백성이 원에게 죄를 지었으면 볼기를 맞을 것이요, 감사에게 지었으면 형추(刑推)를 당할 것이며, 임금께 지었으면 귀양 갈 것이니, 죄는 한가지로되 죄지은 곳이 높을수록 그 형벌이 더욱 무거운 것이라. 이제 원조(아담)가 실과를 먹은 죄는 무궁히 높으신 천주께 범하였으니 그 죄가 무궁히 무거울 것이요, 형벌 또한 무궁할 것이니 어찌 무궁한 괴로움을 면하며 또 만대의 자손인들 어찌 그 벌을 면하리요? 비유컨대 조상이 임금께 죄를 지었으면 그 자손이 대대로 변방에 수자리 살고 종이 되는 법이 있으니, 원조의 벌이 그 자손에게 연루됨을 어찌 마땅치 않다 하리요?"

또 인류의 죄를 위하여 예수님이 오셨다는 사실을 이렇게 말한다. "원조가 한번 죄를 지은 후에 온 천하 고금 사람이 다 지옥의 무궁한 형벌을 받게 되었다. 지극히 천한 사람이 지극히 높으신 천주께 죄를 얻었으니 그 죄를 속할 길이 없으나 다만 한 가지 신통한 법이 있으니 만일 어떤 사람이 그 높기가 천주와 같아서 만민의 죄를 다 그 몸에 안고 벌을 받으면 비로소 속죄가 될 것이다."

사람에게는 하나님 쪽으로 감각이 없다. 그런 감각이 있으면 정약종이 〈주교요지〉를 쓸 까닭이 없다. 아담이 선악과를 먹은 것이 왜 큰 죄인지, 예수님이 왜 오셔야 하는지 실감하게 해주면 된다. 그렇게 할 방도가 없으니 대신 설명을 한 것이다. 그 사실을 실감하지 못해도 우선 알아야 하기 때문이다.

8 곱하기 8이 64인 것을 모르는 사람은 없다. 입력된 정답이 있기 때문이다. 팔팔은 무조건 64다. 8을 여덟 번 더해서 64가 되는 것을 실감하는 것보다 $8 \times 8 = 64$를 아는 것이 먼저다.

"구원은 하나님의 은혜다"라는 말이 계속 나오는 이유가 여기에 있다. 우리가 하나님과 어느 만큼 무관한 존재였는지, 하나님이 우리에게 어떤 은혜를 베푸셨는지 실감할 수 있으면 이처럼 반복할 이유가 없다. 우리가 그것을 실감할 수 없으니 구구단을 외우듯이 각인시키려는 것이다.

그것이 전부가 아니다. 우리가 얻은 구원이 우리에게는 공짜였지만 하나님 편에서는 절대 공짜가 아니었다. 예수님의 피가 우리의 죗값이다.

우리에게 하나님에 대한 감각이 조금이라도 있으면 예수님의 피가 필요 없었을지 모른다. 하나님께서 전적인 은혜로 우리를 구원하시지 않아도 되었을 것이다. 그런데 그게 아니다. 우리는 이미 허물과 죄로 죽은 상태였다. 죽은 사람은 자기가 죽은 것도 모른다. 천생 우리의 구원에 필요한 모든 일을 하나님이 홀로 하실 수밖에 없었다. 그래서 그리스도의 피가 필요했다.

자식이 부모에게 불효하는 이유는 부모가 자기를 낳아주셨다는 사실을 간과해서 그렇다. 그 사실을 모르지는 않지만 말과 행실이 그 사실을 기초로 하지는 않는다. 그 사실을 염두에 두면 부모에게 거역할 수 있다는 발상 자체가 불가능하다.

우리 대신 예수님이 죽으셨다. 너무 자주 들어서 식상할 정도다. 성경은 그 식상한 얘기를 또 한다. 그것이 우리 신앙의 기초이기 때문이다. 편의점에서 물건을 살 때마다 구구단을 이용하는 것처럼 우리의 신앙생활이 그래야 한다. 우리는 예수님의 피를 기초로 이 자리에 있는 사람들이다. 우리의 모든 행보가 예수님이 우리 대신 죽으셨다는 사실에서 시작한다.

특히 본문은 구원을 하나님과 멀리 있다가 가까워지는 것으로 얘기한다.

그런데 이런 얘기가 우리에게 별로 설득력이 없다. "예수를 믿으면 하나님과 가까워집니다"라는 말보다 "예수를 믿으면 좋은 일이 생깁니다"라는 말이 더 반갑게 느껴진다. 그러면 예수를 믿는 것보다 자기한테 생기는 좋은 일이 더 중요하게 된다.

〈내려놓음〉, 〈같이 걷기〉 등을 쓴 이용규 선교사가 컨퍼런스에 참석했을 때의 일이다. 컨퍼런스 장소에 수영장이 있었다. 일곱 살짜리 아들이 수영장에서 놀고 싶다고 졸랐다. 그런데 수영복을 챙겨 오지 않았다. 팬티를 입고 수영해도 되는지 알아보려고 수영장에 갔다. 아이는 가면서 기도를 했다. "하나님, 저 꼭 수영하고 싶어요. 수영하게 해주세요." 마침 탈의실 구석에 아동용 수영복이 있었다. 아이는 기도를 들어주신 하나님께서 감사하다며 신나게 놀았다. 한참 논 다음에 주인이 찾아갈 수 있도록 도로 벗어놓고 왔다.

다음날이 되었다. 아이는 또 수영장에 가자고 졸랐다. 수영복이 여전히 문제였다. 이번에도 기도를 하면서 갔다. 그런데 탈의실을 아무리 살펴도 수영복이 없었다. 아이가 대뜸 말했다. "엄마, 하나님이 정말로 계신 거 맞아?"

하나님이 계시면 어떻게 되고 안 계시면 어떻게 될까? 하나님은 별로 중요하지 않다. 수영복이 중요하다. 자칫 우리 신앙이 이렇게 될 수 있다.

우리가 그리스도의 피로 구원 얻은 것이 맞을까? 성경은 "너희가 전에는 하나님과 멀리 있었다. 그런데 이제는 그리스도의 피로 하나님과 가까워졌다."라고 하는데 정작 우리는 하나님과 가까운 사이가 된 것에 별 매력을 못 느낀다면 어딘가 이상하다.

우리는 그리스도의 피로 하나님과 가까워진 사람들이다. 새로운 피조물이고 거듭난 사람들이다. 우리 스스로 그래야 하고, 남들이 보기에 그래야 하고, 하나님 보시기에 더욱 그래야 한다.

2:14-16a〉그는 우리의 화평이신지라 둘로 하나를 만드사 원수 된 것 곧 중간에 막힌 담을 자기 육체로 허시고 법조문으로 된 계명의 율법을 폐하셨으니 이는 이 둘로 자기 안에서 한 새사람을 지어 화평하게 하시고 또 십자가로 이 둘을 한 몸으로 하나님과 화목하게 하려 하심이라

우리에게는 구원에 어울리는 모습이 도무지 없었다. 그런데 그리스도의 피로 구원을 얻었다. 그러면 구원 얻기 전과 비교해서 어떤 점이 달라졌는지 말할 만하다. 그래서 "그는 우리의 화평이신지라"라고 한다.

어떤 화평일까? "둘로 하나를 만드사 원수 된 것 곧 중간에 막힌 담을 자기 육체로 허시고"라고 했으니 유대인과 이방인의 화평이다. 11절에서도 유대인과 이방인의 차이를 말했다. 본문의 화평은 예수를 믿으면 마음이 평안해진다는 식의 얘기가 아니다. 유대인과 이방인의 구별이 없어지는 화평이다. 심리적인 문제가 아니라 실제적인 문제다.

당시 성전에는 제사장의 뜰, 유대인의 뜰, 여인의 뜰, 이방인의 뜰이 있었다. 이방인의 뜰을 구별하는 담이 막힌 담이다. 요세푸스의 〈유대 고대사〉에 의하면 그 담에 "이방인이 이 안으로 들어오면 죽음을 면하지 못한다"라는 경고문이 붙어 있었다고 한다. 그 경고문이 1871년에 예루살렘에서 발견되었다. 헬라어로 "어떤 외국인도 성전과 경내를 둘러싸고 있는 장벽 안으로 들어올 수 없다. 누구든지 들어오다가 잡혀서 죽임을 당하면 그것은 그 자신의 책임이다."라고 기록되어 있다. 현재 이스탄불 박물관에 전시되어 있다.

유대인들이 예수님을 빌라도에게 끌고 간 이유가 로마의 공권력이 필요했기 때문이다. 자기들끼리 내린 사형 판결은 의미가 없었다. 그런데 성전에서는 예외였다. 로마 당국이 "유대인을 통치하려면 그 정도 요구는 들어줘야 한다"라는 판단을 내릴 만큼 유대인과 이방인 구별이 예민한 문제였다.

신자와 불신자가 어떻게 다를까? 예를 들려면 많다. 신자는 교회에 출석한다. 밥 먹을 때 기도한다. 전에는 거짓말을 해도 안 찔렸는데 이제는 거짓말을 하면 찔린다. 본문에는 전혀 다른 말이 나온다. 구원 얻은 사람에게 나타나는 가장 큰 변화로 유대인과 이방인의 구별이 없어지는 것을 꼽는다.

종로구 인사동에 있는 승동교회는 1893년에 사무엘 무어 선교사에 의해 시작되었다. 본래 이름이 곤당골교회였다. 박성춘이라는 백정이 돌림병 때문에 죽을 위기에 처한 것을 사무엘 무어 선교사가 고종의 시의인 에비슨을 데리고 가서 치료해줬다. 사람대접도 못 받는 백정이 임금을 돌보는 시의의 치료를 받았으니 얼마나 감격했을까? 은혜를 갚는 심정으로 교회에 나갔다. 그 교회 양반들이 들고 일어섰다. 박성춘을 다른 교회로 보내라고 성화를 부렸다. 사무엘 무어 선교사가 거부하자, 양반들이 한발 양보했다. 예배당에 양반석을 따로 만들어달라고 한 것이다. 사무엘 무어 선교사가 그마저도 들어주지 않았다. 결국 양반들이 자기들끼리 나가서 교회를 세웠다.

교회를 세우는 것은 보통 열심이 아니다. 교회에 안 나가고 말지, 없는 교회를 만들어서 출석할 이유가 없다. 그처럼 신앙 열심이 있었지만 천민과 같은 대접을 받는 것은 견디지 못했다. 아마 그 문제로 기도도 했을 것이다. 교회를 세울 만큼 심각한 문제인데 기도하지 않았을 리가 만무하다. 아주 열심히 기도했을 것이다.

요즘도 그런 일이 있다. 임직 투표를 하면 말썽이 생기는 교회가 한둘이 아니다. 자기보다 늦게 교회에 온 사람이 자기보다 먼저 중직자가 되는 것을 못 참기 때문이다. 그리스도의 피로 인하여 하나님과 가까워진 모습이 없다.

유대인들에게는 막힌 담이 있었다. 신앙을 내세워서까지 남보다 우월해지려는 죄 된 본성이 그런 담을 만들었다. 예수 안에서 그것이 없어져야 한다. 교회는 그리스도를 머리로 하는 그의 몸이고 신자는 그 몸의 지체들이다. 지체 사이에 무슨 우열이 있을까?

그런데 말을 그렇게 하지 않는다. "교회에 질서가 있어야지"라고 한다. 말은 그럴듯하지만 자기가 대접받아야 유지되는 질서라면 없는 게 낫다. 겸손한 사람이 되어야 한다는 얘기가 아니다. 우리는 겸양지덕을 쌓아야 하는 사람이 아니라 하나님의 마음에 동참해야 하는 사람이다.

초등학생 시절, 간혹 교실에서 주먹다짐이 벌어지는 일이 있었다. 선생님이 싸운 아이를 불러낸다. 둘이 화해하라며 악수를 시키고 미안하다는 말을 하게 한다. 그 모습을 볼 때마다 속으로 생각했다. "저렇게 하면 화해한 게 맞나?" 물론 겉으로는 화해했다. 하지만 집에 갈 때는 절대 같이 가지 않을 것이다. 화평은 그런 식으로 이루어지는 것이 아니다. 성질을 죽여서 싸움을 멈추면 되는 것이 아니라 정말로 하나가 되어야 한다. 미워하지 않는 정도가 아니라 서로 사랑해야 한다.

15b절에 "이 둘로 자기 안에서 한 새사람을 지어 화평하게 하시고"라고 했다. 예수님은 우리를 새사람으로 지으셨다. 우리는 새사람이다. 옛사람에게 없는 면모가 있어야 한다. 성경은 그런 면모로 화평을 말한다. 예수를 믿지 않는 사람은 화평을 모른다는 뜻이다.

이런 말을 교회 밖에서 들으면 발끈할 사람이 한둘이 아닐 것이다. 노벨 평화상을 받은 사람이 전부 크리스천도 아니지 않은가?

1907년에 네덜란드 헤이그에서 만국평화회의가 열렸다. 고종이 이준, 이위종, 이상설을 밀사로 파견했다. 국제사회의 힘을 빌려서 을사늑약을 무효로 돌리고 일제의 압제에서 벗어나려고 했다. 그런데 너무 순진한 발상이었다. 조선이 생각하는 평화와 회의 주최자들이 생각하는 평화가 다른 것을 몰랐다. 조선은 강제로 체결된 을사늑약을 파기하는 것이 평화라고 생각했다. 회의에 참석한 나라들은 달랐다. 열강이 서로 충돌하지 않고 약소국을 차지하는 것이 평화였다. 평화회의를 개최한 이유도 식민지를 차지하는 과정에서 일어날 수 있는 충돌을 방지하자는 것이었다. 결국 이준, 이위종, 이상설은 회의장에 들어가지도 못했다.

이 세상 평화는 주로 이런 식이다. 늑대 두 마리가 사슴 한 마리를 사이좋게 나눠 먹으면 늑대 입장에서는 평화가 맞다. 사람들 마음이 가장 잘 맞을 때는 다른 사람 험담할 때라고 한다. 공동의 적이 있으면 대화가 즐겁다.

성경은 "또 십자가로 이 둘을 한 몸으로 하나님과 화목하게 하려 하심이라"라고 한다. 화평이 목적이 아니다. 하나님과의 화목을 지향해야 한다. 알기 쉽게 얘기하면, 없는 사람 흉보는 것으로 둘이 하나인 것을 확인하지 말고 하나님과 화목한 것으로 둘이 하나인 것을 확인하라는 얘기다.

우리는 하나님과 부자지간이다. 우리를 자녀 삼기 위해서 하나님이 창세 전부터 우리를 택하셨다. 우리에게 하나님과의 화목은 기본이다. 그런데 성경은 기회 있을 때마다 하나님과의 화목을 강조한다.

지난 2010년에 법정 스님이 입적했다. 사후에 책을 출간하지 말라는 유언 때문에 그가 쓴 책들이 품귀 현상을 보이기도 했다. 법정 스님은 무소유의 삶으로 유명하다. 그의 그런 삶을 모두가 우러러보았다.

불교는 세속과 인연을 끊는 것으로 시작한다. 무소유는 불교에서 이루어야 할 궁극적인 목표가 아니라 '불교 입문 첫걸음'이다. 그런데도 무소유를 그토록 자주 언급하고, 그런 삶이 추앙받는 것을 보면 무소유의 삶이 그만큼 드문 모양이다.

불교는 그렇다 치고, 우리는 어떨까? 우리는 하나님과 화목한 사람들이다. 그런데 성경에 하나님과 화목하라는 얘기가 나온다. 우리가 하나님과 화목한 사이일까, 화목하지 않은 사이일까?

신라 말기의 학자인 최치원이 쓴 시가 있다.

스님이여, 청산이 좋다는 말을 하지 마오.

산이 좋다면 왜 다시 나오곤 하는가

저 훗날 날 두고 보시오

산에 한번 들면 다시는 나오지 않으리라

예수를 믿는 사람치고 하나님을 사랑하지 않는다는 사람은 없다. 그런데 사랑이 너무 제한적이다. 정말로 하나님이 좋으면 하나님 품에서 나오지 말아야 하는데 시도 때도 없이 들락거린다.

주일이 무슨 날일까? 예배 마치고 가는데 하나님이 뒤에서 부르신다고 상상해 보자. 하나님이 "애야, 같이 가자. 일주일 동안 너하고 같이 지내야겠다."라고 하면 뭐라고 하겠는가? "하나님, 그냥 계세요. 특별한 일 없으면 다음 주에 또 올게요."라고 하지 않을까? 하나님과 하루 24시간 같이 있으면 정말 숨이 막힐 것이다. 하나님은 교회에 계시게 하고 주일마다 찾아뵙는 것이 훨씬 속 편하다.

그러면 찬송가 412장은 어떻게 된 영문일까?

내 영혼에 평화가 넘쳐남은 주의 큰 복을 받음이라

내가 주야로 주님과 함께 있어 내 영혼이 편히 쉬네

평화 평화로다 하늘 위해서 내려오네

그 사랑의 물결이 영원토록 내 영혼을 덮으소서

주야로 주님과 함께 있으면 잠시도 긴장을 늦출 수 없지 않을까? 무슨 수로 영혼이 편히 쉴까? 그런데 그렇게 하면 평화가 하늘 위에서 내려온다고 한다.

어쩌면 우리의 문제는 주야로 주님과 함께 있어본 적이 없기 때문일 수 있다. 주야로 주님과 함께 있기만 하면 영혼이 편히 쉴 텐데 일주일에 한 번 잠깐 문안드리는 것으로 만족하니 영혼이 편히 쉬지 못하는 것이다.

신앙은 주입식 교육이 아니다. "주님이 우리의 화평이라고 하더라"라는 사실을 아는 것은 신앙 축에 끼지 못한다. 그것을 체험해야 한다. "과연 그렇더라! 구원을 얻고 보니 주님이 우리 화평이더라!"라고 해야 한다. 그것이 신앙이다.

2:16b-17〉원수 된 것을 십자가로 소멸하시고 또 오셔서 먼 데 있는 너희에게 평안을 전하시고 가까운 데 있는 자들에게 평안을 전하셨으니

예수님의 십자가로 우리의 모든 죄가 해결되었다. 그 죄의 목록이 어떻게 될까? 가장 대표적인 죄가 어떤 죄일까?

본문은 원수 된 것이 십자가로 소멸되었다고 한다. 앞에서 유대인과 이방인의 갈등이 해결되었다는 내용이 나왔다. 즉 유대인과 이방인의 갈등이 원수 된 것이다. 십자가에서 그 문제가 해결되었다. 본문은 십자가에서 해결된 죄의 대표로 유대인과 이방인의 갈등을 꼽는다.

사실 유대인과 이방인의 갈등은 정확한 표현이 아니다. 유대인의 우월감이라고 해야 한다. 유대인은 자기들이 이방인보다 잘난 줄 알았다. 그러면 말을 바꿔야 한다. 예수님이 왜 돌아가셨느냐 하면, 자기가 잘난 줄 아는 사람들한테 "착각하지 마라. 너희도 똑같다."라는 사실을 알게 하기 위해서 돌아가셨다. 이런 말이 왜 필요할까?

지금까지 계속 구원이 하나님의 은혜임을 설명했다. 본성적으로 남보다 구원에 가까운 사람도 없고 먼 사람도 없다. 구원의 유일한 통로가 하나님의 은혜다. 그래서 십자가가 등장했다. 유대인도 십자가로 구원 얻고 이방인도 십자가로 구원 얻는다. 원수 된 것을 십자가로 소멸했다는 얘기는 "유대인이라고 해서 이방인보다 우월하지 않다"라는 뜻이다. 성경은 유대인과 이방인의 차이를 인정하지 않는다. 그리고 이런 내용을 말하는 이유는 우리가 한사코 다른 사람과의 차이를 만들려 들기 때문이다.

본문은 그런 마음을 "원수 된 것"이라고 한다. "나는 은혜 받을 만하다"라는 생각이 있는 사람에게는 은혜도 은혜가 되지 않는다. 칼빈이 〈기독교강요〉에서 자신을 미워하기 전에는 하나님을 사모할 수 없다고 했다. 자기가 죄인인 것을 알아야 하나님을 찾게 된다.

이 세상에는 십자가 외에 아무런 소망이 없다. 이방인도 그렇고 유대인도 그렇다. 오직 십자가에만 목숨을 걸어야 하는 사람이 있는 반면 그렇지 않아도 되는 사람이 있는 것이 아니다.

17절에서는 "또 오셔서 먼 데 있는 너희에게 평안을 전하시고 가까운 데 있는 자들에게 평안을 전하셨으니"라고 했다. "먼 데 있는 너희"는 이방인을 말하고 "가까운 데 있는 자들"은 유대인을 말한다. 이방인, 유대인을 막론하고 평안이 전달되려면 원수 된 것이 십자가로 소멸되어야 한다. 평안은 십자가가 있어야 가능하다. 이 세상에 없는 개념이기 때문이다. 그런 평안이 저절로 만들어질 리 없다. 예수님이 십자가에 달려 그 몸이 찢기심으로 만들어졌다.

그렇게 하신 이유가 18절에 나온다.

2:18) 이는 그로 말미암아 우리 둘이 한 성령 안에서 아버지께 나아감을 얻게 하려 하심이라

"그로 말미암아" 없이 "이는 우리 둘이 한 성령 안에서 아버지께 나아감을 얻게 하려 하심이라"라고 했으면 큰일 날 뻔했다. 우리는 우리의 의로 하나님께 나아가지 않는다. 우리와 하나님의 간격을 우리 의로 메우지 않고 예수님의 이름으로 메운다. 그것이 "그로 말미암아"다.

로마 디오클레티아누스 황제 때의 일이다. 당시 로마는 동서로 나뉘어 쇠퇴기에 접어든 상태였다. 그가 제국 방위를 위해서 기독교 박해에 나섰다.

이민족의 침입을 막아내려면 나라 안의 모든 구성원이 이민족을 적으로 규정하는 데 동의해야 한다. 그런데 기독교인은 자기들과 같은 사회에 사는 사람보다 자기들과 같은 신앙을 가진 사람을 더 중요하게 여기는 경향이 있었다. 기독교인들에게는 같은 나라에 사는 사람보다 그리스도를 믿는 이민족이 더 가까운 사이다. 기독교를 박해할 수밖에 없었다.

신자는 자기들끼리 다른 나라를 이루는 법이다. 그 나라에 속한 사람들은 세상에 속한 것으로 경쟁하지 않는다. 누가 더 잘났는지 따지지 않는다. 그런 문제에 관심을 두면 평안이 없다. 평안이 없는 것만 문제가 아니다. 성경은 원수 된 것을 십자가로 소멸했다고 하는데 소멸된 것이 없게 된다. 십자가와 관계없다는 뜻이다.

예수님이 원수 된 것을 십자가로 소멸했다. 또 먼 데 있는 사람들이나 가까운 데 있는 사람들에게 평안을 전했다. 그렇게 한 이유는 우리가 예수님으로 말미암아 한 성령 안에서 아버지께 나아감을 얻게 하려는 것이다. 우리의 유일한 관심사가 한 성령 안에서 아버지께 나아감을 얻는 것이어야 한다. 예수님을 통해서 하나님께 나아가는 것이 우리의 유일한 소망이다.

"구원이 무엇입니까?"라는 질문에는 다양한 답이 가능하다. 국어사전에는 "인류를 고통과 죄악과 죽음에서 구하는 일"이라고 설명되어 있다. "예수님으로 말미암아 하나님께로 나아가는 것입니다"라고 하면 어떨까? 충분히 일리 있는 답이다. 그런데 본문은 그게 아니라고 한다. 구원은 예수님으로 말미암아 한 성령 안에서 하나님께 나아가는 것이다. 무조건 하나님께 나아가기만 하면 되는 것이 아니라 한 성령 안에서 나아가야 한다. 내가 받은 성령과 옆 사람이 받은 성령이 같은 성령이다. 둘 사이에 아무런 차이가 없다.

한때 러시아 초원에 키예프 공국이라는 나라가 있었다. 블라디미르 1세때의 일이다. 사상 통일을 위해서 국교의 필요성을 느꼈다. 당시 키예프 공국의 남쪽에는 이슬람교, 서남쪽에는 동방정교, 서쪽에는 가톨릭이 자리잡고 있었다. 그 세 지역으로 사절단을 파견했다. 사절단의 보고를 토대로 국교를 정한다는 방침을 세운 것이다.

동로마 황제가 이런 사정을 알았다. 사절단을 지극 정성으로 대접했고, 결국 동방정교를 받아들이기로 합의가 되었다. 주후 988년, 동방정교가 키예프 공국의 국교가 되었다. 블라디미르 1세는 국교 선포에 즈음해서 온 국민이 동시에 세례를 받을 수 있는 묘안을 생각해 냈다. "하나, 둘, 셋!" 하는 구령에 맞춰서 한꺼번에 볼가강에 뛰어든 것이다. 이렇게 해서 러시아정교가 출범했다.

그런 식으로 받는 세례가 개인의 신앙 고백과 무슨 상관이 있을까? 하여간 그 사람들은 그렇게 해서 러시아정교회 교인이 되었다. 우리가 보기에는 황당하지만 그들한테는 상당히 중요한 의식이었을 것이다. 그들 사이에 아무런 우열도 존재하지 않았을 것이다. 하물며 우리는 한 성령 안에 있는 사람들이다. 강물에 뛰어든 것으로 동질성을 갖는다면 우리는 더욱 그래야 한다.

구원은 예수님으로 말미암아 한 성령 안에서 하나님께 나아가는 것이라고 했다. 예수님을 통해서 하나님께 나아가도 한 성령 안에서 나아가지 않으면 무효다. 자기가 아무리 하나님을 안다고 우겨도 하나님이 "난 너 모른다"라고 하면 그만이다.

하나님의 은혜로 구원 얻었다는 사실을 부인하는 사람은 없다. 그 은혜가 정말로 은혜라면 다른 사람과 비교하지 말아야 한다. 옆 사람과 자기가 한 성령 안에 있는 것을 알아야 한다. 하나님이 나를 사랑하시는 것만큼 옆 사람도 사랑하신다. 그런 하나님의 마음에 동참해야 한다.

**2:19〉그러므로 이제부터 너희는 외인도 아니요 나그네도 아니요 오직 성
도들과 동일한 시민이요 하나님의 권속이라**

구원은 예수로 말미암아 한 성령 안에서 아버지께 나아가는 것이다. 그
일을 위해서 예수님이 십자가에 달리셨다. 우리가 아버지께 나아가면 그다
음에 어떻게 될까? 그 답이 본문이다. 이제부터 우리는 외인도 아니요 나그
네도 아니요 오직 성도들과 동일한 시민이요 하나님의 권속이다.

뭔가 어색하다. 이런 말에 감격해서 "와! 그렇구나. 얼른 하나님께 나아가
야지!"라고 할 사람이 있을까?

자식이 부모에게 바라는 것은 용돈 잘 주고 쓸데없는 참견 안 하는 것이
다. 부모가 자식에게 바라는 것은 말 잘 듣는 것이다. 이런 충돌이 교회에
는 없을까? 우리가 기대하는 것과 성경이 요구하는 것이 다르다. 본문을 보
면서도 별 감흥이 없는 이유가 여기에 있다. 우리 관심이 다른 데 있기 때
문이다. 그러면 성경이 정말로 고리타분한 말을 하는지 따져보자.

우선 "이제부터 너희는 외인도 아니요 나그네도 아니요"라고 했다. 성경
은 이방인에 대해서 상당히 배타적이다. 대체 이방인에게 무슨 문제가 있
을까? 본래 이방인(異邦人)은 다른 나라 사람을 말한다. 일본 사람이 우리
나라에 오면 이방인이듯 우리 역시 일본에 가면 이방인이다. 그런데 성경
은 그렇게 말하지 않는다. 이스라엘 사람은 어디에 가든지 이스라엘 사람
이고 다른 나라 사람은 자기네 나라에 있어도 이방인이라고 한다.

성경에서 말하는 이방인은 "이상한 신의 아들들"이라는 뜻이다. 외국인이

아니라 다른 신을 섬기는 사람을 말한다. 이스라엘 나라 밖의 사람이면 외인이고 이스라엘을 거쳐 가는 사람은 나그네다. 하나님과 아무 관계가 없다. 말 그대로 이상한 신의 아들들이다. 그런 사람들이 이제는 성도들과 동일한 시민이요 하나님의 권속이 되었다.

성도들이 누구일까? 우리에게는 신구약성경이 있지만 에베소교회 교인들에게는 구약이 성경이었다. 그들이 구약성경을 통해서 알고 있는 성도들은 아브라함, 요셉, 모세, 기드온, 사무엘, 다윗, 엘리야, 이사야, 다니엘 등일 것이다. 바로 그들과 동일한 시민이다. 우리는 거기에 베드로, 요한, 바울을 추가할 수도 있다.

사도행전에 바울의 로마 시민권 때문에 빌립보 관원들이 쩔쩔매는 내용이 나온다. 로마 시민권이 있으면 그만큼 대접받았다. 하물며 우리에게는 천국 시민권이 있다. 아브라함, 요셉, 모세, 기드온, 사무엘, 다윗, 엘리야, 이사야, 다니엘, 베드로, 요한, 바울에게 있는 것과 같은 시민권이다. 우리가 마냥 우러러보는 그들이 우리와 동급이다. 차이가 있다면 그들은 성경에 등장하고 우리는 그들이 등장하는 성경을 본다는 정도다.

바울이 다메섹에서 예수님을 만날 때 하늘에서 빛이 비치며 "사울아 사울아 네가 어찌하여 나를 박해하느냐"라는 음성이 들렸다. 바울이 언제 예수님을 박해했을까? 그런데 "네가 어찌하여 나 믿는 사람을 박해하느냐"라고 하지 않고 "네가 어찌하여 나를 박해하느냐"라고 했다. 예수님은 예수님 자신과 우리를 구별하지 않으신다.

천국 시민권이 그만큼 굉장하다. 우리와 예수님이 운명 공동체로 묶여 있다. 그래서 하나님의 권속이라는 표현이 나온다. 우리와 하나님이 같은 식구다. 로마 시대에 로마 시민권이 있는 것과 없는 것은 하늘과 땅 차이였다. 하지만 로마 시민권이 있다고 해서 로마 황제의 가족으로 대우받는 것은 아니었다. 그런데 성경은 우리를 하나님과 한 가족이라고 한다.

애인이 있으면 뭐가 좋은지 묻는 사람은 없다. 부모가 있으면 뭐가 좋은지 묻는 것도 말이 안 된다. 구원은 그렇지 않다. 하나님과 한 가족인 것에 무슨 유익이 있는지 말을 해줘야 한다. 말만 하면 바로 알아듣는 것도 아니다. 한사코 못 알아듣기 때문에 반복해서 설명해야 한다.

애들은 가족보다 친구를 더 좋아한다. 친구들과 노는 것이 더 재미있기 때문이다. 그러다가 몸이 아프면 친구 집에 가서 눕지 않고 집에 와서 눕는다. 약 먹고 괜찮아지면 또 친구들과 어울려 놀러 나간다.

예수를 믿는 훈련병치고 주일에 교회에 안 가는 훈련병은 없을 것이다. 입대 전에는 사소한 핑계만 있으면 예배를 빼먹던 청년도 훈련소에서는 전부 교회에 간다. 부교역자 시절, 군에 입대한 청년이 100일 휴가를 나오면 전부 교회로 찾아왔던 것을 기억한다. 신앙생활에 성실하지 않던 청년도 다 찾아왔다. 그런데 잠깐뿐이다. 일병만 되면 다시 원위치다. 입대하기 전에 하던 그대로 또 주일 빼먹고 놀러간다.

그런 모습을 보면서 "하나님과 한 가족이라서 이러는 건가…?" 하는 엉뚱한 생각을 한 적이 있다. 세상에서 가장 편한 것도 가족이고 가장 홀대하는 것도 가족이다. 우리는 하나님을 참 편하게 대한다. 섬기는 것도 편하게 섬긴다. 자기가 아무렇게나 대해도 괜찮은 분이 하나님이다.

예수님이 "사울아 사울아 네가 어찌하여 나를 박해하느냐"라고 물었을 때 바울이 반문한다. "주여 누구시니이까?" 그때 예수님은 "나는 네가 박해하는 예수라"라고 답했다. 그 질문을 우리가 하면 어떻게 될까? 우리가 "주여 누구시니이까?"라고 물으면 예수님이 "나는 네가 마지못해 섬기는 예수니라", "나는 너와 별 상관없는 예수니라"라고 하지는 않을까?

성경은 우리를 성도들과 동일한 시민이요 하나님의 권속이라고 한다. 법적으로 보장된 신분이 시민이다. 법을 뛰어넘어 무조건 보장된 신분이 권속이다. 우리가 하나님과 같은 핏줄로 묶여 있다.

토지 목사가 한 얘기가 있다. "그리스도가 전부다. 진부한 것 같지만 사실이다. 우리 신앙이 물러 터진 이유는 그리스도 다음에 자꾸 +를 붙이기 때문이다." 우리에게는 그리스도만으로 충분하다. 혹시 부족함을 느끼면 그리스도가 분발해야 하는 것이 아니라 우리를 고쳐야 한다. 우리가 아브라함, 요셉, 모세, 기드온, 사무엘, 다윗, 엘리야, 이사야, 다니엘, 베드로, 요한, 바울과 동급이고 하나님과 한 가족이기 때문이다. 우리가 원해야 하는 모든 것이 이 말씀 안에 다 들어 있다.

2:20-22〉 너희는 사도들과 선지자들의 터 위에 세우심을 입은 자라 그리스도 예수께서 친히 모퉁잇돌이 되셨느니라 그의 안에서 건물마다 서로 연결하여 주 안에서 성전이 되어 가고 너희도 성령 안에서 하나님이 거하실 처소가 되기 위하여 그리스도 예수 안에서 함께 지어져 가느니라

1974년에 스위스 로잔에서 로잔대회가 열렸다. 후안 까를로스 오르띠즈 목사가 주 강사로 초대되어 〈으깬 감자〉라는 제목으로 설교를 했다.

하나님은 우리를 하나로 만들고 계십니다. 감자를 예로 들어 설명해 보겠습니다. 감자 뿌리에는 대여섯 개의 감자가 달립니다. 추수 때가 되면 한꺼번에 뽑혀 자루에 담기게 됩니다. 본래 어떤 뿌리에 달려 있었는지 관계없이 한 자루에 들어갑니다. 이때 감자들이 "감사합니다. 주님. 우리는 이제 하나가 되었습니다."라고 말할지 모릅니다. 그러나 아직 하나가 되지는 않았습니다.

감자는 깨끗이 씻겨서 껍질이 벗겨지게 됩니다. 그 감자들이 한 그릇에 들어 있으면 자신들이 더욱 가까워졌다고 생각할 것입니다. 그러나 이것이 다는 아닙니다. 곧 여러 토막으로 갈라지게 됩니다. 본래의 자기 몸과 헤어지고 다른 감자와 붙어 있게 됩니다. 그들은 이제야말로 주님이 원하는 모습이 되었다고 자신할지 모릅니다. 하지만 아직도 아닙니다.

하나님이 원하시는 것은 으깬 감자입니다. 철저히 으깨져서 나와 남의 구분이 없어져야 합니다. 완전히 일체가 되어야 합니다. 그래야 비로소 하나가 됩니다. 주기도문이 '하늘에 계신 나의 아버지'로 시작하지 않고 '하늘에 계신 우리 아버지'로 시작하는 것도 이런 연유입니다.

두렵고 떨리는 마음으로 말하건대 성부, 성자, 성령 하나님은 으깬 감자가 된 세 개의 감자들입니다. 성부 하나님이 곧 성자 하나님이고 성자 하나님이 곧 성령 하나님입니다. 세 분 사이에 아무런 차별이 없습니다. 그리고 예수님은 으깬 감자를 몹시 잡수시고 싶어 하십니다. 그분은 으깬 감자를 취하실 것이며, 이미 당신의 교회에서 매우 심오한 어떤 일을 하고 계십니다.

본문이 이 설교 내용을 그대로 보여준다. 건물은 건물로 존재한다. 건물을 짓기 전에는 철근, 목재, 대리석, 벽돌, 시멘트, 자갈, 모래 등으로 나눌 수 있지만 다 지은 다음에는 그냥 건물이다. 그것도 사도들과 선지자들의 터 위에 세운 건물이다. 또 그리스도 예수께서 친히 모퉁잇돌이 되시는 건물이다.

성경에 나오는 사도들과 선지자들은 한둘이 아니다. 그들 모두가 우리의 기초다. 하나님이 우리로 건물을 지으실 계획인데 그 기초가 사도들과 선지자들이다. 대체 얼마나 훌륭한 건물을 구상하신다는 뜻일까?

그 정도가 아니다. 예수님이 직접 모퉁잇돌이 되신다. 이스라엘은 돌로 집을 짓는다. 이때 기준이 되는 돌이 모퉁잇돌이다. 어떤 사람이 건물을 짓는데 기초공사에 100억이 들었으면 얼마짜리 건물을 짓는 중일까? 예수님을 우리의 모퉁잇돌로 삼았다는 얘기가 그렇다. 하나님의 구원 계획이 그만큼 엄청나다.

에베소는 아르테미스(아데미)를 섬기는 도시다. 아르테미스 신전은 이집트의 피라미드와 더불어 세계 7대 불가사의 중 하나로 꼽힌다. 길이가 130m, 폭이 70m, 높이가 18m에 이르는 거대한 규모였다. 에베소 사람치고 아르테미스 신전을 모르는 사람은 없다. "성전이 되어 간다"라는 표현에서 자기들이 어떤 건물이 되어야 하는지 바로 이해했을 것이다. 그런 건물이 되려면 서로 연결되어야 한다. 혼자서는 감당이 안 된다.

홀로 독(獨)자 옆에 빈칸이 하나 있다 치고, 그 빈칸을 채워보자. 그다지 탐탁한 것이 없다. 독립(獨立)이나 독학(獨學) 같은 단어도 있지만 재단할 재(裁)자를 넣으면 독재(獨裁)가 되고, 끊을 단(斷)자를 넣으면 독단(獨斷)이 되고, 심지어는 착할 선(善)자를 넣으면 독선(獨善)이 된다. 착한 것도 혼자 착하면 안 되는 모양이다.

교회는 헬라어 '에클레시아'를 번역한 말이다. 에클레시아는 '…로부터'라는 '에크'와 '부르다'라는 '칼레오'의 합성어다. 어떤 집단에서부터 따로 불러낸 사람들이다. 기독교에서는 특히 "그리스도인들이 모이는 공동체"라는 뜻으로 쓰인다. 이런 에클레시아를 교회(敎會)라고 했다. 하나님의 말씀을 가르치는 곳이니 일리 있는 번역이다. 하지만 본래 의미를 살리면 교회(交會)가 더 적합하다. 교회는 성도의 교제가 있는 곳이다. 교회의 목적은 교육 이전에 하나님의 공동체를 이루는 것이다.

하나님은 이 세상 모든 사람이 다 의인이고 나 혼자만 죄인이었다고 해도 나 한 사람을 구원하기 위해서 예수님을 보냈을 것이다. "에이, 설마…"싶은가? 잃은 양 비유를 보면 알 수 있다. 양 아흔아홉 마리가 제자리에 얌전히 있고 없어진 양은 딱 한 마리뿐이었는데도 목자는 그 한 마리를 위해서 산을 넘고 물을 건넌다. 그 양에 자기 자신을 대입하면, 예수님은 나 한 사람 때문에라도 십자가에 못 박혔을 것이라는 얘기가 된다. 마찬가지다. 이 세상 사람이 다 의인이고 자기가 가장 미워하는 그 사람만 죄인이라고 해도 예수님은 그 사람을 위해서 십자가에 달렸을 것이다.

우리가 서로 연결되기에 게으르다고 해보자. 서로 연결되기에 게으른 이유는 우월감 때문이다. 유대인이 이방인에 대해서 그런 감정을 가졌다. 그러면 하나님이 뭐라고 하실까? "나는 그를 위해 죽기도 했는데 너는 그를 위해 아무것도 못하겠느냐? 그는 내가 피 흘릴 만큼 가치가 있는데 너하고는 악수를 나눌 가치도 없느냐? 나는 하늘에서 이 땅으로 내려왔는데 너는 한 발자국도 못 움직이겠느냐?"라고 하지 않으실까?

제프리 라이오넬 다머라는 사람이 있었다. 미국의 연쇄 살인범으로 별명이 밀워키의 식인귀였다. 17명의 청소년을 교살하고 시간(屍姦)을 범하는가 하면 인육을 먹기도 했다. 당연히 사형을 언도받았다. 그런데 복역 중에 동료와 싸우다가 동료가 휘두른 빗자루에 맞아 죽고 말았다. 그가 죽었다는 소식에 사람들은 죗값에 비해 너무 편하게 죽었다고 입을 모았다.

더욱 충격적인 소식이 있었다. 그가 감옥에서 예수를 믿고 세례를 받았다는 것이다. 세례를 준 목사가 인터뷰를 통해 제프리 라이오넬 다머가 진심으로 회개하고 하나님의 아들이 된 것이 확실하다고 증언했다. 그 뉴스가 나가자, 숱한 사람들이 "저런 인간이 어떻게 구원받을 수 있단 말인가? 죽을 때가 되니까 위선을 부리는 거다."라며 입을 모았다. 뉴스를 진행하던 앵커의 한마디가 그런 사람들의 마음을 그대로 반영했다. "오늘 저녁 편안한 마음으로 TV 앞을 떠나는 사람은 아무도 없을 것입니다."

하나님을 모르던 한 영혼이 하나님 앞으로 돌아왔다. 그런데 왜 불편해야 할까? 인간이 인간을 수용하는 것이 이렇게 어려우면 하나님은 어떻게 인간을 수용하실까?

우리가 열심히 노력해서 구원을 얻었으면 그 구원이 신앙생활의 종착점

일 수 있다. 반대로 아무것도 한 것 없이 구원을 얻었으면 그때의 구원은 신앙생활의 출발점이다. 구원을 얻지 않았으면 신앙생활을 할 필요가 없다. 하지만 구원을 얻었으면 신앙생활을 해야 한다.

그 신앙생활을 어떻게 해야 하는지에 대해서 22절은 "너희도 성령 안에서 하나님이 거하실 처소가 되기 위하여 그리스도 예수 안에서 함께 지어져 가느니라"라고 한다. 우리는 하나님이 거하실 처소가 되어야 하는 사람들이다. 그 일을 위해서 함께 지어져 가야 한다. 혼자 지어지면 안 된다. 착한 것도 혼자 착하면 독선이기 때문이다.

구원은 하나님과 1:1의 관계에서 얻어진다. 그런데 신앙생활은 하나님과 1:1로 하지 않고 교회라는 이름으로 모여서 한다. 우리의 신앙에는 혼자서는 훈련이 안 되고 여럿이 모여야 훈련이 되는 요소가 있다는 뜻이다. 독야청청을 뽐내는 것이 신앙이 아니다. 서로 연결되어서 함께 지어져 가는 것이 신앙이다.

짓다 만 건물을 본 적이 있을 것이다. 앙상하게 철근이 드러난 구조물이 우중충한 회색으로 서 있으면 참 흉물스럽다. 밤에는 불도 안 켜지니 인적이 드물면 무섭기도 하다. 믿다 만 사람은 어떤가? 짓다 만 건물과 믿다 만 사람 사이에 어떤 차이가 있을까? 그런 일만큼은 없어야 한다. 우리는 서로 연결되어 함께 지어져 가는 사람들이다. 그 일이 주님 오실 때까지 계속되어야 한다.

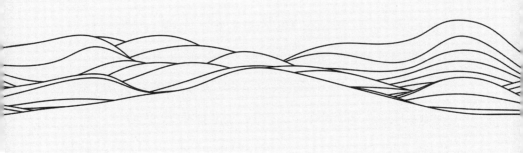

3장 구원의 비밀

3:1〉 이러므로 그리스도 예수의 일로 너희 이방인을 위하여 갇힌 자 된 나 바울이 말하거니와

  본문은 2-13절을 건너뛰어서 14절로 이어진다. "이러므로 그리스도 예수 의 일로 너희 이방인을 위하여 갇힌 자 된 나 바울이 하늘과 땅에 있는 각 족속에게 이름을 주신 아버지 앞에 무릎을 꿇고 비노니"라고 해야 한다.

  2장과 연결하면 에베소교회 교인들이 성령 안에서 하나님이 거하실 처소 가 되기 위하여 그리스도 예수 안에서 함께 지어져 가야 하므로 아버지 앞 에 무릎을 꿇고 빈다는 것이다. 그것을 위해서 16-19절의 내용을 하나님께 구한다.

  신학생 시절, 곽선희 목사한테 강의를 들은 적이 있다. 하루는 강의실에 들어오자마자 대뜸 다른 말을 했다. "아직도 심장이 벌렁벌렁해서 이 상태로는 수업을 못하겠습니다. 죄송합니다만 잠깐 자랑 좀 하겠습니다." 무슨 영문인가 싶어서 전부 귀를 쫑긋 세웠다. "오늘 볼링을 쳤는데 퍼펙트를 기록했습니다." 순간 "와!" 하는 환성과 함께 박수가 터져 나왔다. 만일 "죄송합니다만 잠깐 자랑 좀 하겠습니다."라고 했을 때 "안 됩니다. 수업 시간입니다."라고 했으면 어떻게 되었을까? 심장이 벌렁벌렁한 채 끝까지 수업을 진행했을까? 혹시 강의하다 말고 중간에 또 말하지 않았을까?

바울이 "나는 여러분이 그리스도 예수 안에서 함께 지어져 가는 일을 놓고 하나님께 기도합니다"라는 말을 하려는 중이다. 그 말을 하기 위해서 "그리스도 예수의 일로 너희 이방인을 위하여 갇힌 자 된 나 바울이"까지 말했다. 이제 "아버지 앞에 무릎을 꿇고 이런저런 내용을 빕니다"라고 하면서 16-19절을 말할 참이다. 그런데 그 말은 안 하고 2-13절을 통하여 하나님이 자기에게 보여주신 섭리, 계시, 복음의 비밀, 하나님께서 맡기신 사명, 복음을 위한 고난 등을 말한다. 애초의 용건을 말하다 말고 다른 말을 하는 것이 무슨 경우일까? 다른 이유가 없다. 그 내용이 마음속에 가득했던 것이다.

곽선희 목사는 "죄송합니다만 잠깐 자랑 좀 하겠습니다" 하고는 볼링 퍼펙트게임 얘기를 했지만 일단 강의를 시작했다고 가정해 보자. "…교회에는 여러 가지 문제가 있을 수 있습니다. 목사의 건강 또한 그중의 하나입니다. 목사의 건강관리는 목회의 일부라는 차원에서 접근해야 합니다. 규칙적으로 운동을 해야 합니다. 참! 오늘 제가 볼링을 쳤는데 퍼펙트를 기록했습니다. 지금도 심장이 벌렁벌렁합니다."라고 했을 수 있다.

바울이 그런 식이다. 그 말을 안 하면 못 견딘다. 오죽하면 "여러분을 위해 나 바울이 기도합니다"라는 말을 해야 하는데 "여러분을 위해 나 바울이"까지 말하고는 다짜고짜 복음을 설명한다. 바울한테는 입만 열면 터져 나오는 자기만의 복음 간증이 있었다.

각설하고, "그리스도 예수의 일로 너희 이방인을 위하여 갇힌 자 된 나 바울"이라고 했다. 바울은 "내가 여러분을 위하여 이런저런 내용을 기도하고 있습니다"를 말하는 중이다. 자기가 처한 상황을 공개할 이유가 없다. 그런데도 말을 하는 것은 그 사실을 근거로 당부하고 싶은 내용이 있기 때문이다.

바울은 그리스도 예수의 일로 갇힌 사람이다. 루마니아에도 그런 사람이 있었다. 공산주의가 무너지기 전의 일이다. 중국의 문화혁명처럼 교회를 폐쇄하고 목회자를 검거하기 시작했다.

그런 시절에 바실 목사가 가정 교회를 시작했다. 당국의 눈을 마냥 피할 수 있을 것이라는 기대는 애초에 없었다. "옥에 갇힌 성도 가운데 제 도움이 필요한 사람이 있으면 저를 감옥에 보내주세요"라고 기도했고 아내는 다 기어들어 가는 소리로 "아멘"했다. 그러던 어느 날, 경찰이 한 교인의 집을 급습해서 바실 목사의 설교 원고 사본을 압수해 갔다는 소식이 들렸고, 이내 경찰이 들이닥쳤다. 수갑을 채우려고 할 때 바실 목사가 아내와 작별 인사를 할 시간을 달라고 했다. 바실 목사 부부는 서로 부둥켜안고 기도했다. 그리고 호송차를 타고 떠났다.

지금까지 하나님 나라를 위하여 귀하게 쓰임받게 해달라는 기도는 숱하게 들었다. 심지어 "제가 우리 교회에서 십일조 제일 많이 하는 교인이 되게 해주세요"라는 기도도 들어보았다. 그런데 "옥에 갇힌 사람 가운데 제 도움이 필요한 사람이 있으면 저를 감옥에 보내주십시오"라고 기도하는 사람도 있는 모양이다.

빌립보서를 기쁨의 서신이라고 한다. 그 정도로 기뻐하라는 말이 자주 나온다. 바울이 로마 감옥에서 빌립보교회에 보낸 편지가 빌립보서다. 감옥에 갇힌 사람한테 기뻐할 일이 뭐가 있을까? 그런데 바울한테는 기뻐할 일이 있었다.

바울은 옥중에서도 간수들에게 복음을 전했다. 바울이 감옥에 갇혀서 로마 시위대까지 복음이 전파되었다. 또 전부터 바울을 따르던 사람들은 더욱 분발하게 되었다. "선생님이 안 계시니 우리가 선생님 몫을 채우자"라는 마음으로 열심을 냈다. 한편 바울에게 비협조적인 사람들도 있었다. 그들은 "이 기회에 복음 전파의 헤게모니를 우리가 차지하자"라는 마음으로 복음을 전했다. 바울이 옥에 갇힌 것이 오히려 복음 전파에 진전을 가져왔다.

그런 경험이 있는 바울이 자기가 옥에 갇혔다는 얘기를 한다. 그것도 '너희 이방인'을 위하여 갇혔다고 한다. 하나님과 아무 상관없는 사람들을 위해서 옥에 갇혔다는 것이다. 더 얘기하면, 하나님과 아무 상관없는 사람들을 하나님과 상관있는 사람으로 만들기 위해서 옥에 갇혔다. 에베소교회 교인들 역시 그런 바울의 사역에 따라 하나님과 상관있는 사람이 되었다. 결국 에베소교회 교인들의 분발을 촉구하는 말이다. 어쩌면 "나는 너희를 위하여 옥에 갇혔다. 너희는 누구를 위하여 옥에 갇힐 수 있느냐?"를 묻는지 모른다. 혹시 주님이 "나는 너를 위해 고난받았다. 너는 누구를 위해 고난받을 수 있느냐?"라고 물으시면 뭐라고 답해야 할까?

3:2-4) 너희를 위하여 내게 주신 하나님의 그 은혜의 경륜을 너희가 들었을 터이라 곧 계시로 내게 비밀을 알게 하신 것은 내가 먼저 간단히 기록함과 같으니 그것을 읽으면 내가 그리스도의 비밀을 깨달은 것을 너희가 알 수 있으리라

하나님이 바울에게 은혜의 경륜을 주셨다고 한다. 경륜은 '오이코노미아'를 번역한 말이다. 경제(economy)가 오이코노미아에서 파생했다. 한정된 돈을 쓰려니 경제가 필요하다. 그렇다고 해서 하나님의 은혜가 제한되어 있다는 뜻일 수는 없다. 우리 처지에 맞춰서 적절하게 공급한다는 뜻이다.

그나저나 옥에 갇힌 사람이 밖에 있는 사람에게 무엇을 줄 수 있을까? 결국 바울한테 있는 것은 세상의 것이 아니다. 그것을 그리스도의 비밀이라고 한다. 우리말 성경에는 그리스도의 비밀이라고 되어 있는데 그리스도의 신비라고 하는 편이 더 적합하다. 비밀은 감춰져서 모르는 것이지만 신비는 드러나 있는데도 모르는 것이다. 하나님이 에베소교회를 위하여 바울에게 주신 은혜의 경륜이 있는데, 바울이 그리스도의 신비를 깨달은 것이다. 그것을 바울만 알면 안 된다. 에베소교회도 같이 알아야 한다.

95부작으로 제작된 〈삼국지〉 드라마가 있다. 제작비가 250억, 제작 기간이 2년, 주요 출연진만도 287명이라고 한다. 어마어마한 대작이다. 〈삼국지〉가 그렇다면 구약성경 전체는 어떻게 될까? 출애굽을 다룬 〈십계〉의

상영 시간이 220분이다. 창세기부터 말라기까지 전부 영화에 담으려면 상영 시간이나 제작비, 제작 기간이 어떻게 될까? 게다가 출연진은 무슨 수로 감당할까? 하나님이 왜 이런 엄청난 일을 하셨느냐 하면, 예수님 때문이다. 우리가 성경을 통해서 알고 있는 모든 사건이 예수님을 설명하기 위한 것이다.

〈삼국지〉 드라마를 만든 가오시시 감독은 상당히 고심했을 것이다. 유비나 관우, 장비에 누구를 캐스팅할지 주먹구구식으로 정했을 리가 없다. 주연급 배우만 캐스팅하면 되는 것이 아니다. 캐스팅해야 할 배우가 한도 끝도 없다. 촬영 장소도 찾아야 한다. 그리고 그 드라마를 통하여 보여주고자 하는 내용이 있었을 것이다.

하나님은 인류 역사에 〈삼국지〉와 비교도 안 되는 드라마를 남기셨다. 설마 아브라함, 요셉, 모세, 여호수아, 모세, 다윗 등의 배역을 아무한테나 맡기셨을까? 그 모든 일을 창세전부터 계획하셨다. 〈삼국지〉가 아무리 대하 드라마라도 성경에 비하면 '간장종지드라마'에 불과하다. 예수님을 설명하는 것이 그만큼 엄청난 일이다.

4절에서 "그것을 읽으면 내가 그리스도의 비밀을 깨달은 것을 너희가 알수 있으리라"라고 했다. 바울이 가장 알리고 싶은 것이 그리스도의 비밀이었다. 에베소교회 교인들이 어떤 반응을 보여야 할까? 그것을 가장 알고 싶어 했을까?

개척 초기에 청년들과 기도원에 다녀온 적이 있다. 일일이 연락해서 참석을 독려하는데 한 청년이 물었다. "가면 뭐해요? 정말로 기도해요? 그냥 찬양 몇 곡 부르고 게임 하다가 오면 되는 거죠?" 그런 질문에는 뭐라고 해야 할까? "기도원에 뭐 하러 가냐? 당연히 기도해야지."라고 하면, 그 청년은 불참할 것이다. 그렇다고 해서 "응, 그냥 놀러가는 거야. 가서 고기나 구워 먹고 오지 뭐."라고 할 수도 없지 않은가?

운전 학원에 등록만 하면 저절로 면허 시험에 합격하는 것이 아니다. 나름대로 열심히 했어도 떨어질 수 있다. 적극적인 의사만 있으면 되는 것이 아니라 몸으로 익혀야 하기 때문이다. 그런데 교회에서는 '의사' 자체가 없는 경우가 있다. 신앙생활을 잘하려고 마음먹어도 될까 말까한데 그런 마음조차 안 먹으면 어떻게 될까?

"마귀들과 싸울지라 죄악 벗은 형제여"라는 찬송가가 있다. 가사가 잘못되었다. 마귀는 복수형을 쓸 수 없다. 마귀는 사탄과 동의어다. 마귀가 우두머리이고 수하에 수두룩한 귀신들, 즉 악한 영들이 있다.

마귀가 악한 영들을 데리고 시찰을 나왔다. 여기저기 살피는 중에 굉장히 기뻐하는 사람을 보았다. 진리의 한 조각을 발견하고 기뻐하는 중이었다. 한 악한 영이 말했다. "제가 당장 가서 저 사람을 미혹하겠습니다. 그냥 두면 조만간 더 큰 구원의 기쁨을 누리지 않겠습니까?" 마귀가 코웃음을 치며 말한다. "그냥 두어라. 진리의 조각에 만족하는 것보다 더 확실하게 그 사람을 묶어 두는 방법은 없다. 저렇게 살다 죽으면 그것으로 충분하다."

우리는 예수님을 구세주로 믿어서 천국만 가면 되는 사람들이 아니다. 그것이야말로 사탄이 바라는 바다. 우리는 예수님과 같은 반열로 부름받은 사람들이다. 피조물인 우리가 근본 하나님이신 예수님과 같이 되는 일이 어떻게 가능하냐 하면, 그것이 그리스도의 비밀이다.

하나님은 우리가 이런 그리스도의 비밀을 알기 원하신다. 그 비밀은 성경의 모든 기록이 예고편으로 동원될 만큼 굉장한 것이다. 그런데 우리의 관심이 다른 곳에 있다. 하나님 보시기에 아무 가치가 없는 일에는 시간과 돈을 아낌없이 쓰면서 하나님 보시기에 가치 있는 일에는 무관심하다.

〈탈무드〉에 의하면 성경을 99번 읽은 것과 100번 읽은 것은 하늘과 땅만큼 차이가 난다고 한다. 그리스도의 비밀을 아는 것이 그렇다. 그리스도의 비밀은 알면 아는 만큼 우리에게 영광이고 기쁨이고 생명이고 평강이고 자랑이다. 알면 알수록 우리의 신앙이 완성된다. 그리스도의 비밀을 온전히 알게 하는 것이 우리를 향한 하나님의 구원 계획이다.

3:5-6) 이제 그의 거룩한 사도들과 선지자들에게 성령으로 나타내신 것같이 다른 세대에서는 사람의 아들들에게 알리지 아니하셨으니 이는 이방인들이 복음으로 말미암아 그리스도 예수 안에서 함께 상속자가 되고 함께 지체가 되고 함께 약속에 참여하는 자가 됨이라

앞에서 그리스도의 비밀이라는 말이 나왔다. 본문은 그에 대한 설명이다. 5절에서 그리스도의 비밀이 얼마나 특별한 것인지 얘기하고 6절에서 그 내용을 얘기한다.

이 구원에 대하여는 너희에게 임할 은혜를 예언하던 선지자들이 연구하고 부지런히 살펴서 자기 속에 계신 그리스도의 영이 그 받으실 고난과 후에 받으실 영광을 미리 증언하여 누구를 또는 어떠한 때를 지시하시는지 상고하니라 이 섬긴 바가 자기를 위한 것이 아니요 너희를 위한 것임이 계시로 알게 되었으니 이것은 하늘로부터 보내신 성령을 힘입어 복음을 전하는 자들로 이제 너희에게 알린 것이요 천사들도 살펴보기를 원하는 것이니라(벧전 1:10-12)

하나님이 인간을 사랑하신다. 그런데 인간이 죄를 범했다. 죄를 심판하면 하나님의 사랑이 훼손되고 죄를 묵인하면 하나님 공의가 훼손된다. 오죽하면 천사들도 이 문제를 궁금하게 여겼다. "하나님이 이 문제를 어떻게 해결하시려나?" 하고, 호기심 어린 눈으로 지켜봤다. 십자가가 그만큼 놀라운 사건이다.

이런 그리스도의 비밀은 아무에게나 공개된 것이 아니었다. 이전 세대에는 사도들과 선지자들에게만 제한적으로 알려졌던 것이다. 그런데 십자가 사건과 더불어 모두에게 공개되었다. 누구든지 예수를 믿으면 구원 얻는다.

한때 구원 확신을 강조하던 시절이 있었다. 교회학교에서는 걸핏하면 "지금 죽어도 천국 갈 자신 있는 사람 손들어 보세요"라고 했다. 그 시절에는 천국 가는 것을 구원의 전부로 여겼다.

구원이 지옥에 안 가고 천국에 가는 것이라면 우리가 가는 곳만 달라지는 셈이다. 사람은 그대로인 채 그 사람이 있는 장소만 달라진다. 그래서 6절은 그리스도의 비밀을 "이는 너희로 하여금 지옥에 가지 않고 천국에 가게 하려 함이라"라고 하지 않고 "이는 이방인들이 복음으로 말미암아 그리스도 예수 안에서 함께 상속자가 되고 함께 지체가 되고 함께 약속에 참여하는 자가 됨이라"라고 한다.

그리스도로 말미암는 구원이 어떤 것인가 하면, 함께 상속자가 되고 함께 지체가 되고 함께 약속에 참여하는 자가 되는 것이다. 누구와 함께인가? 주어가 이방인들이다. 그러니 유대인들과 함께다.

1957년 9월, 미국 아칸소주에 있는 센트럴 고등학교에 아홉 명의 흑인 학생이 등교하자, 백인 학생 이천여 명이 시위를 벌였다. 오벌 포버스 주지사가 주 방위군을 동원해서 학교를 포위했다. 흑인 학생을 보호하기 위해서가 아니다. 흑인 학생들의 등교를 막기 위해서다. 그 소식을 들은 대통령 아이젠하워가 연방군을 출동시켰다. 흑인 학생들은 삼백오십 명의 공수부대원의 보호를 받으며 등교했다. 하마터면 방위군과 연방군이 충돌할 뻔한 일이 불과 65년 전에 있었다.

링컨이 노예 해방을 선언하고 100년 가까이 지난 다음에도 그런 일이 있었다. 대체 흑인과 백인의 골이 얼마나 깊다는 얘기일까? 유대인과 이방인은 어떨까? 더하면 더했지, 절대 덜하지 않다.

본문은 구원을 설명하면서 이방인과 유대인이 그리스도 예수 안에서 함께 상속자가 되고 함께 지체가 되고 함께 약속에 참여하는 자가 되는 것이라고 한다. 전부 천국 구성원이 된다는 얘기를 다르게 표현한 것이다. 성경이 말하는 초점은 요컨대 '함께'다. 이방인은 이방인끼리 천국 구성원이 되고 유대인은 유대인끼리 천국 구성원이 되는 것이 아니다.

우리나라에 처음 기독교가 소개될 무렵에는 예수 천당이라는 말로 기독교를 설명했다. 그 시대 사람들이 상상하는 천국이 어떤 곳이었을까? 우리가 상상하는 천국과 얼마나 차이가 있을까? 혹시 차이가 없다면 둘 중 하나다. 그 시대 사람들도 천국이 어떤 곳인지 제대로 알고 있었고 우리도 제대로 알고 있으면 차이가 없는 것이 맞다. 혹은 우리 관심의 범주가 그 시대 사람들의 관심의 범주를 넘지 못해도 차이가 없을 것이다.

이사야에 따르면 천국은 이리와 어린양이 함께 노는 곳이라고 한다. 사자가 소처럼 풀을 먹는 곳이고 어린아이가 독사 굴에 손을 넣는 곳이라고 한다. 어떤가? "예수 믿으면 천국 갑니다. 천국은 이리와 어린양이 함께 노는 곳입니다. 사자가 소처럼 풀을 먹는 곳이고 어린아이가 독사 굴에 손을 넣는 곳입니다."라는 말에 "와! 좋겠다. 빨리 가고 싶다."라고 할 사람이 있을까?

하나님이 왜 선악과를 만들었느냐는 질문을 가끔 듣는다. 그 질문을 하는 사람이 모르는 것이 있다. 자기 역시 선악과를 먹은 사람과 한통속이라는 사실이다. 물이 수원지보다 높이 올라갈 수 없는 것처럼 사람은 자기 수준을 넘지 못한다. 사람에게는 죄에 오염되지 않은 시선으로 선악과 사건을 볼 능력이 없다. 선악과를 먹은 입장에서 선악과 사건을 보니 무조건 하나님 책임인 것처럼 보인다.

구원에 대한 우리의 시선이 그럴 수 있다. 특히 본문은 이방인과 유대인이 함께 천국 구성원이 되는 것이 구원이라고 한다. 선악과를 먹은 수준으로는 하나님이 왜 선악과를 만들었는지 이해가 안 되는 것처럼 우리 수준으로는 성경이 말하는 구원이 의아할 수 있다. 사자가 소처럼 풀을 먹는 천국이라면 사자도 싫어하고 소도 싫어할 것이다. 사자에게는 소를 마음껏 잡아먹는 곳이 천국이고 소에게는 사자가 없는 곳이 천국이다.

누구든지 그리스도 안에 있으면 새로운 피조물이라고 한다. 어느 만큼 새로운 피조물일까? 유대인은 유대인인 채 새로운 피조물이고 이방인은 이방인인 채 새로운 피조물일까? 자기와 서먹서먹한 사람은 서먹서먹한 채 새로운 피조물이고 사이가 안 좋은 사람은 사이가 안 좋은 채 새로운 피조물일까?

사람들에게는 '함께'의 개념이 없다. 항상 구별하기를 좋아한다. 고다마 싯다르타가 제자들에게 한 말이 있다. "대하로는 황하가 있고, 요오우나강이 있고 아지라파디강과 사라푸우와 미히이강이 있다. 그 밖에도 바다로 흘러드는 강이 얼마나 되는지 알 수가 없다. 그 모든 강물이 한번 바다로 흘러든 다음에는 예전 이름과 흘러온 계통은 없어지고 바다의 이름으로 불리는 법이다."

바닷물은 바닷물이다. 본래 대동강 물이었는지 한강 물이었는지 구분할 이유가 없다. 예수 안에 있는 우리가 그렇다. 예수 안에 있는 것이 얼마나 굉장한 것인가 하면, 이 세상에 속한 모든 것이 아무 의미가 없을 만큼 굉장한 것이다. 가진 자와 못 가진 자, 배운 자와 못 배운 자, 강한 자와 약한 자의 구별이 없어지는 정도가 아니다. 채무자와 채권자의 구별도 없어지고 가해자와 피해자의 구별도 없어진다. 대체 우리의 신분이 어떻게 달라진다는 뜻일까? 얼마나 엄청난 것이 주어지면 그렇게 될까? 이 세상에 속한 것으로는 설명이 안 된다.

천국에 가면 황금으로 된 성이 있고, 아름다운 꽃이 핀 들판에 이름 모를 새가 우짖고, 탐스러운 과일나무가 있고, 감미로운 음악이 들리는 것이 문제가 아니다. 더 이상 나와 남의 구분이 없어진다. 성경은 그것을 함께 상속자가 되고 함께 지체가 되고 함께 약속에 참여하는 자가 되는 것으로 설명한다. 지금까지는 거룩한 사도들과 선지자들에게만 제한적으로 알려졌는데 이제는 우리도 다 알게 되었다. 하지만 아는 것에 그쳐서는 의미가 없다. 우리의 삶에서 나타나야 한다.

3:7〉 이 복음을 위하여 그의 능력이 역사하시는 대로 내게 주신 하나님의 은혜의 선물을 따라 내가 일꾼이 되었노라

일제강점기 때 활동한 독립운동가는 한둘이 아니다. 홍범도, 김좌진, 안중근, 윤봉길, 이봉창, 김구, 조만식, 유관순, 안창호, 이회영, 신채호, 이상재, 장인환, 전명운, 강우규 등이 전부 조국 광복을 위해 헌신한 사람들이다. 이 사람들만 있는 것이 아니다. 청산리대첩에 참가한 병력이 2,500명이었는데 그들의 이름을 무슨 수로 다 알까?

아무 생각 없이 독립운동에 뛰어들 수는 없다. 먼저 조국의 현실에 분노했을 것이다. 그리고 독립을 위해서 자기 한 몸을 바치기로 결단했을 것이다. 안중근 의사는 무명지를 잘라서 맹세를 하기도 했다.

바울은 어떤 과정을 거쳐서 복음의 일꾼이 되었을까? 죄에 빠져 신음하는 사람들을 보며 안타까워하다가, 그런 현실 속에서 자기가 할 수 있는 일을 찾아 고심하고, 결국 복음을 위한 일꾼이 되기로 작정했을까? 독립운동가들은 그런 과정을 거쳤을 것이다. 그런데 바울은 자기가 복음의 일꾼이 된 것이 자기 선택이 아니라고 한다.

지난 2008년에 세계에서 가장 큰 니미츠 항공모함이 부산항에 입항한 적이 있다. 길이가 332.9m, 폭이 76.8m다. 국제 규격의 축구장 세 개를 합한 것보다 더 넓다. 항공기를 80대 이상 적재할 수 있고 교회도 세 개나 있다고 한다.

어떤 사람이 한밤중에 그 항공모함 갑판에 서 있다고 하자. 나침반으로 방위를 확인하고 북쪽으로 걸음을 옮긴다. 그 사람은 북쪽으로 가고 있다고 확신할 것이다. 그런데 그렇지 않을 수 있다. 배의 진행 방향이 더 중요하다. 항공모함이 남쪽으로 가고 있으면 아무리 북쪽으로 걸음을 옮겨도 그 사람이 가는 방향은 남쪽이다.

바울의 말이 그렇다. 자기가 복음을 위한 일꾼이 되었는데 스스로 결정한 것이 아니라 하나님의 능력이 그렇게 만들었다는 것이다. 자기 의지가 작용한 것이 아니라 자기보다 더 큰 힘에 떠밀렸다.

하나님이 아담에게 "동산 각종 나무의 열매는 네가 임의로 먹되 선악을 알게 하는 나무의 열매는 먹지 말라 네가 먹는 날에는 반드시 죽으리라"라고 말씀하셨다. 죽지 않고 살 수 있는 방법을 알려주신 것이다. 하지만 이 말씀을 복음이라고 하지는 않는다. 자기 운명이 자기한테 달려 있기 때문이다. 자기가 정신을 차리면 살지만 그렇지 않으면 죽는다. 오늘 살았다고 해서 영원히 사는 것도 아니다.

우리는 그렇지 않다. 우리 운명이 그리스도께 달려 있다. 우리가 구원을 확신할 수 있는 근거가 여기에 있다. 예수님과 우리가 운명 공동체로 묶여 있다. 그래서 복음이다.

바울의 인생이 복음을 그대로 보여준다. 바울이 언제 예수를 믿을까 말까 고민한 적이 있는가? 온 힘을 다해서 예수 반대쪽으로 달려가는데 하나님이 그의 행로를 바꿔 놓으셨다. 바울의 인생이 바울에 의해서 결정된다고 가정해 보자. 그보다 더 끔찍한 일이 있을까? 그런데 하나님이 막으셨다. 하나님의 능력이 그를 복음의 일꾼으로 만들었다. 바울의 고백처럼 그야말로 은혜의 선물이다.

초등학교 교실에서 선생님이 "우리 뭐할까?"라고 하면 아이들은 일제히 "놀아요!"라고 할 것이다. 무엇을 하며 놀자는 얘기일까? 축구를 하자거나 발야구를 하자는 얘기가 아니다. 무엇을 하든지 상관없으니까 수업은 하지 말자는 얘기다. 아이들의 모든 관심이 공부하지 않는 데 있다. 하지만 공부하기 싫다고 해서 안 하는 것이 복이 아니라 공부를 할 수밖에 없게 되는 것이 복이다. 아이들이라고 해서 모르지 않는다. 동의하기 싫을 뿐이다.

같은 단어라도 교회 안에서 쓰이는 뜻과 교회 밖에서 쓰이는 뜻이 다를 수 있다. 형제, 자매가 대표적이다. 교회 밖에서는 형과 동생을 형제라고 하고 손위 누이와 손아래 누이를 자매라고 하는데 교회 안에서는 남자 성도를 형제라고 하고 여자 성도를 자매라고 한다.

복이나 은혜는 어떨까? 사람들은 자기가 원하는 대로 일이 이루어지는 것을 복으로 생각한다. 성경에는 그런 복이 안 나온다. 하나님께서 원하시는 인생을 사는 것이 복이다. 은혜도 그렇다. 자기한테 유리한 일이 생기거나 잘못을 해도 책임을 추궁당하지 않고 넘어가는 것이 은혜가 아니다. 옳은 방향으로 나아갈 수 있게 된 것이 은혜다.

몸은 교회 안에 있으면서 세상에 마음이 있으면 신앙이 이상하게 된다. 자기가 하나님 뜻대로 살아야 하는 줄은 모르고 하나님이 자기 뜻대로 움직여야 하는 줄 안다. 그것을 복이고 은혜라고 우긴다.

이런 생각을 초등학교 교실로 옮기면 아이들이 매일 공부하지 않게 해달라고 기도하는 격이 된다. 어쩌다가 선생님이 몸이 아파서 자습하라고 하면 기도가 응답되었다고 좋아할 것이다. 무엇보다 바울이 복음의 일꾼이 못 된다. "이 복음을 위하여 그의 능력이 역사하시는 대로 내게 주신 하나님의 은혜의 선물을 따라 내가 일꾼이 되었노라"가 아니라 "내 고집을 위하여 내 판단이 역사하는 대로 나에게 있는 의지에 따라 내가 막장 인생을 살았노라"라고 해야 한다.

언젠가 동생 집에 갔더니 조카가 울고 있었다. "하연아, 왜 그래?"라고 했더니, 자기를 편들어 달라는 뜻인지 더 크게 울었다. 그러면서 얘기했다. "엄마가 말을 너무 안 들어!"

대체 누가 누구의 말을 들어야 할까? 아직 어려서 그럴까? 어린 탓이라면 별로 심각하지 않다. 나이만 먹으면 해결된다. 하지만 사람은 나이를 먹었다고 해서 저절로 지혜로워지지 않는다. 나이를 먹음에 따라 하나님이 누구이고 자기가 누구인지 바로 안다면 예수님이 십자가에 달릴 이유가 없고 이 땅에 교회가 있을 이유가 없다.

그래서 당부한다. 혹시 하나님이 이 세상 주인인 것을 모르면 어쩔 수 없다. 하지만 하나님이 이 세상 주인인 것을 안다면 하나님의 간섭에 반항하기 없기 하자. 무엇이 복인가 하면, 이 땅에서 하나님이 자기 인생을 팍팍 밀어주는 것이 복이 아니다. 하나님이 자기를 어떻게 인도하시는지 알아서 거기에 순종하는 것이 복이다.

3:8-9〉 모든 성도 중에 지극히 작은 자보다 더 작은 나에게 이 은혜를 주신 것은 측량할 수 없는 그리스도의 풍성함을 이방인에게 전하게 하시고 영원부터 만물을 창조하신 하나님 속에 감추어졌던 비밀의 경륜이 어떠한 것을 드러내게 하려 하심이라

바울이 자기를 "모든 성도 중에 지극히 작은 자보다 더 작은 나"라고 한다. 겸양이 미덕인 유교 문화권에서는 이런 표현이 낯익다. 하지만 바울은 유교 문화를 모른다. 자기를 낮춰서 한 말이 아니라 정말로 그렇게 생각해서 한 말이다.

본래 바울은 예수 믿는 사람을 핍박하던 사람이다. 도무지 성도 자격이 없다. 그런 자기에게 하나님이 은혜를 주셨다. "모든 성도 중에 지극히 작은 자보다 더 작은 나에게 이 은혜를 주신 것은"이라고 했으니까 '이 은혜'는 앞에 있는 내용을 확인해야 한다. 7절에서 바울은 자기가 복음을 위한 일꾼이 되었다고 했다. 그것이 은혜라는 것이다. 자기는 복음을 대적하던 사람인데 그 죄를 묻지 않으시고 오히려 일꾼으로 불러주셨으니 그야말로 백골난망이다.

하나님이 바울을 일꾼 삼으신 이유는 측량할 수 없는 그리스도의 풍성함을 이방인에게 전하게 해서 영원부터 만물을 창조하신 하나님 속에 감추어졌던 비밀의 경륜이 어떠한 것을 드러내게 하려는 것이다. 알기 쉽게 말하면, 하나님이 얼마나 놀라운 분인지 알리기 위해서다. 그런 일을 맡기에는 바울이 제격이다. "봐라! 하나님은 나 같은 인간 망종도 부르시는 분이다. 하물며 너희들이겠느냐?"라는 메시지가 자연스럽게 성립한다. 바울의 존재 자체가 복음에 대한 설명이다.

그런 바울을 통해서 하나님이 원하시는 것은 측량할 수 없는 그리스도의 풍성함을 이방인에게 전하는 것이다. 말을 괜히 복잡하게 하는 것 같다. 그리스도를 전하는 것과 그리스도의 풍성함을 전하는 것이 어떻게 다를까? 또 그리스도의 풍성함을 전하는 것과 측량할 수 없는 그리스도의 풍성함을 전하는 것은 어떻게 다를까? 요컨대 하나님은 이방인에게 그리스도를 전하려고 하신다. 그 얘기를 측량할 수 없는 그리스도의 풍성함을 전하게 하려한다고 한다. 그리스도가 어느 만큼 풍성한 분인지 강조하고 싶은 것이다.

"영원부터 만물을 창조하신 하나님 속에 감추어졌던 비밀의 경륜이 어떠한 것을 드러내게 하려 하심이라"라는 말도 그렇다. 그냥 "하나님이 얼마나 놀라운 분인지 알게 하려 하심이라"라고 해도 같은 뜻이다. 간단하게 말할 수 있는데 복잡하게 말하는 이유가 무엇일까? 분명한 것은 성경이 우리에게 무엇인가를 더 알리고 싶어 한다는 사실이다. 우리는 하나님을 알되, 지금보다 더 깊이 알아야 한다.

기독교의 기본 교리를 가장 잘 설명한 책이 로마서다. 로마서의 주제가 이신칭의다. 믿음으로 의롭다 함을 얻는 것이 무슨 뜻인지 모르는 사람은 없다. 그런데 로마서가 왜 그렇게 길어야 할까? 믿음으로 의롭다 함을 얻는 것이 말처럼 간단하지 않다는 뜻이다.

그리스도를 설명하고 하나님을 설명하는 것이 그렇다. "하나님이 예수님을 세상에 보내셨다. 그 예수님이 우리를 위한 그리스도다."로는 모자라다. 그리스도 안에서 우리에게 허락된 은혜가 얼마나 풍성하고 그리스도 안에서 변화된 우리의 신분이 얼마나 귀한지 알아야 한다. 하나님께서 천지를 창조하신 능력으로 우리를 위하여 영원 전부터 계획하신 내용이 얼마나 엄청난지 알아야 한다. 그런 내용을 설명하는 샘플이 바울이다.

예전에 고등학교 동창 모임에 갔을 때 한 친구가 물었다.

"예수 믿으면 뭐가 좋으냐?"

"왜?"

"와이프가 자꾸 교회 가자고 보채는데 뭐가 좋은지 알아야 갈 거 아냐?"

"교회 다니면 이다음에 천국 가지."

"그런 거 말고?"

"죄 문제가 해결 되지."

"장난 말고, 인마!"

"술 마시면 찔리지."

"그러니까 아무것도 없다는 얘기네. 와이프는 왜 자꾸 교회 가자는 거야?"

어차피 진지하게 물은 것이 아니라 "나는 이미 아내한테 충분히 시달리니까 나한테 예수 믿으라고 하지 마라"라는 뜻으로 한 얘기였다. 그 질문을 조금만 바꾸면 신자도 별반 다르지 않다.

"신앙생활을 성실하게 하면 뭐가 좋습니까?"

"거룩한 삶을 살 수 있습니다."

"그런 것 말고는 없습니까?"

"주님과 동행하게 됩니다."

"그것이 전부입니까?"

"우리 삶 속에서 하나님의 영광이 나타납니다."

"그러니까 특별한 게 없다는 얘기네요. 어차피 예수 믿기는 마찬가지니까…"

특별한 게 없다는 것이 무슨 뜻일까? "예수를 믿으면 구원 얻습니다. 그리고 신앙생활에 얼마나 열심인지에 따라 현찰로 보상받습니다."라고 하면 특별한 게 있는 것이지만 그게 아니면 특별한 게 없는 것이다. 예수를 믿으면 뭐가 좋으냐고 물은 고등학교 동창과 다를 게 없다.

우리는 광개토태왕을 영웅으로 기억한다. 조선시대 사람들도 영웅으로 알았을까? 그렇지 않다. 오히려 을지문덕이나 영양왕이 영웅이었다. 우리나라는 역사적으로 국력을 떨친 적이 거의 없다. 고려시대에는 거란과 왜구에게 시달리다가 몽골에게 짓밟혔고, 조선으로 나라가 바뀐 다음에는 임진왜란을 시작으로 정유재란, 정묘호란, 병자호란 등으로 계속 고초를 겪다가 급기야 주권마저 빼앗기고 말았다.

그런데 을지문덕과 영양왕은 고구려를 수나라로부터 지켜냈다. 얼마나 존경스럽겠는가? 광개토태왕이 더 훌륭하다고 할지 모르지만 그렇지 않다. 광개토태왕은 일종의 '화성인'이었다. 당장 외세를 막아 내기 급급한 형편에 만주 벌판을 호령하며 대제국을 건설한 광개토태왕은 이해할 이유도 없고 이해할 수도 없는 사람이었다.

성경에서 측량할 수 없는 그리스도의 풍성이 어떻고, 하나님의 비밀의 경륜이 어떻고 하는 얘기가 그럴 수 있다. 도무지 현실성이 없다. 내 집 마련이 발등에 떨어진 불이고 펀드를 갈아타느냐 마느냐가 고민이다. 하나님이 우리에게 주시기 원하는 것과 우리가 하나님께 바라는 것이 달라도 너무 다르다. 우리는 조선시대를 살고 있는데 성경은 자꾸 광개토태왕 얘기를 한다. 이다음에 딸을 낳을지도 모르는데 청나라에서 처녀를 보내라고 하기 전에 시집보내려면 미리 준비를 해야 한다. 그런데 난데없이 요동을 정벌하러 간다면 뭐라고 해야 할까? 이런 간격이 언제면 메워질까?

3:10-11〉 이는 이제 교회로 말미암아 하늘에 있는 통치자들과 권세들에게 하나님의 각종 지혜를 알게 하려 하심이니 곧 영원부터 우리 주 그리스도 예수 안에서 예정하신 뜻대로 하신 것이라

새 신자가 등록했다. 담임목사가 새 신자한테 당부한다. "앞으로 같이 신앙생활을 하면서 저희 교회의 장로, 권사들에게 하나님이 얼마나 놀라우신 분인지 자세히 알려주시기 바랍니다." 그러면 그 교회의 장로나 권사가 황당할까, 새로 등록한 신자가 황당할까?

본문이 그런 격이다. 10절에서 "이는 이제 교회로 말미암아 하늘에 있는 통치자들과 권세들에게 하나님의 각종 지혜를 알게 하려 하심이니"라고 했다. 앞에는 바울이 복음을 위한 일꾼으로 부름받았다는 내용이 있었다. 하나님이 그렇게 하신 이유는 이방인들에게 그리스도의 풍성함을 알리고 싶었기 때문이다. 또 하나님이 얼마나 놀라운 분인지 알게 하고 싶었기 때문이다. 그 이유를 설명하는 말이 '이는'이다. 하나님이 왜 그렇게 하셨느냐 하면, 교회로 말미암아 하늘에 있는 통치자들과 권세들에게 하나님의 각종 지혜를 알게 하려고 그렇게 하셨다. 하늘에 있는 통치자들과 권세들은 천사들을 말한다.

하나님이 어떤 분인지 우리가 잘 알까, 천사들이 잘 알까? 하나님은 천사들이 우리를 통해서 하나님의 각종 지혜를 알게 되기를 원하신다. 하나님의 궁극적인 관심이 천사들한테 있다는 뜻이 아니다. 우리의 구원이 그만큼 놀라운 사건이라는 뜻이다.

김시습은 신동으로 이름이 높았다. 생후 팔 개월에 글을 읽고 세 살에 글을 지었다고 한다. 김시습이 다섯 살 때, 소문을 들은 세종이 대궐로 불렀다. 그가 어느 만큼 똑똑한지 직접 확인하고는 후일에 중용하겠다는 약속과 함께 비단 한 필을 상으로 내리면서 혼자 힘으로 가져가라는 조건을 달았다. 김시습이 비단을 다 풀더니 한쪽 끝을 잡고 집으로 갔다. 그런 김시습을 보고 모두 지혜롭다고 감탄했다. 하지만 김시습이 스무 살만 되었어도 그 정도로는 지혜롭다는 말을 듣지 못했을 것이다.

본문에는 하나님의 각종 지혜라는 말이 나온다. 다섯 살짜리가 하면 지혜로운 일도 스무 살 청년이 하면 지혜로운 일이 아닌데 하나님께 지혜롭다는 말을 쓸 수 있으려면 어떤 일이어야 할까? 성경은 그리스도를 하나님의 지혜라고 한다.

오직 부르심을 받은 자들에게는 유대인이나 헬라인이나 그리스도는 하나님의 능력이요 하나님의 지혜니라(고전 1:24)

〈예수님처럼〉으로 유명한 맥스 루케이도 목사는 이름을 루카도로 발음할 수도 있다. 그의 책에 이름 때문에 빚어진 일화가 나온다. 교인 직장으로 심방을 갔는데 어떤 여자가 인사를 했다. "루카도 목사님! 루카도 목사님이시죠?" 그런 상황에서 어떻게 아니라고 할까? 맞다고 했더니, 그 여자가 동료들에게 루케이도 목사를 소개하기 시작했다. "샐리, 이 분이 맥스 루카도 목사님이에요.", "조, 맥스 루카도 목사님을 소개할게요.", "탐, 루카도 목사님입니다."

그런데 어떤 남자가 반갑다고 인사하더니 몇 마디를 더 했다. "지난 주일에 목사님 교회에 다녀왔습니다. 예배를 마치고 나오면서 목사님 성함을 어떻게 발음할지 아내와 얘기를 했습니다. 루케이도가 맞습니까, 루카도가 맞습니까?"

이런 경우에는 뭐라고 해야 할까? 진실을 말하면 여자가 난처하게 되고 거짓으로 답을 하면 그 남자에게 잘못 가르쳐주게 된다. 여자에게는 관대하고 남자에게는 솔직하고 싶었지만 방법이 없다. 별수 없이 "루카도가 맞습니다. 루카도라고 발음합니다."라고 하면서, 속으로 "조상님들이여, 용서하소서."라고 했다고 한다.

그런 문제를 해결할 방법이 있을까? 서로 모순되는 조건을 무슨 수로 충족시킬까? 하나님께 지혜라는 말을 쓸 수 있으려면 이 정도 문제는 되어야 할 것이다.

이런 내용을 놓고 벧전 1:12에서는 "…천사들도 살펴보기를 원하는 것이니라"라고 했다. 올림픽 시즌에 모이기만 하면 올림픽 얘기를 하는 것처럼 아담, 하와가 범죄했을 때 천사들이 모이기만 하면 선악과 사건을 얘기했다.

"아무리 하나님이라도 해결 못 할걸."

"왜 해결 못 해? 하나님은 전지전능하신 분인데!"

"이럴 수도 없고 저럴 수도 없는데 무슨 수로 해결해?"

"하나님께는 뭔가 있겠지. 그래도 하나님이신데…"

아마 이런 식의 대화가 오갔을 것이다. 그리고 예수님이 십자가에 달리셨을 때 천사들이 감탄했을 것이다. 하나님께는 사랑과 공의를 아울러 충족하는 방법이 있었다. 그리스도의 십자가가 하나님의 지혜였다.

그런데 본문에는 하나님의 각종 지혜라는 말이 나온다. 하나님이 우리를 통하여 천사들에게 알게 하고 싶으신 것은 하나님의 지혜가 아니라 하나님의 각종 지혜다. 십자가로 우리 죄를 해결한 것이 전부가 아니다. 그것 말고도 천사들이 감탄할 일이 더 있어야 한다.

지금까지 하나님이 왜 선악과를 만들었느냐는 질문을 몇 번이나 들었는지 모른다. 그런 질문에는 전제가 있다. 선악과를 먹기 전의 아담, 하와의 신분과 그리스도 안에 있는 우리의 신분을 동등하게 여기는 것이다.

과연 그럴까? 양팔저울 한쪽에 선악과로 인한 죄를 올려놓고 다른 쪽에 예수님의 보혈을 올려놓으면 수평을 이룰까? 그럴 수는 없다. 예수님의 보혈은 선악과로 인한 죄를 넉넉히 덮고도 남는다. 우리가 아담, 하와와 동급이 아니라는 뜻이다. 아담, 하와는 자기들의 운명을 스스로 해결해야 했지만 우리는 예수님에 의해서 결정된 운명을 사는 사람들이다.

설령 우리가 아담, 하와와 같은 신분이라고 해도 천사들이 충분히 놀랄 텐데 그 정도가 아니다. 우리는 그리스도와 같아진 사람들이다. 그 내용을 "하늘에 속한 모든 신령한 복을 우리에게 주셨다", "우리를 하나님의 아들들이 되게 하셨다", "우리가 하나님의 권속이다" 등의 말로 표현했다.

우리는 이런 말이 얼마나 엄청난 말인지 상상조차 못한다. 분명한 사실은 하나님이 이런 내용으로 천사들에게 하나님의 각종 지혜를 알게 하려고 하신다. 우리의 죄를 사하신 것만으로도 천사들이 놀랄 텐데, 죄를 사하신 이후 과정도 계속 놀랄 일이 있다는 것이다.

예전에 저녁을 먹는데 반찬 하나가 아리송했다. 소고기인지 돼지고기인지 분간이 안 되어서 아내한테 물었다. "이거 소고기예요, 돼지고기예요?" 아내가 태연하게 답했다. "닭고기예요."

아내가 깜짝 놀란 말투로 답하지 않았다. 나와 같이 살면 그 정도는 놀랄 일이 아니기 때문이다. 같이 산 지 35년이 지났는데 놀랄 일이 뭐가 있겠는가? 만일 아내가 놀란다면 내가 정말로 큰일을 저지른 것이다.

하나님에 대해서 우리가 놀랄 일도 천사들은 놀라지 않는다. 우리는 "와!

하나님, 굉장하십니다.”라고 해도 천사들은 “그 정도 가지고 왜 그래? 하나님 하시는 일 처음 봐?”라고 할 것이다. 하물며 천사들이 감탄할 정도면 얼마나 굉장한 일일까? 정말로 그런 일이 벌어지면 우리가 어떤 반응을 보일까? 천사들보다 몇 천 배, 몇 만 배 더 감탄하는 것이 아니라 그 일이 왜 감탄스러운 일인지 이해를 못하지 않을까?

지난 2002년 월드컵 때 온 국민이 열광했다. 하지만 준하는 열광하지 않았다. 그때 태어난 지 고작 한 달이었다. “우리가 그리스도와 같이 된다”, “우리가 하나님의 권속이다”, “이방인과 유대인이 함께 천국 구성원이 된다”라는 말을 들어도 우리에게 별 감격이 없는 이유가 그와 같을 것이다.

그래서 11절에서 하나님의 예정을 말한다. 10절의 내용이 영원부터 그리스도 예수 안에서 예정하신 하나님의 뜻대로 하신 것이라고 한다.

우리는 하나님을 모른다. 하나님이 우리를 위하여 예비하신 일이 얼마나 놀라운 일인지, 우리가 하나님의 권속이 되었다는 얘기가 얼마나 엄청난 얘기인지 전혀 모른다. 우리가 아는 것이라고는 성경에 기록된 내용뿐이다.

제법 오래된 일이다. 판매원이 물건을 설명하면서 “사람 말을 왜 그렇게 못 믿습니까? 좀 믿으세요.”라고 했다. 무엇을 근거로 믿으라는 말일까? 믿으라는 말을 하려면 먼저 근거를 제시해야 한다. 생판 처음 보는 사람이 “제 말이 옳습니다. 무조건 믿으세요.”라고 하는 것은 억지다. 근거가 없는데 무엇을 보고 믿으란 말인가? 물론 반대의 경우도 성립한다. 근거가 있으면 믿어야 한다.

우리는 하나님이 어떤 일을 하셨는지 성경을 통해서 알고 있다. 이스라엘이 애굽의 노예로 전락하자, 친히 그들의 역사에 개입해서 그들을 구원하셨다. 바로가 아무런 힘을 못 썼고 홍해가 가로막지 못했다. 그 어떤 악조건도 이스라엘을 향한 하나님의 계획을 방해하지 못했다.

가나안 땅에서도 그랬다. 이스라엘이 하나님을 떠나 살 때마다 그들을 징계했다. 미디안을 통해서 징계해도 말을 안 들으면 암몬을 보냈고, 암몬을 통해서 징계해도 말을 안 들으면 블레셋을 보냈고, 블레셋을 통해서 징계해도 말을 안 들으면 앗수르를 보냈다. 그래도 말을 안 듣자, 결국 포기하신 것이 아니라 예수님을 보냈다. 이 모든 일이 하나님의 계획 아래 이루어진 일이다.

우리는 이 모든 내용을 안다. 그러면 아는 내용을 반추하는 것에 그칠 게 아니라 우리한테 약속된 내용도 알아야 한다. 하나님의 뜻은 지금까지 이루어진 것으로 끝이 아니라 앞으로도 이루어질 것이다. 그것이 하나님의 예정이다.

예정은 하나님이 짠 각본에 따라 우리가 기계적으로 움직인다는 뜻이 아니다. 하나님께서 특정의 목적을 갖고 계시다는 뜻이다. "내가 지각할 것도 하나님이 예정하셨느냐?"에 대한 얘기가 아니라 "하나님의 의도는 반드시 이루어진다. 그것을 거스를 수 있는 것은 아무것도 없다."라는 뜻이다.

역사를 배우는 목적은 온고이지신이다. 옛것을 토대로 새것을 알아야 한다. 우리는 성경을 통하여 하나님의 뜻이 결국 이루어진 것을 확인했다. 그러면 우리에게 하신 약속도 이루어질 것을 확신해야 한다. 하나님의 예정은 우리를 꿔다 놓은 보릿자루로 만드는 얘기가 아니다. 얼른 하나님의 계획에 동참하라는 얘기다.

우리가 하나님의 지혜를 일일이 헤아리지는 못한다. 하지만 알고 있는 하나님의 계획에 동참하는 지혜는 있어야 한다. 그래서 긴장해야 한다. 하나님의 뜻이 이루어지는 한복판에 우리가 늘 자리해야 한다. 이 세상 살면서 다른 것은 다 양보해도 그것만은 양보하지 말아야 한다. 그것이 우리의 존재 이유다.

3:12〉 우리가 그 안에서 그를 믿음으로 말미암아 담대함과 확신을 가지고 하나님께 나아감을 얻느니라

신앙의 가치가 무엇일까? 예수를 믿으면 천국 가고 안 믿으면 지옥 간다. 하지만 죽어서 가는 천국이나 죽어서 가는 지옥 말고 이 세상에서도 뭔가 있지 않을까?

앞에서 구원이 얼마나 엄청난 것인지 말했다. 우리가 얻은 구원은 천사들도 감탄할 만한 것이다. 그런 내용에 이어서 본문이 나온다. 우리가 천사들도 놀랄 만한 구원을 얻어서 어떻게 되었느냐 하면, 하나님께 나아갈 수 있게 되었다. 이것이 우리가 누리게 된 특권이다.

신앙의 가치는 하나님과의 관계 회복에 있다. 허물과 죄로 죽었던 우리가 다시 살아난 것이고, 공중의 권세 잡은 자를 따르던 우리가 하나님의 권속이 된 것이고, 본질상 진노의 자녀였던 우리가 그리스도 안에서 함께 하늘에 앉게 된 것이다.

납득이 안 될 수 있다. 그런 일이 어떻게 이루어진단 말인가? 그래서 "우리가 그 안에서 그를 믿음으로 말미암아 담대함과 확신을 가지고 하나님께 나아감을 얻느니라"라고 한다. 우리의 의로움으로 하나님께 나아가는 것이 아니다. 하나님께 나아갈 수 있는 근거가 우리에게 있지 않고 예수님께 있다.

예전에 청년들을 대상으로 기도회를 인도했을 때 한 청년이 말했다. "기도는 버벅거렸어도 진심은 통했겠죠?" 그런 말에 "아냐, 안 통했을 거야."라고 할 수 있을까? 유감스럽게도 그렇다. 기도의 근거는 우리의 진심이 아니다. 오직 그리스도의 이름이다. 우리 사정이 아무리 다급해도 그것이 하나님께 나아갈 수 있는 근거가 될 수는 없다.

누군가 벨을 누른다.

"누구세요?"

"문 좀 열어주실래요?"

"누구신데요?"

"잠깐만 실례할게요."

"누구세요?"

"급해서 그래요. 잠깐만 열어주세요."

"누구신데요?"

"잠깐이면 돼요. 급해요."

이런 경우에 문을 열어주는 사람이 있을까? 하지만 "누구세요?"라는 얘기에 "수연이[1] 친구예요."라고 하면 열어준다. 자기가 얼마나 다급한지 눈물,

---

1) 저자의 딸 이름

콧물 질질 짜며 사정해도 열리지 않던 문이 수연이 친구라는 한마디에 바로 열린다.

"문제가 있으면 예수 그리스도 이름으로 기도해라. 그러면 직통이다."라는 뜻이 아니다. "신앙은 하나님과의 사이가 회복된 것을 예수 그리스도 이름으로 누리는 것이다."라는 뜻이다. 하나님이 듣고 싶어 하는 얘기는 우리의 개인 사정이 아니라 우리가 어떻게 예수 그리스도와 연합해 있느냐 하는 것이다. 그런데 "어떻게 하면 하나님이 내 기도를 들어주시느냐?"에 마음이 있으면 이런 말이 귀에 들어오지 않는다.

중고등부를 지도하던 시절에 "이런 기도를 해도 되나요?", "이런 기도도 들어주시나요?"라는 질문을 더러 받았다. 들어주신다면 기도하겠지만 들어주시지 않는다면 기도할 이유가 없지 않으냐는 뜻이다.

세배가 세뱃돈을 받기 위한 수단일까? 철이 없을 때는 그렇게 알 수 있다. 세뱃돈을 안 주면 세배를 왜 할까? 철이 들어야 세뱃돈에 관계없이 세배를 한다.

이 얘기를 기도에 적용할 수 있다. 기도는 하나님이 들어주느냐, 안 들어주느냐의 문제가 아니다. 하나님께 기도할 수 있다는 사실 자체가 복이다. 그런데 철이 없으면 기도가 필요한 것을 얻는 수단인 줄 안다.

누군가 빌 게이츠의 양자가 되었다고 하자. 어느 날 얘기한다.

"아버지, 1억만 주세요."

"왜?"

"심심한데 차 바꾸려고요."

"그 차, 일주일밖에 안 되었잖아. 한 달은 타야지."

이런 경우에 차는 못 바꾸지만 그게 무슨 상관일까? 아버지가 빌 게이츠라는 사실을 생각하면 아무것도 아니다.

물론 현실성이 없다. 그런 일이 일어날 가능성이 얼마나 될까? 그러면 본질상 진노의 자녀인 우리가 하나님의 백성이 된 것은 현실성이 있을까? 천사도 놀랄 만한 구원이 우리에게 허락된 것은 현실성 있는 얘기일까? 현실성 없기로 따지면 빌 게이츠의 양자가 되는 것에 비할 바가 아니다.

성경의 관심은 언제나 하나님과 우리의 관계에 있다. 하나님과 우리 사이의 궁극적인 문제는 죄다. 하나님과 우리 사이가 정상이 되려면 죄가 해결되어야 한다. 죄를 해결하는 방법은 예수님의 십자가밖에 없다.

그런데 우리가 거기에 관심이 없다. 하나님과 자기의 관계보다 더 급한 것이 세상과 자기의 관계다. 하나님의 관심은 우리한테 있는데 우리의 관심은 세상에 있다.

어머니가 밥을 다 차렸는데 아이가 TV에서 눈을 떼지 않는다. "밥 먹고 봐. 밥 먹고 보면 되잖아!" 그 말이 아이한테는 그다지 설득력이 없다. 밥을 먹으면 그 사이에 TV 프로그램이 끝나는데 어떻게 나중에 보란 말인가? 찌개가 식는 것에 어머니만 마음이 급할 뿐, 아이는 관심 없다. 아이가 TV 프로그램을 중요하게 생각할수록 어머니 속만 터진다. 어제도 속이 터졌는데 오늘도 속이 터지고 내일도 터져야 한다.

3:13) 그러므로 너희에게 구하노니 너희를 위한 나의 여러 환난에 대하여 낙심하지 말라 이는 너희의 영광이니라

어떤 사람이 재테크 책을 읽었다. 부동산, 주식, 국채, 공채, 펀드, 경매는 물론이고 종잣돈 마련 방법까지 정리된 책이다. 그런데 책을 쓴 사람이 고시원에서 근근이 살고 있으면 책 내용이 믿길까?

에베소교회 교인들은 바울한테서 구원이 얼마나 엄청난 일인지 들었다. 그런데 바울이 옥에 갇혀 있다. 그러면 판단을 해야 한다. "구원 얻어 봐야 별 거 없다. 세상 사는 데 전혀 도움 안 된다."라고 할 수도 있고, "구원이 얼마나 놀라운 것이기에 옥에 갇힌 것도 개의치 않을 수 있을까?"라고 할 수도 있다.

신앙의 가치를 형통에서 찾으면 "대체 예수는 뭐 하러 믿어?"라는 생각을 할 수 있다. 천사들을 놀라게 하는 구원이 왜 사람은 놀라게 하지 못할까? 당장 자기 문제가 급한데 이다음에 천사들의 놀란 얼굴을 보는 것이 무슨 소용이란 말인가? 그래서 우리는 예수 그리스도의 이름으로 하나님께 나아갈 수 있는 사람이므로 자기가 환난 중에 있다고 해서 낙심하지 말라는 얘기를 한다.

우리 중에 예수를 믿지 않는 사람은 없다. 그러면 자기가 처한 환경에 영향받는 사람도 없을까? 지금까지 "신앙생활을 잘하고 싶은데 잘 안 된다", "하나님을 만나고 싶은데 하나님이 안 만나주신다"라는 이유로 낙심했다는 사람을 본 적이 없다. 주로 자기 기도에 응답이 없다는 이유로 낙심한다.

대체 신앙의 근거가 어디에 있으면 그럴까?

허영만 화백이 그린 〈사랑해〉라는 만화가 있다. 철수와 영희 부부가 지우라는 아이를 키우는 내용이다. 지우가 일기장에 "오늘은 짜장면을 먹었다. 참 맛있었다."라고 썼다. 엄마가 묻는다. "너, 짜장면 안 먹었잖아? 언제 먹었어?" "응, 두식이 일기 보고 베꼈어." 애가 짜장면이 얼마나 먹고 싶으면 이럴까 싶은 마음에 짜장면을 사줬다. 다음날 지우가 말한다. "오늘은 돈가스를 먹었다고 썼어. 두식이 거 보고 쓴 거 아니야." 하릴없이 돈가스를 사줬다. 지우가 돈가스를 먹으며 말한다. "와, 일기 쓰는 거 참 좋은 거네." 다음날이 되었다. 지우가 일기장을 갖고 와서 말한다. "엄마, 오늘은 서울랜드 가서 솜사탕을 다섯 개나 먹었다고 썼는데 어떡하지?"

우리도 일기장을 하나씩 마련하자. 거기에 "나는 주님을 사랑합니다"라고 쓰자. 그리고 무슨 일이 있어도 그렇게 하자. 살다 보면 좋은 일이 생길 수도 있고 나쁜 일이 생길 수도 있다. 하는 일이 풀릴 수도 있고 꼬일 수도 있다. 때로는 오해를 받을 수도 있고 손해를 볼 수도 있다. 그런 것에 관계없이 일기장에 쓴 대로 하자. 하나님이 우리의 구원을 예정하신 것처럼 우리가 주님을 사랑하는 것 역시 예정된 일이어야 한다. 우리 신앙의 근거는 이 세상이 아니라 오직 주님께 있다.

세상에 속한 것으로 신앙의 가치를 저울질하면 바울의 인생은 답이 안 나온다. 바울은 그리스도인이 될 마음이 없었던 사람이다. 다메섹 도상에서 갑자기 부름받고 그때부터 평생 헌신했다. 그래서 본격적으로 고생문에 들어가게 된다. 갖은 고생 끝에 지금은 옥에 갇혔다.

그런 바울이 에베소교회 교인들에게 낙심하지 말라고 한다. 자칫 신앙을 오해하면 낙심할 수 있기 때문이다. 그런데 상당히 적극적으로 말한다. "예수를 믿다 보면 이런 일도 겪을 수 있다"라고 하는 것이 아니라 "이는 너희의 영광이니라"라고 한다.

우리가 그리스도와 함께 영광을 받기 위해서 그리스도와 함께 고난도 받아야 한다. 현재의 고난은 장차 우리에게 나타날 영광과 비교할 수 없다. 바울이 받는 환난이 나중에 영광으로 돌아온다는 사실은 안다. 그런데 그것이 왜 에베소교회 교인들에게 영광일까? 바울과 에베소교회가 한 몸이기 때문이다. 앞에서 교회가 그리스도의 몸이라고 했다. 또 그리스도로 인해서 유대인과 이방인이 하나가 되었다고 했다. 바울과 에베소교회 교인이 남남이 아니라 같은 몸이다.

"와! 에베소교회 교인들은 좋겠다"라고 할 일이 아니다. 바울이 옥에 갇힌 것은 에베소교회 교인들이 낙심할 수 있는 상황이다. 그 일이 오히려 영광으로 귀결된다면 지금의 상황을 견디는 힘이 될 것이다. 그것으로 끝나면 안 된다. 에베소교회 교인들 역시 자기들의 고난을 통하여 교회의 영광을 기대할 수 있어야 한다. 그래서 이어지는 14-19절에서 에베소교회를 위한 기도를 한다.

성경이 이렇게 두꺼운 이유는 이스라엘이 말귀를 못 알아들었기 때문이다. 이스라엘이 말귀를 못 알아들은 이유는 성경의 요구와 자기들의 기대가 달랐기 때문이다. 하나님이 자기들 입맛에 맞는 말을 하면 못 알아들을 까닭이 없다. 어머니가 아이에게 "그래, TV 다 보고 밥은 천천히 먹어라."라고 하면, 당장 "예"할 것이다. 그런데 빨리 와서 밥 먹으라는 얘기를 하니 못 들은 척 할 수밖에 없다. 성경에 가득한 것은 사람들의 관심사가 아니라 하나님의 관심사다. 읽어도 재미가 없다. 무슨 말인지 머리에 들어오지도 않는다.

부교역자 시절, 예수 믿은 연수만큼 성경 읽기를 강조하곤 했다. 떡국을 먹어야 한 살 더 먹는다고 하는 것처럼 성경을 일독해야 신앙 연수 1년이 지난 것으로 하자는 취지였다. 그런데 한 자매가 나이만큼 성경을 읽으라는 말로 잘못 알아들었다. 그 말이 상당한 부담이었던 모양이다. 나중에 결혼을 했고 애 둘 키우는 아주머니가 된 다음에 뜬금없이 전화가 왔다. "목사님, 칭찬해주세요. 드디어 제 나이만큼 성경 읽었어요! 43독했어요!" 20대 초반에 들은 얘기를 꼬박 20년 걸려서 실천한 것이었다.

그런데 언젠가부터 그 말을 안 하고 있다. 아무도 자극을 받지 않기 때문에 내 눈높이가 낮아진 것이다. 참으로 씁쓸한 노릇이다. 무료하다고 빈둥거리며 핸드폰을 들여다볼망정 성경은 안 읽는다. 어쩌다 잠깐 성경 읽는 것을 엄청난 헌신인 양 착각한다. 왜 이렇게 되었을까? 어디서부터 고쳐야 할까?

우리가 세상을 사는 것은 우리의 관심사 때문이 아니라 하나님의 관심사 때문이다. 그 일을 위해서 가장 먼저 이 세상에 영향받지 말아야 한다. 어차피 예수 믿는 것, 이왕이면 본때 있게 믿자. 우리는 하나님께 나아갈 수 있게 된 사람들이다. 우리가 이 세상에서 겪는 모든 일이 장차 우리의 영광으로 귀결될 것이다. 그 일을 위해서 하나님이 그리스도 예수 안에서 우리를 부르셨다.

3:14-16) 이러므로 내가 하늘과 땅에 있는 각 족속에게 이름을 주신 아버지 앞에 무릎을 꿇고 비노니 그의 영광의 풍성함을 따라 그의 성령으로 말미암아 너희 속사람을 능력으로 강건하게 하시오며

예수님이 성전에서 장사하는 사람들을 내쫓은 적이 있다. 그때 "내 집은 만민이 기도하는 집이다"라고 하셨다. 성전이 기도하는 집이면 우리는 기도하는 사람이다. 무엇을 기도해야 할까?

1960-1970년대 우리나라 기독교가 폭발적으로 성장했다. 그중에서도 여의도순복음교회의 성장이 단연 돋보였다. 당시 조용기 목사가 하나님의 음성을 들었다고 한다. "내가 한국 땅 서울에서 부흥을 일으키겠다." 그 말씀이 조용기 목사에게 감동을 주었다. 조용기 목사는 받은 말씀을 가지고 "이 땅에 성령을 부어주십시오"라고 기도했다. 하나님께서 하신 말씀을 하나님께 올려드린 것이다. 하나님이 기뻐하시는 기도가 그런 기도다. 어머니가 아이에게 공부 열심히 하라고 하고, 아이가 "예, 공부 열심히 할게요."라고 하면 어머니가 기뻐하는 것과 같다. 공부하기 싫은 이유를 구구절절 늘어놓을 필요가 없다.

바울의 기도를 보자. 하늘과 땅에 있는 각 족속에게 이름을 주신 아버지 앞에 무릎을 꿇고 빈다고 했다. 이름은 아무나 줄 수 없다. 반려견 주인이 반려견의 이름을 지어주는 것처럼 하나님이 하늘과 땅의 주인이라는 뜻이다. 바울이 그런 분을 아버지라고 부른다. 아버지가 세상의 주인이니 원하는 것은 무엇이나 구할 수 있다. 그런데 전혀 엉뚱한 것을 구한다. 하나님의 모든 충만하신 것으로 충만하게 해달라고 한다(19절). 그것을 위해서 속사람이 강건하게 되어야 하고(16절), 그리스도께서 우리 마음 안에 계셔야 하고(17절), 그리스도의 사랑을 알아야 한다(18절)고 한다.

까까머리 시절, 당시 남학생의 우상은 단연 이소룡이었다. 하루는 체육 선생님이 말씀했다. "근육 키우고 싶으냐? 이두박근, 삼두박근보다 더 중요한 것이 내장 기관이다. 겉으로 보이는 근육이 문제가 아니고 속에 있는 근육이 문제다." 도무지 납득이 되지 않았다. 심장이나 위, 간은 어차피 자기할 일 알아서 하는데 무엇을 신경 쓸까? 그런 것보다는 배에 왕(王)자가 새겨지는 것이 훨씬 좋을 것 같은데 선생님이 다른 말씀을 했다.

울퉁불퉁한 근육보다 위장이 정상적으로 기능하는 것이 훨씬 중요하다는 사실을 알려면 나이를 먹어야 한다. 10대 때는 절대 모른다. 어쩌면 우리도 바울의 기도를 이해하지 못할 수 있다. 우리가 겉 사람을 중시하는 세상을 살기 때문이다.

그런데 바울은 속사람을 얘기한다. 스펙이 좋아지는 것보다 신앙이 좋아지는 것을 구하고 있다. 신앙이 어느 만큼 좋아져야 할까? 본문의 표현대로하면, 속사람이 어느 만큼 강건하면 될까?

바울이 하나님의 영광의 풍성함을 따라 구한다. 그러면 하나님은 영광의 풍성함에 따라 응답할 것이다. 하나님의 영광이 어느 만큼 풍성한지는 모른다. 하여간 하나님의 영광이 풍성한 만큼 우리 속사람이 강건해지면 된다.

바울이 괜히 속사람을 얘기하는 것이 아니다. 우리는 이 세상에 참 소망이 없는 것을 알고 있다. 이 세상에 참 소망이 있다면 아담, 하와가 에덴동산에서 쫓겨났다고 해서 딱히 문제 될 것이 없다. 그렇다면 예수님이 오실 이유도 없다.

예수님이 오셨다는 얘기는 우리 형편이 그만큼 심각했다는 뜻이다. 그것이 전부가 아니다. 우리 신분이 한꺼번에 바뀌었다는 뜻이기도 하다. 전에는 아무런 소망이 없었는데 이제는 그리스도 안에서 모든 것이 가능해졌다. 우리는 더 이상 세상 조건에 구애받지도 않고 세상에 있는 것을 목표로 삼지도 않는다.

당나라 측천무후 때 누사덕이라는 사람이 있었다. 그의 동생이 대주자사로 임명을 받자, 동생한테 물었다. "우리 형제가 황제의 총애를 받는 것은 참 좋은 일인데 그만큼 남의 시샘도 클 것이다. 시샘을 면하기 위해서 어떻게 처신하면 되겠느냐?" 동생이 답했다. "비록 남이 내 얼굴에 침을 뱉더라도 화를 내지 않고 잠자코 닦기만 하겠습니다." 누사덕이 다시 말했다. "내가 염려하는 것이 그것이다. 만약 어떤 사람이 침을 뱉는다면 크게 화가 났기 때문인데 바로 닦으면 더 화를 낼 것이다. 침은 닦지 않아도 저절로 마르니 그냥 두는 것이 좋다." 이렇게 해서 생긴 말이 타면자건이다.

얼굴에 침 뱉음을 당하는 것은 상당한 수모다. 그래도 황제의 총애만 받으면 얼마든지 견딜 수 있다. 측천무후가 권세를 누린 기간은 고작 46년이다. 그런 황제의 총애를 받는 것도 타면자건할 만큼 귀했던 모양이다. 우리는 어느 만큼 타면자건할 수 있어야 할까?

사람들이 이런 내용을 오해한다. 신앙이 있으면 타면자건할 수 있어야 하는데 오히려 타면자건할 일이 없어야 하는 줄 안다. 누사덕은 황제의 총애를 받는 관리다. 누군가 자기 얼굴에 침을 뱉으면 황제의 총애를 등에 업고 해코지를 할 수도 있다. 그것을 자기가 누리는 권세로 여길 수도 있다. 그러면 타면자건이라는 숙어가 만들어지지 않았을 것이다.

우리의 인생 목표가 하나님께 있을까, 세상에 있을까? 본문에서 바울은 하늘과 땅에 있는 각 족속에게 이름을 주신 아버지 앞에 무릎을 꿇고 빈다고 했다. 우리가 무릎 꿇어야 할 대상이 하나님이다. 그런데 간혹 무릎은 세상에 꿇은 채 하나님께 비는 사람이 있다. 그러면 무엇을 빌까? 아마 겉사람이 화려해지는 것을 빌 것이다.

비클 목사가 자주 한 말이 있다. "성령님은 첫 번째 계명을 다른 자리에 두기를 원하지 않으신다." 하나님을 사랑하라는 계명이 항상 우리 인생의 첫째 자리에 있어야 한다. 예수를 믿는 사람 중에 하나님을 사랑하지 않는 사람은 없다. 그런데 과연 그것이 첫 번째인지 물으면 얘기가 달라진다. 그러면 그 앞에는 어떤 것들이 있을까? 어쩌면 하나님의 도우심으로 그것들을 얻고 싶어 할 수도 있다. 그리고 하나님께 도우심을 구한다는 이유로 자기가 하나님을 사랑하는 줄 착각할 것이다. 자기 마음이 어디 있는지 자기도 모른다.

지난 1998년 프랑스 월드컵 때 우리나라 국가 대표 감독이 차범근이었다. 경기 중에 차범근 감독이 기도하는 모습이 TV 화면에 몇 번 잡혔고 그 얘기가 언론에 오르내렸다. 국가 대표 감독이 기도하는 모습을 보이는 것이 옳지 못하다는 얘기가 더러 있었다. 차범근 감독이 간단하게 답했다. "나는 절실하니까 기도한다."

절실하면 기도하게 되어 있다. 기도하지 않는다는 얘기는 절실하지 않다는 뜻이다. 그러면 사람들이 겉 사람에 대한 문제는 기도하면서 속사람에 대해서는 기도하지 않는 이유도 알 수 있다. 절실하지 않기 때문이다. 바울이 에베소교회 교인들을 위해서 속사람이 강건하게 되기를 기도하는 이유도 마찬가지다. 그것이 절실하기 때문이다. 어떤 문제를 절실하게 여기는지 보면 그 사람이 어떤 사람인지 알 수 있다.

우리의 본향이 이 세상이면 겉 사람에 신경 쓰는 것이 맞다. 그 문제가 가장 절실하다. 하지만 우리의 본향이 하늘이면 속사람에 신경 써야 한다. 하나님께 기도만 하면 그것이 속사람에 신경 쓴다는 증거가 아니다. 혹시 세상에 무릎 꿇은 채 하나님께 기도하는 것은 아닌지 따져봐야 한다. 우리의 무릎이 정말로 하나님께 꿇려 있다면 속사람에 신경 쓰는 것이 맞다. 하나님의 영광이 풍성한 만큼 우리 속사람도 강건하게 될 것이다.

3:17a〉 믿음으로 말미암아 그리스도께서 너희 마음에 계시게 하시옵고

여름성경학교를 마친 다음이다. 아이가 갑자기 밥을 안 먹는다. 어머니가 이유를 묻자, 대답한다.

"예수님이 내 안에 계시잖아요."

"그게 왜?"

"밥 먹으면 예수님이 답답하잖아."

예수님이 우리 안에 계시다는 사실은 교회학교 아이들도 안다. 그런데 바울이 "믿음으로 말미암아 그리스도께서 너희 마음에 계시게 하시옵고"라고 기도한다. 예수님이 이미 계신데 또 계시게 해달라는 것이 무슨 연유일까?

성령님으로 바꿔서 생각해 보자. 성령님이 우리 안에 계신 것을 모르는 사람은 없다. 그런데 우리는 성령님의 임재를 간구한다. 우리 안에 계신 성령님은 어떤 분이고 추가로 임재해야 하는 성령님은 어떤 분일까?

성령님의 기본 사역은 예수님을 알게 하는 것이다. 2,000년 전에 죽은 예수님과 우리가 무슨 상관이 있을까? 이것은 설명을 들어서 이해할 수 있는 문제가 아니다. 성령님이 계시지 않은 사람은 상관없게 느껴지고 성령님이 계신 사람은 상관있게 느껴진다. 예수님이 믿어지는 것이 성령님이 우리 안에 계신 증거다.

그것이 전부가 아니다. 우리는 더욱 성령님의 인도를 받아야 한다. 이 세상 욕심에 이끌리는 것이 아니라 성령님께 이끌려야 한다. 그래서 성령님의 임재를 갈망한다.

전화벨이 울린다. "여보세요" 하고 받았더니 아버지 친구 분이 "아버지 집에 계시냐?"라고 묻는다. 또 전화가 왔다. 이번에는 그 집 아들이다. "혹시 우리 아버지 너희 집에 계서?"

이런 경우에 우리말로는 둘 다 '계시다'인데 헬라어로는 다르다. "아버지 집에 계시냐?"라고 할 때는 '카토이케오'를 쓰고, "우리 아버지 너희 집에 계서?"라고 할 때는 '파로이케오'를 쓴다. 카토이케오는 주인으로 있는 경우이고 파로이케오는 손님으로 있는 경우이다. 본문에는 카토이케오가 쓰였다.

삭개오가 예수님을 집으로 영접했다. 삭개오한테 예수님이 손님일까, 주인일까? 예수님이 우리 안에 파로이케오하면 안 된다. 카토이케오해야 한다. 손님은 할 수 있는 것이 없다. 앉으라는 곳에 앉고 권하는 것을 먹으면 그만이다. 손님이 자기 의사를 나타내는 말은 고작해야 "커피 말고 녹차 주세요"뿐이다. 벽에 걸린 액자 하나라도 위치를 바꾸려면 주인이어야 한다.

앞에서 속사람이 강건해져야 한다는 내용을 확인했다. 그 이유가 여기에 있다. 속사람이 강건해지지 않으면 그리스도를 주인으로 모실 수 없다. 어떤 일을 하려면 그만한 실력이 있어야 하는데 그리스도를 주인으로 모실 수 있는 실력이 바로 '강건한 속사람'이다.

조선시대에 궁녀가 되려면 숫처녀여야 했다. 조상 중에 죄인이나 역병을 앓은 사람이 없어야 했다. 첫 번째 부인의 딸이어야 했고, 근친 중에 결혼을 두 번 한 사람이 없어야 했다.

조선 역사에서 왕을 모신 궁녀가 몇 명이나 될까? 어쨌든 가능성이 있다는 이유로 그렇게 까다로웠다. 어쩌면 우리는 그리스도가 우리 주인이라는 얘기를 너무 무성의하게 하는 것인지 모른다. 정말로 그리스도를 주인으로 모실 마음이 있는지 따져봐야 한다.

미션스쿨 나왔다면서 기독교를 아는 것처럼 말하는 사람을 본 적 없는가? 학생 때 교회 다녔다는 이유로 교회에 대해서 아는 것처럼 말하는 사람은 어떤가? 혹시 그 사람들과 우리가 오십보백보는 아닐까? 우리가 보기에 그들은 아는 것도 없으면서 스스로 안다고 착각하는 사람들이다. 천상에서 보기에는 우리 역시 그런 사람일 수 있다.

우리는 크리스천이다. 예수님을 우리 인생의 주인으로 인정한다. 그것이 전부가 아니다. 실제로 그렇게 살아야 한다. 가슴 뭉클한 감동으로 "부름 받아 나선 이 몸 어디든지 가오리다" 하고 찬송을 부르는 것과 그런 인생을 사는 것은 별개의 문제다. 정말로 존귀 영광 모든 권세는 주님께 바치고 자기는 멸시 천대 십자가를 지고 갈 수 있어야 한다.

이런 것은 결심으로 안 된다. 반복적으로 훈련해서 몸에 익혀야 한다. 본래 우리한테 없는 것을 우리 것으로 만들어야 하기 때문이다. 그 훈련을 위한 기초체력이 '강건한 속사람'이다.

먼저 유념해야 할 사실이 있다. 우리가 신령한 것에 감각이 없다는 사실이다. 좋은 집, 좋은 차에 대한 욕구는 있어도 좋은 신앙에 대한 욕구는 없다. 돈이 모자란 것에는 불편을 느껴도 속사람이 강건하지 못한 것에는 불편을 못 느낀다. 그리스도를 닮아가려는 노력은 하지 않고 생각 없이 세상을 닮아간다. 그런데 성경은 그리스도가 우리 마음 안에 주인으로 계셔야 한다고 한다. 그러니 별 도리가 없다. 신앙 원칙을 외운 다음에 그걸 지키는 것부터 해야 한다. 꾸준히 반복해서 몸에 배면 그게 실력이다. 자기 안에서 거룩한 욕구가 생겨나기를 기다려서는 평생 예수를 못 믿는다. 먼저 원칙을 정해서 그대로 지켜야 한다.

우선 쉬운 것부터 하자. 오천만 민족을 그리스도께 돌리고, 지하 5층에 지상 20층의 선교 센터를 건립하고, 세계 200개 나라에 선교사를 파송하는 일은 나중에 해도 된다. "주일 예배는 절대 안 빼먹는다", "소득의 1/10은 하나님께 드린다", "매일 시간을 정해서 기도하고 성경 읽는다"가 시작이다. 그것부터 시작해서 "주님이 싫어하는 일은 절대 안 한다", "주님이 기뻐하시는 일은 꼭 한다"를 연습해야 한다. 혹시 자기 삶 가운데 아무리 주님 뜻이라고 해도 자기 뜻대로 하고 싶은 것이 없는지 늘 살펴야 한다.

3:17b-18〉 너희가 사랑 가운데서 뿌리가 박히고 터가 굳어져서 능히 모든 성도와 함께 지식에 넘치는 그리스도의 사랑을 알고

한동안 114에서 "사랑합니다. 고객님!"이라고 전화를 받았다. 상대방이 누군지 모르는 상태에서도 사랑이 가능한 모양이다. 본문이 말하는 사랑은 그런 사랑이 아니다. 앞에서 속사람이 강건해져야 한다고 했다. 또 그리스도가 우리 안에 계셔야 한다고 했다. 속사람이 강건해져야 그리스도를 모실 수 있다. 그런 내용이 본문으로 이어진다. 우리 속사람이 강건해져서 그리스도를 모신 다음에 나오는 사랑 가운데서 뿌리가 박히고 터가 굳어져야 한다.

한 집에 살려면 해결해야 할 문제가 한둘이 아니다. 한 사람은 밤 10시에 자서 새벽 4시에 일어나는데 다른 사람은 새벽 4시에 자서 정오에 일어나면 같이 살기 힘들다. 무엇보다 마음이 맞아야 한다. 이런 내용을 사랑으로 얘기한다. 우리가 주님 마음에 동참한 상태를 세상에 있는 단어로 가장 비슷하게 설명한 것이 사랑이다.

유감스럽게도 현실은 그렇지 않다. 예수님이 나를 위해서 십자가에 달린 것은 참으로 감사한 일이다. 하지만 자기가 남을 위해서 십자가에 달리는 일은 생각조차 한 적이 없다. 바울이 고린도교회에 편지하면서 자기가 미쳐도 하나님을 위한 것이고 정신이 온전하여도 고린도교회 교인들을 위한 것이라고 했다. 바울의 모든 관심이 하나님과 이웃에게 있었다. 주변에 그런 사람이 있으면 얼마나 좋을까? 누군가 자기를 위해서 미쳐주는 것은 참 신나는 일이다. 하지만 자기가 다른 사람을 위해서 미치는 것은 "노 땡큐"다. 혹시 그리스도께서 우리 안에 계셔서 우리를 그렇게 만들려고 하면 당장 멈춰달라고 할 것이다. 그런데 성경은 사랑이라는 단어를 써서 그것을 우리가 누릴 수 있는 최고의 기쁨으로 소개한다.

성경을 읽을 때마다 놀라는 사실이 있다. 우리가 생각하는 신앙생활과 성경이 말하는 신앙생활이 다르다는 사실이다. 사람들은 주로 예배 안 빼먹고 십일조를 하면 열심 있는 신자라고 한다. 청년들의 경우에는 술 안 마시면 신앙 좋다고 한다. 혹시 성경에 "십일조를 잊지 말라. 이는 신앙의 완성이니라.", "주변에 술을 마시지 않는 청년이 있느냐? 모두 그 청년을 우러러볼지니라."라는 말씀이라도 있을까? 도무지 사랑 안에서 뿌리가 박히고 터가 굳어지는 모습이 없다. 자기가 아는 한두 가지 종교 행위가 신앙의 전부인 줄 안다.

"이런 것도 죄에요?"라는 질문을 종종 받는다. 그게 왜 궁금할까? 하나님께서 좋아하시는 것을 할 마음이 없기 때문이다. "제가 무엇을 하면 하나님이 기뻐하실까요?"라는 질문은 왜 안 할까? 별로 궁금하지 않기 때문이다. 답을 안다고 해서 그렇게 할 마음도 없다. 그러면 지식에 넘치는 그리스도의 사랑을 알 수 없게 된다. 예수님을 사랑하는 마음이 없으니 예수님이 우리를 얼마나 사랑하시는지 알 재간도 없다.

100m를 10초에 뛰게 하려면 어떻게 하면 될까? 일단 그 사람이 특별하면 된다. 우사인 볼트나 칼 루이스 같은 사람은 얼마든지 가능하다. 그런데 18절에서 "능히 모든 성도와 함께 지식에 넘치는 그리스도의 사랑을 알고"라고 했다. 몇몇 신앙 엘리트만 알면 되는 것이 아니라 모든 성도가 알아야 한다. 하나님이 우리 모두에게 아버지인 것처럼 모두의 신앙 책임이 동등하다. "목사는 원칙대로 신앙생활을 해야 하지만 목사 아닌 사람은 신앙생활을 제대로 할 수 있으면 다행이고 못 하면 별수 없다"라는 얘기는 성경에 없다. 목사가 믿는 예수나 목사 아닌 사람이 믿는 예수나 같은 분이다.

취직을 할 때는 누구나 좋은 회사를 찾는다. 아마 돈 많이 주고 일 적게 시키는 회사가 좋은 회사일 것이다. 한 회사는 연봉이 4,000만 원인데 사원 복지가 미흡하고, 한 회사는 연봉은 3,600만 원인데 사원 복지가 제대로 갖춰졌으면 고민될 것이다. 하지만 한 회사는 연봉이 5,000만 원이고 다른 회사는 3,000만 원이면 고민할 이유가 없다. 만일 신학교 졸업을 앞둔 신학생이 그런 식으로 교회를 찾으면 어떻게 될까? 전부 다 말세라고 통탄할 것이다. 그러면서 같은 모습이 자기에게 있는 것은 정상인 줄 안다. 이런 일이 왜 있느냐 하면, 그리스도의 사랑을 몰라서 그렇다. 그리스도의 사랑을 모르면 세상에 미혹될 수밖에 없다.

특히 히브리 문화에서 지식은 정보의 문제가 아니라 체험의 문제다. 지식을 초월하는 그리스도의 사랑을 알아야 한다는 얘기도 그렇다. 들은풍월로 아는 것은 아는 것이 아니다. 직접 체험해야 한다.

어떤 사람이 국세청장에게 편지를 쓴다. "죄송합니다. 소득세를 속였다는 생각에 잠이 오지 않습니다. 10만 원을 보냅니다. 혹시 계속 잠이 오지 않으면 또 보내겠습니다." 아마 그 사람은 평생 소득세 때문에 눈치를 볼 것이다. 어느 만큼 소득세를 내면 불편하지 않을지 늘 고민할 것이다. 우리가 신앙생활을 그렇게 할 수 있다.

사랑을 하면 설렌다. 생각만 해도 가슴이 두근거린다. 남녀 사이도 그렇고 자식을 보는 부모도 그렇다. 혹시 주님을 생각해도 그런 감정이 느껴지는가? 사랑을 하면 설레는데 우리는 주님을 사랑한다고 하면서도 설레지 않는다. 우리가 주님을 사랑한다고 하는 것은 입에 발린 말인지 모른다. 그러면 우리의 신앙 행위가 최소한의 책임에 머무르게 된다. 자기 마음이 불편하지 않으면 그만이다.

성 프란시스가 숲에서 길을 잃었다. 기진맥진한 상태가 되었는데 어떤 집이 눈에 띄었다. "이 집에서는 날마다 신선한 빵을 구워냅니다"라는 간판이 걸린 집이었다. 그 간판이 얼마나 반가웠을까? 프란시스가 문을 두드리자, 한 여인이 문을 열고 나왔다.

"부탁드립니다. 이 집에서 날마다 굽는 신선한 빵 한 조각만 주십시오."

여인이 난처한 표정으로 말한다.

"미안합니다. 신부님, 우리 집에는 갓 구워낸 빵 따위는 없습니다."

"그럼 이 간판은 뭡니까?"

"우린 그저 '이 집에서는 날마다 신선한 빵을 구워냅니다'라는 간판을 만들 뿐입니다."

빵을 만들지 않으면서도 빵을 만든다는 간판은 만들 수 있는 것처럼 주님을 사랑하지 않으면서도 주님을 사랑한다는 말은 할 수 있다. 그렇게 하는 것으로 스스로 만족할 수도 있다. 문제는 주님이 만족하지 않으신다.

사실 우리는 속사람이 강건하지 않아도 불편한 것을 모른다. 겉 사람이 강건하지 않은 것은 불편해도 속사람이 강건하지 않은 것은 괜찮다. 그리스도께서 우리 마음에 계시지 않는 것도 마찬가지다. 오히려 주님이 우리 안에 늘 계신 것이 불편할 수 있다.

반기문 외교통상부 장관이 유엔 사무총장으로 선출된 직후에 중국을 방문했다. 당시 주중대사가 〈하나님의 대사〉를 쓴 김하중 대사였다. 반기문 장관을 수행하고 온 한 중견 간부가 말했다. "반 장관님이 유엔 사무총장으로 가시면 외교부 장관이 공석이 됩니다. 지금 많은 사람이 대사님을 1순위로 얘기하고 있습니다. 다만 일부에서 대사님이 예수를 지나치게 믿는다고 하니 조금 약하게 믿는 게 좋겠습니다."

김하중 대사가 대사관 직원들을 불러서 말했다. "나는 그 얘기가 나를 생각해서 한 말인 줄 알아요. 이런 내용에 대해서는 내 생각을 밝힐 필요가 있을 것 같아요. 나는 어떤 경우에도 예수를 약하게 믿을 수 없어요. 만일 예수를 세게 믿어서 외교부 장관이 안 된다고 해도 상관없어요. 혹시 사람들이 물어보면 내 생각을 잘 설명해 주세요."

예수를 약하게 믿으면 장관이 될 수 있다고 한 사람의 마음은 충분히 헤아릴 수 있다. 그 사람은 장관 자리가 좋은 것을 아는 사람이다. 김하중 대

사는 다르다. 김하중 대사는 예수 믿는 것이 좋은 것을 아는 사람이다. 세상을 사랑하는 사람은 세상과 더불어 사는 것을 좋아하고 주님을 사랑하는 사람은 주님과 더불어 사는 것을 좋아하게 마련이다.

"예수를 아예 믿지 말라는 것도 아니고 좀 약하게 믿으라는 건데 그게 뭐가 문제인가? 장관도 하고 예수도 믿고, 둘 다 하면 좋지 않은가?"라는 사람이 있다면 사랑 가운데서 뿌리가 박혀서 터가 굳어질 수 없다. 지식을 초월하는 그리스도의 사랑도 알 수 없다. 한두 가지 종교 행위를 하는 것으로 신앙생활을 하고 있는 줄 착각하게 되고, 하나님을 사랑하지도 않으면서 사랑한다고 스스로 속게 된다. 세상이 주는 재미는 알면서 예수 믿는 재미를 모르는 점에서는 불신자와 매일반이다.

3:19〉 그 너비와 길이와 높이와 깊이가 어떠함을 깨달아 하나님의 모든 충만하신 것으로 너희에게 충만하게 하시기를 구하노라

준비운동은 수영할 때만 필요한 것이 아닌 모양이다. 지금까지 나온 내용이 죄다 준비운동에 해당한다. 우리가 왜 속사람이 강건해져야 하고, 그리스도를 마음에 모셔야 하고, 사랑 가운데서 뿌리가 박히고 터가 굳어져야 하고, 지식을 초월하는 그리스도의 사랑을 알아야 하고, 그리스도의 사랑의 너비와 길이와 높이와 깊이를 알아야 하느냐 하면, 하나님의 모든 충만하신 것으로 충만해져야 하기 때문이다. 그것이 우리의 신앙 목표다.

교회는 그의 몸이니 만물 안에서 만물을 충만하게 하시는 이의 충만함이니라(엡 1:23)

교회는 그리스도의 몸이다. 또 만물 안에서 만물을 충만하게 하시는 이의 충만함이다. 만물 안에서 만물을 충만하게 하시는 이는 예수님이다. 즉 교회는 예수님의 충만함이다.

이 얘기가 말이 될까? 예수님은 홀로 충만하신 분이다. 그런데도 굳이 우리를 예수님의 충만함이라고 한다. 예수님은 우리가 없으면 충만해지지 않기로 작정하셨다.

바울이 하나님의 모든 충만하신 것으로 우리가 충만하게 되기를 구하는 이유가 여기에 있다. 그것이 하나님의 뜻이기 때문이다. 우리의 신앙 목표는 예수 믿고 천국 가는 것이 아니다. 하나님의 충만으로 충만해지는 것이다. 우리가 충만해지지 않으면 하나님의 뜻이 이루어지지 않는다.

세상 사람들은 신앙을 도덕성으로 가늠한다. 하나님은 우리가 하나님의 충만하심으로 얼마나 충만하게 되었는지로 가늠하신다. 세상 사람과 하나님의 시선이 다른 것은 당연하다. 그들은 신앙이 무엇인지 모른다. 우리는 어떤가? "그거야 성경에 나온 말이지, 실제로야 어디 그래?"라고 하면서, 자기에게 익숙한 한두 가지 종교 행위로 신앙을 가늠하려 든다면 우리 역시 함량 미달이다. 신앙이 무엇인지 모르는 사람이나 성경이 말하는 신앙을 귀담아듣지 않는 사람이나 도긴개긴이다.

지식에 넘치는 그리스도의 사랑을 알아야 한다는 18절에는 아무 생각 없이 동의할 수 있다. 그런데 이어서 "그 너비와 길이와 높이와 깊이가 어떠함을 깨달아야 한다"라는 말이 나오면 "어? 그럼 내가 아는 게 전부가 아닌가?"라는 생각을 하게 될 것이다. 우리를 향한 그리스도의 사랑의 규모는 고개 한 번 끄덕이는 것으로 납득할 수 있는 정도가 아니다.

사랑을 하면 헤어져 있는 시간 자체가 고통이다. 커플 사이에 주고받는 '닭살 멘트' 중에 "같이 있는데도 보고 싶다"라는 말이 있다. 사랑을 하면 그렇게 된다. 한순간도 떨어져 있는 것을 못 참는다. 그 얘기를 '주님 버전'으로 바꾸면 "성령 충만을 받으라"이다. 주님은 우리가 가까스로 구원만 얻는 것에 만족하지 않으신다. 우리의 일거수일투족이 철저하게 주님과 동행하기를 원하신다. 주님과 우리 사이에 간격이 있으면 그것을 고통으로 느끼신다.

사람은 본래 하나님의 형상대로 창조되었다. 그렇다고 해서 하나님의 외양이 우리처럼 생겼을 수는 없다. 이때의 형상은 외적인 형태가 아니라 내적인 본성을 말한다. 원죄 때문에 그것이 일그러졌다. 하나님과 사람의 교제가 단절되었다. 그것을 보여주는 것이 성소와 지성소 사이의 휘장이다. 하나님 스스로 얼굴을 가린 것이다. 주님이 십자가에 달려 돌아가실 때 그 휘장이 찢어졌다. 하나님과 사람의 교제가 회복되었음을 말한다.

그것이 전부일 수 없다. 서로 외면하고 지내다가 인사를 나누는 것이 아무리 획기적인 변화라고 해도 '절친'이 되려면 아직 멀었다. 하나님과 우리는 옆에 있어도 생각나고 같이 있어도 보고 싶은 사이라야 한다. 그런 내용을 "하나님의 모든 충만하신 것으로 너희에게 충만하게 하시기를 구하노라"라고 한다.

하나님의 모든 충만하신 것이 어떤 것일까? 예를 들려면 한이 없다. 하나님은 사랑이 충만하신 분이다. 은혜가 충만하신 분이고 평강이 충만하신 분이고 진리가 충만하신 분이고 공의가 충만하신 분이고 생명이 충만하신 분이다. 지혜와 명철이 충만하신 분이고 인자와 자비와 긍휼이 충만하신 분이다. 그처럼 하나님의 모든 속성으로 우리가 충만하게 되기를 바란다는 것이다. 알기 쉬운 말로, 우리가 하나님처럼 되면 된다. 우리와 하나님 사이에 아무런 구별이 없어야 한다.

니코스 카잔차키스가 쓴 〈성자 프란체스코〉에 나오는 우화 한 토막을 소개한다.

평생을 바쳐 완전함에 도달하고자 애쓴 수도자가 있다. 그렇게 지내는 중에 죽음의 날이 다가왔다. 하늘로 올라가 천국 문을 두드린다. 안에서 "거기 누구요?"라고 묻자, 수도자가 "접니다"라고 대답했다. 다시 목소리가 들린다. "여기는 둘이 있을 자리가 없습니다. 돌아가세요." 수도자는 다시 세상에 돌아왔고 청빈, 단식, 기도 등으로 더욱 자신을 채찍질했다. 다시 운명의 시간이 왔다. 또 하늘에 올라가 천국 문을 두드린다. "거기 누구요?" 똑같은 목소리가 들렸다. "접니다." 수도자가 대답했다. 다시 목소리가 들린다. "여기는 둘이 있을 자리가 없습니다. 그냥 돌아가세요." 수도자는 다시 세상으로 돌아가야 했다. 전보다 더욱 치열하게 고행의 삶을 살았다. 백살 노인이 되어 죽은 그가 또 천국 문을 두드린다. "거기 누구요?" 이번에도 똑같은 목소리가 들린다. 수도자가 황급히 대답한다. "당신입니다. 주님,

당신이에요! 바로 당신입니다." 그 얘기에 문이 열렸고 이번에는 천국에 들어갈 수 있었다.

구원의 진수를 잘 설명한 우화다. 주님이 우리처럼 되신 이유는 우리를 주님처럼 만들기 위해서다. 주님은 우리가 주님처럼 되기 전에는 절대 만족하지 않으신다. 예수를 믿는 사람의 책임은 하나님의 모든 충만하심으로 충만해지는 것이다. 그렇게 되기 위해서 먼저 지식을 초월하는 그리스도의 사랑을 알아야 한다. 그리스도의 사랑의 너비와 길이와 높이와 깊이가 어떠함을 깨달아야 한다.

여기에 문제가 있다. 성경이 우리에게 알리고자 하는 사랑과 우리가 기대하는 사랑이 다르다. 성경은 하나님이 우리를 어떻게 사랑하시는지 자상하게 설명한다. 이스라엘이 애굽의 노예가 되었을 때 홍해를 갈라서 그들을 구원하셨다. 이스라엘의 거듭되는 반역 속에서도 다윗 왕조를 보존하셨고, 결국 그 혈통을 통해서 그리스도를 보내셨다. 그런데 우리는 이런 문제에 관심이 없다. 하나님이 나를 사랑하신다면서 왜 빨리 기도를 안 들어주시는지가 불만이다.

내가 쓴 책 〈이스라엘사사실록〉에서 우리가 하나님처럼 되는 두 가지 방법을 소개했다. 하나는 선악과를 먹는 방법이고 다른 하나는 하나님께 철저하게 순종하는 방법이다. 선악과를 먹으면 하나님처럼 된다는 얘기는 스스로 하나님 행세를 하게 된다는 뜻이다. 자기 인생을 자기가 알아서 살겠다는데 그 고집을 무슨 수로 말릴까? 혼자 하나님 노릇하다가 죽으면 그만이다.

하나님께 철저히 순종하는 것은 그렇지 않다. 본질적인 차이를 극복할 수 있는 유일한 방법이 순종이다. 우리가 하나님께 철저하게 순종하면 우리한 테서 하나님 수준이 나올 것이다. 자기 뜻을 조금도 내세우지 않고 매사에 하나님 뜻대로 하면, 우리와 하나님 사이에 아무런 간격이 없게 된다. 우리가 행하는 것마다 다 하나님의 뜻이면 말 그대로 우리가 하나님처럼 되는 것이다.

한 가지 방법이 더 있다. 하나님이 우리를 사랑하는 것처럼 우리도 하나님을 사랑하는 것이다. 옆에 있어도 보고 싶고 같이 있어도 생각날 만큼 하나님을 사랑하면 하나님의 모든 충만하신 것으로 우리도 충만할 수 있다. 하나님의 성품을 그대로 본받을 수 있고 하나님의 속성을 그대로 나타낼 수 있다.

그 일을 위해서 먼저 속사람이 강건해져야 하고, 그리스도를 우리 마음에 모셔야 하고, 사랑 가운데서 뿌리가 박히고 터가 굳어져야 하고, 지식에 넘치는 그리스도의 사랑을 알아야 한다. 그리스도의 사랑의 너비와 길이와 높이와 깊이를 깨달아야 한다.

3:20-21〉우리 가운데서 역사하시는 능력대로 우리가 구하거나 생각하는 모든 것에 더 넘치도록 능히 하실 이에게 교회 안에서와 그리스도 예수 안에서 영광이 대대로 영원무궁하기를 원하노라 아멘

14-19절에서 바울이 기도한 내용은 상당히 거창했다. 에베소교회 교인들

중에 하나님의 모든 충만하신 것으로 충만하게 되기를 구한 사람이 있을까? 바울이 그런 것을 구했다. 이런 차이가 있는 이유가 무엇일까?

　중국집에서 먹고 싶은 것을 마음대로 시키라고 하면 불도장이나 전가복처럼 이름은 알지만 평소에 먹어보지 못한 것을 시킬 수 있다. 초등학교 1학년 꼬마는 다르다. 무조건 짜장면이다.

　사람들이 구하는 것은 주로 자기 문제 아니면 집안 문제다. 그런데 바울은 남들이 다 짜장면 시키는데 혼자 전가복을 시키는 격이다. 그렇게 할 수 있는 이유는 하나님을 알기 때문이다. 바울이 아는 하나님은 우리 가운데서 역사하시는 능력대로 우리가 구하거나 생각하는 모든 것에 더 넘치도록 능히 하시는 분이다. 그러니 우리가 하나님의 모든 충만하심으로 충만하게 되는 일도 가능하다.

　잠깐 따져야 할 사실이 있다. 바울의 기도 내용은 하나님의 모든 충만하신 것으로 우리가 충만하게 되는 것이다. 그 기도를 들으시는 하나님은 우리가 구하거나 생각하는 것에 더 넘치도록 능히 하시는 분이다. 그러면 우리가 하나님의 모든 충만하신 것으로 충만하게 해달라고 열심히 기도하면 충만하게 되는 것일까, 우리로 하여금 그렇게 되게 하려고 기도를 하게 하는 것일까?

　우리가 하나님을 예배하고 싶어 할까, 하나님이 우리 예배를 받고 싶어 하실까? 성령 충만으로 바꿔서 생각해 보자. 성령 충만 받으려면 어떻게 해야 할까? 열심히 하나님께 떼를 써야 하는 것이 아니다. 오히려 하나님의 간절한 소원이다. 우리가 다른 데 마음이 팔려서 성령님이 거하실 공간을 내드리지 않는 것이 문제다.

안디옥의 감독 이그나티우스는 트라야누스 황제 때 순교했다. 당시 로마에 대한 교회의 조언은 도피하지도 말고 자극하지도 말라는 것이었다. 그런데 이그나티우스는 빨리 주님께 가고 싶어서 순교를 자청했다. 혹시 맹수들이 주리지 않아서 가만히 있으면 자기가 재촉할 것이라고 했다. 그런 이그나티우스가 한 말이 있다. "그리스도가 아닌 그 무엇에도 마음을 빼앗기지 말라."

요즘은 그리스도 빼고 모든 것에 마음을 빼앗긴다. 우리를 향한 하나님의 뜻에는 관심이 없고 자기가 이루고 싶은 계획에만 관심이 있다. 이미 다른 것에 마음을 빼앗겼으니 하나님의 능력이 우리 가운데서 역사하고 있어도 알아차리지 못한다.

누군가 "다른 것은 아무것도 필요 없습니다. 이 문제만 해결해주시면 제가 앞으로…"라는 기도를 한다. 그런 기도가 가능한 이유가 어디에 있을까? 그 문제가 그만큼 절실해서가 아니다. 하나님이 어떤 분인지 몰라서 그렇다.

대입 수험생의 경우를 보자. "다른 것은 아무것도 필요 없습니다. 합격만 시켜주십시오."라고 기도할 수 있다. 마치 자기 인생이 그 문제에 걸린 것 같다. 그런데 정말 그럴까? 수험생이면 고작해야 스무 살 안팎이다. 그 나이에 인생을 알면 얼마나 알까?

다른 것은 아무것도 필요 없다는 말을 확인해 보자. '아무것'에 포함되는 목록이 어떤 것일까? 스무 살짜리 생각에는 별다른 것이 없을 수 있다. 하지만 삼십 대 후반까지 확장하면 졸업 문제, 취직 문제, 혼인 문제, 집 장만,

자녀 양육 등 꼽을 수 있는 것이 수두룩하다. "하나님, 대학에 합격만 시켜 주십시오. 졸업을 못해도 좋고 취직을 못해도 좋고 혼인을 못해도 좋습니다. 대학에 합격만 하면 아무 소원이 없습니다."라고 하는 것이 말이 될까? 그러면 우리를 향한 하나님의 모든 약속은 어떻게 될까?

이런 얘기는 별로 설득력이 없다. 어차피 자기 소원과 하나님의 약속을 비교해서 자기 소원을 택한 것이 아니다. 무식하면 용감하다는 말처럼 하나님의 약속에 대해서 무지한 탓이다. 아예 관심이 없다.

출애굽한 이스라엘을 보자. 홍해를 건넜으니 그들이 있는 곳은 더 이상 애굽이 아니다. 하지만 생각은 애굽에 있을 때 그대로였다. 가나안을 소망하는 사람이 아무도 없었다. 하나님이 우리가 구하거나 생각하는 모든 것에 더 넘치도록 능히 하시는 분인 것이 참으로 다행이다. 그렇지 않았으면 이스라엘은 광야에서 만나나 먹고 반석에서 나온 물이나 마시다 죽었을 것이다. 가나안에 들어가서 하나님의 승리를 선포하는 기쁨은 평생 누리지 못했을 것이다.

본문은 '아멘'으로 끝난다. 얼핏 생각하면 아멘이 19절에 있어도 될 것 같다. "…하나님의 모든 충만하신 것으로 너희에게 충만하게 하시기를 구하노라 아멘"이라고 해도 전혀 어색하지 않다. 바울 생각은 다르다. "우리 가운데서 역사하시는 능력대로 우리가 구하거나 생각하는 모든 것에 더 넘치도록 능히 하실 이, 즉 하나님에게 교회 안에서와 그리스도 예수 안에서 영광이 대대로 영원무궁하기를 원하노라" 다음에 '아멘'을 말한다.

우리가 하나님의 모든 충만하신 것으로 충만하게 되는 것은 참으로 놀라운 일이다. 아무리 그래도 그것으로 끝나면 안 된다. 우리를 그렇게 만드시는 하나님이 영광을 받으셔야 한다. 그것이 우리의 간절한 소원이다. 거기에 우리의 '아멘'이 있다.

어떤 청년이 상담을 요청한 적이 있다. 지금 교제 중인 상대가 하나님이 정하신 짝인지 확인하고 싶다는 것이었다. 내가 물었다.

"왜 결혼하려고?"

"예?"

"결혼해서 뭐 할 건데?"

"다 하는 거 아닌가요?"

"사람의 제일 된 목적이 뭔지 알지?"

"하나님께 영광 돌리는 거죠."

"네가 결혼하면 하나님이 영광받으실까?"

"그런 것도 따지나요? 결혼은 그냥 잘살면 되죠."

"사람의 목적이 하나님의 영광이면 결혼의 목적도 하나님의 영광이라야지."

"……"

"질문이 잘못 되었다. 누구와 결혼하는 것이 하나님 뜻인지, 누구와 결혼해야 잘살 수 있는지 묻지 말고 결혼해서 어떻게 하나님께 영광 돌릴 수 있는지 물어라."

"그렇게 결혼하는 사람이 어디 있어요? 결혼은 그냥 하고, 하나님께 잘살게 해달라고 기도하면 되는 거 아닌가요?"

"그럼 하나님은 언제 영광받으시는데?"

"……"

"네가 하나님의 영광에 관심 없으면 하나님도 네 결혼에 관심 없을 거다. 생각 잘해보고 결혼하든지 말든지 해라. 행복한 가정을 꾸리고 싶은지, 거룩한 가정을 꾸리고 싶은지 생각 잘해보라는 얘기다."

비단 혼인에 국한하는 얘기가 아니다. 우리는 살아도 주를 위하여 살고 죽어도 주를 위하여 죽는 사람들이다. 사나 죽으나 우리는 주의 것이다. 무엇을 하든지 하나님의 영광을 기준으로 생각해야 한다. 하나님의 영광과 관계없는 일이라면 아무 의미도 없다. 하나님의 영광이 곧 우리 삶의 근거이고 목적이다.

우리는 본문을 진지하게 묵상할 필요가 있다. "우리 가운데서 역사하시는 능력대로 우리가 구하거나 생각하는 모든 것에 더 넘치도록 능히 하실 이에게 교회 안에서와 그리스도 예수 안에서 영광이 대대로 영원무궁하기를 원하노라 아멘"이라고 했다. 우리 생각대로 움직이는 하나님이 영광받으시기를 원하는 것이 아니다. 우리 생각을 초월하는 하나님이 영광받으시는 것에 대해서 '아멘'해야 한다. 그렇게 하려면 우리 뜻이 이루어지는 것보다 하나님의 뜻이 이루어지는 것을 더 기뻐해야 한다. 우리의 궁극적인 관심이 하나님께 있어야 한다.

우리 신앙에 왜 힘이 없느냐 하면 하나님의 영광에 관심이 없기 때문이다. 모든 관심이 자기한테 있다. 하나님 영광은 나중 문제다. 그렇게 예수를 믿으면 평생 믿어도 진도가 안 나간다. 예수를 믿으려는 것인지, 예수를 이용하려는 것인지 분간이 안 되기 때문이다.

우리가 예수를 믿는다면 마땅히 하나님의 영광에 관심이 있어야 한다. 아니, 하나님의 영광에만 관심이 있어야 한다. 우리가 '아멘'을 말할 수 있는 일은 하나님께서 영광받으시는 일뿐이다. 하나님의 영광이 영원무궁하기를 바라는 것이 우리 모두의 공통된 소망이다.

4장 우리가 받은 선물

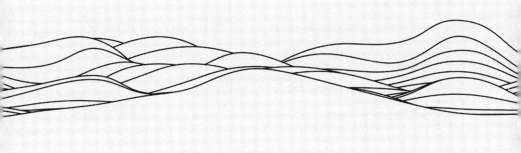

4:1) 그러므로 주 안에서 갇힌 내가 너희를 권하노니 너희가 부르심을 받은 일에 합당하게 행하여

에베소서는 크게 두 부분으로 나눌 수 있다. 1-3장과 4-6장이다. 1-3장에서는 우리가 어떤 구원을 얻었는지 설명하고 4-6장에서는 앞으로 어떻게 살아야 하는지 설명한다. 본문의 '그러므로'는 1-3장과 4-6장을 연결하는 '그러므로'다.

하나님이 하늘에 속한 모든 신령한 복을 주시려고 창세전에 우리를 택하셨다. 하나님은 본질상 진노의 자녀였던 우리를 그리스도 예수 안에서 함께 하늘에 앉히시기 원하신다. 그래서 우리가 무엇을 해야 하느냐 하면, 부르심을 받은 일에 합당하게 행해야 한다.

친구 따라 호기심으로 점을 본 여대생이 있다. 점쟁이가 40대에 대통령 부인이 될 신수라고 했다. 그 얘기에 그 여대생이 확 달라졌다. 행동거지는 물론이고 말 한마디, 한마디를 신경 썼다. 나중에 신앙을 갖게 되었고 혼인도 했다. 점쟁이 얘기에 대한 미련도 정리했다. 그러면서 대통령 부인이 된다는 점쟁이의 말에도 몸가짐을 조심하는데 장차 그리스도의 신부가 되기 위해서는 얼마나 조심해야 하느냐고 했다.

우리는 하나님께 부름받은 사람들이다. 하나님께서 우리를 부르셨다는 사실이 우리 신앙의 출발점이다. 우리가 먼저 하나님을 찾은 것이 아니다. 하나님께서 목적을 세우시고 우리를 부르셨다.

초등학교 6학년 때 집에서 기르던 개가 새끼 세 마리를 낳았다. 학교에 갔다 오면 강아지들과 노는 것이 일과였다. 그런데 강아지들이 갑자기 시름시름 앓았다. 가축병원에 데리고 가니 홍역이라고 했다. 지극 정성으로 돌봤지만 나아지는 기미가 없었다. 그때 얼마나 간절히 기도했는지 모른다.

한 마리가 죽었다. 그 한 마리 때문에 울기도 했지만 마냥 울 수는 없었다. 남은 두 마리를 위해서 더욱 열심히 기도했다. 그런데 또 한 마리가 죽었다. 그래도 포기하지 않고 기도했다. 행여 기도를 쉬었다가 마지막 한 마리마저 죽을까 싶어서 말 그대로 쉬지 않고 기도했다. 그런데 죽고 말았다. 얼마나 충격을 받았는지 모른다. 그때부터 교회에 발을 끊었다. 중학교를 졸업할 무렵에야 다시 교회에 나갔다.

그 사건이 나한테는 상당히 큰 상처였다. 그렇게 간절히 빌었는데 안 들어주는 법이 어디 있단 말인가? 이런 미숙함이 제법 오래 간다. 하나님이 자기 기도를 안 들어줬다며 불평하는 사람을 종종 볼 수 있다. 그러면서 자기가 하나님 뜻에 어긋난 삶을 사는 것은 자책하지 않는다.

동등한 사이라도 일방적으로 요구만 하지는 않는다. 하물며 하나님과 우리는 동등한 사이가 아니다. 우리는 하나님께 호출받은 사람들이다. 성경의 모든 기록이 하나님께서 친히 계획을 세우셔서 우리를 부르신 내용이다.

이런 사실을 안다면 자기 계획을 하나님께 통보하는 것은 고려해봐야 한다. 기도는 "이 문제를 이렇게 해결해 주십시오"라고 떼를 쓰는 것이 아니라 "제가 무엇을 해야 합니까?" 하고 아뢰는 것이어야 한다. 탕자의 비유도 give me로 시작해서 make me로 끝난다. 자기가 필요한 것을 하나님께 받아내는 것은 중요하지 않다. 하나님께서 원하시는 삶을 살아내는 것이 중요하다.

에베소서는 바울이 로마 감옥에서 쓴 편지다. 그런데 바울은 로마 감옥에 갇혔다고 하지 않고 주 안에서 갇혔다고 한다. 바울한테는 감옥이라는 환경보다 주님과의 관계가 더 영향을 미쳤다.

이인직이 1906년에 발표한 〈혈의 누〉가 우리나라 최초의 신소설이다. 청일전쟁의 아픔이 남아 있던 시절이 배경이다. 시작하자마자 한 여인이 어떤 남자에게 봉변당할 뻔했는데 일본군이 구해준다는 내용이 나온다. 여주인공 옥련의 어머니다. 옥련은 피난길에 부모와 헤어지고 폭탄의 파편으로 부상을 입지만 일본군 군의관이 치료해주고 양녀로 맞아서 키워준다.

제목부터 수상하다. 우리말로 하면 피눈물이고 한자로 표기하면 혈루(血淚)다. 〈혈의 누〉는 일본식 문법(血の淚)에 따른 것이다.

이인직이 우리나라 역사에서 합방은 늘 있었던 일이라는 망발을 했다. 신라가 고려에게 합방되었고 고려가 조선에게 합방되었으니 조선이 일본에게 합방되는 것이 무슨 문제냐는 것이다.

바울은 주 안에 갇혀서 감옥에 갇힌 것도 신경 쓰지 않았다고 하면 굉장히 우러러보인다. 이인직은 세상 욕심에 사로잡혀서 나라가 망하는 것에도 신경 쓰지 않았다고 하면 무척 한심한 인간으로 보인다. 바울과 이인직은 극단에 치우친 사람이고 우리는 어느 쪽에도 해당 사항 없는 평범한 사람일까?

본문은 "그러므로 주 안에서 갇힌 내가 너희를 권하노니…"로 시작한다. 바울이 권하는 내용은 부르심을 받은 일에 합당하게 행하라는 것이다. 먼저 생각할 것이 있다. "바울은 주 안에서 갇혔다고 한다. 나 역시 그런가?"라는 사실이다. 어쩌면 바울이 "나는 주 안에서 갇혔다. 너희는 어디에서 갇혔느냐?"를 묻는 것일 수 있다.

사람들이 이상한 착각을 한다. 바울처럼 주 안에서 갇혀 살지는 못하지만 세상에서 갇힌 것도 아니라는 착각이다. 신앙에 중립이 있을까? 주 안에서 갇힌 사람이 아니면 세상에서 갇힌 사람이다. 양자택일을 해야 한다.

우리는 자본주의 세상을 살고 있다. 세상에서는 뭐든지 돈으로 따진다. 돈이 많으면 잘산다고 하고 돈이 없으면 못산다고 한다. 잘살고 못사는 기준이 돈이다. 이런 세상을 살면서 돈에 갇히지 않은 사람이 얼마나 될까?

고개를 끄덕이면 안 된다. "무슨 소리야? 그거야 예수 안 믿는 사람들 얘기지." 하고, 이해 안 되는 표정을 지어야 한다. 적어도 우리는 돈 많이 버는 남자를 좋은 신랑감이라고 하고, 기사 딸린 고급 승용차를 타는 사람을 성공한 사람이라고 하면 안 된다.

아우구스티누스가 젊은 시절에 라틴어 문법을 가르친 적이 있다. 나중에 자기가 한때 문법은 엄격하게 지키면서도 하나님의 법은 대수롭지 않게 여겼다고 참회한다. 말을 빼어나게 하는 것이 문제가 아니다. 하나님의 법을 지켜야 한다. 세상에서 인정받는 것이 문제가 아니라 하나님께 인정받아야 한다.

신앙생활을 성실하게 할 것을 권면했을 때 돌아오는 반응 중에 가장 답답한 반응이 "목사님은 목사님이니까 그렇게 말씀하시지만 현실은 안 그렇잖아요?"라는 반응이다. 그 얘기를 본문에 적용하면 "바울은 주 안에서 갇힌 사람이니까 그렇게 말하지만 꼭 그렇게 해야 하는 것은 아니지 않습니까?"가 될 것이다. 그런 말을 하는 사람은 어디에 갇혔을까?

한때 로마가 세계를 호령했던 적이 있다. 그 시절 로마 군대의 좌우명이 "훌륭한 병사는 적보다 상관을 더 두려워해야 한다"였다. 적을 두려워하면 전쟁을 못한다. 상관을 두려워해야 한다.

세상에서 갇히지 않고 주 안에서 갇히는 비결이 그렇다. 세상보다 주님을 더 두려워하면 된다. 부르심을 받은 일에 합당하게 행하는 것은 아무나 할 수 있는 일이 아니다. 주님이 세상보다 더 크다는 사실을 알아야 가능하다. 세상이 뭐라고 하거나 말거나 주님께 잘 보이는 일에만 관심이 있어야 한다.

첨언하면 '합당하다'에 해당하는 '악시오스'가 본래 상거래 용어였다. 당시 상인들이 양팔저울이 수평을 이루면 악시오스라고 했다. 우리를 부르신 하나님의 부르심과 그에 대한 우리의 반응을 저울 위에 올려놓았을 때 수평을 이뤄야 부르심을 받은 일에 합당하게 된다. 우리로서는 차마 엄두를 못 낼 일이다. 그래서 2-3절에서 그 방법을 공개한다.

4:2-3〉 모든 겸손과 온유로 하고 오래 참음으로 사랑 가운데서 서로 용납하고 평안의 매는 줄로 성령이 하나 되게 하신 것을 힘써 지키라

짝사랑에는 세 가지 좋은 점이 있다. 시간이 들지 않고 돈이 들지 않고 상대방을 마음대로 선택할 수 있다. 그렇다고 해서 짝사랑에 매력을 느낄 사람은 없다. 무릇 사랑은 되돌려져야 하는 법이다. 자기가 기울인 사랑에 합당한 반응이 상대방한테서 나와야 비로소 사랑이 완성된다.

하나님도 그렇다. 하나님이 우리를 사랑하시는 분량만큼 우리가 하나님을 사랑하기 전에는 하나님은 절대 만족하지 않으신다. 하나님의 관심이 우리한테 고정된 것처럼 우리 관심도 하나님께 고정되기를 원하신다.

어떤 사람이 스펄전 목사한테 자랑스럽게 말한다.

"목사님, 저는 술을 마시지 않습니다."

"예, 그러십니까?"

"담배도 피우지 않습니다."

"……"

"도박도 하지 않습니다."

"……"

"외도도 하지 않습니다."

"혹시 건초를 먹습니까?"

"아뇨, 먹지 않습니다. 그런 걸 왜 물으십니까?"

"지금까지 성도님은 아무것도 한 것이 없습니다. 저는 성도님이 무엇인가를 하는 사람이었으면 좋겠습니다."

신앙은 무엇인가를 하는 것이다. 하나님과의 거리가 멀어지지 않으면 되는 것이 아니라 점점 가까워져야 한다. 하나님 쪽으로 진도가 나가야 한다. 그것을 "모든 겸손과 온유로 하고 오래 참음으로 사랑 가운데서 서로 용납하고 평안의 매는 줄로 성령이 하나 되게 하신 것을 힘써 지키라"라고 말한다.

겸손은 '타페이노프로쉬네'를 번역한 말인데 자기가 아는 것이 전부가 아닌 것을 인정한다는 뜻이다. 사람은 외모를 보지만 하나님은 중심을 보신다는 말씀이 있다. 사람은 피상적으로 판단하기 때문에 틀리기 쉽지만 하나님의 판단은 언제나 정확하다는 뜻이 아니다. 사람한테는 외모밖에 보이지 않는다. 외모를 본다는 얘기는 어설프게 판단한다는 뜻이 아니라 볼 수 있는 것을 다 본다는 뜻이다. 그래도 틀린다. 그것이 사람의 한계다. 그래서 '타페이노프로쉬네'해야 한다.

온유로 번역한 '프라오테스'는 당시 사람들이 야생마를 길들일 때 쓰던 표현이다. 야생마는 힘이 넘치지만 사람이 탈 수는 없다. 그런 야생마를 길들여서 사람이 탈 수 있게 되면 "저 말은 프라오테스해졌다"라고 했다. 프라오테스는 통제된 능력을 말한다.

그다음에 "오래 참음으로 사랑 가운데서 서로 용납하라"라는 말이 나온다. 오래 참는다는 얘기는 해결되지 않는 어려움이 지속된다는 뜻이다. 어제도 참고 오늘도 참았는데 내일 또 참아야 한다. 서로 용납하려면 참는 수밖에 없다. 이를 악물고 참는 것도 아니다. 사랑 가운데서 참아야 한다.

세상에서 말하는 사랑은 감성의 영역이다. 일단 상대방이 사랑스러워야 한다. 하지만 성경이 말하는 사랑은 이성의 영역이다. 사랑하는 것이 책임인 줄 알아서 그 책임을 감당하는 것이다. 그런 일이 자연스럽게 될 수 없다. 인내하는 과정이 따른다. 오래 참으면서 서로 용납해야 한다.

또 평안의 매는 줄로 성령이 하나 되게 하신 것을 힘써 지켜야 한다. "저는 죽고 오직 제 안에서 그리스도만 살게 하옵소서"라고 기도할 수 있다. 우리가 듣기에는 전혀 이상하지 않다. 그런데 성경에 없는 말이다. 성경은 "너는 죽고 주만 살아야 한다"라고 하지 않고 "너는 죽고 주만 살았다"라고 한다. 우리는 자기를 죽이고 그리스도만 살게 하느라 애써야 하는 사람들이 아니다. 우리는 이미 죽었다. 우리를 죽여야 하는 것이 아니라 우리는 죽고 그리스도만 살아 있는 것을 누려야 한다. 하나님께 은혜 달라고 기도하기 이전에 허락된 은혜를 누리는 것을 연습해야 한다. 자기한테 허락된 은혜가 무엇인지도 모른 채 무작정 은혜만 구하는 것은 곤란하다.

"하나 되게 하소서"라는 찬양이 있다. 그 찬양도 마찬가지다. 성경은 우리한테 하나 되라고 요구하지 않는다. 하나 된 것을 지키라고 한다. 성령님은 이미 우리를 하나 되게 하셨다. 우리는 하나 되기 위해서 노력해야 하는 사람들이 아니라 성령님이 하나 되게 하신 것을 깨지 말아야 하는 사람들이다. 그 일이 그리 만만하지 않다. 그래서 "성령이 하나 되게 하신 것을 힘써 지키라"라고 한다. 마음만 먹으면 지켜지는 것이 아니라 지키기 위해서 온 갖 힘을 다 기울여야 한다.

언제부터인지 정치인들이 부쩍 소통을 얘기한다. 그것이 쌍방향 커뮤니케이션인지 일방적인 주장인지 궁금하다. 정치를 뜻하는 politics와 그리스의 도시국가를 뜻하는 polis는 어원이 같다. 고대 그리스는 시민권을 가진 모든 시민이 정치에 참여하는 직접민주제였다. 정치인과 시민이 같은 위치에 있으면 자연스럽게 쌍방향 소통이 이루어진다.

정치를 한자로 쓰면 얘기가 달라진다. 정치는 정사 정(政)에 다스릴 치(治)를 쓴다. 정사 정(政)은 바를 정(正)과 칠 복(攵)이 합쳐진 글자다. 바르게 되도록 매질을 하는 것이다. 정치 행위의 주체와 대상이 지배, 피지배의 관계를 이룬다. 이런 식으로 정치인이 국민보다 위에 있으면 소통이 안 된다. 혹시 정치인들이 국민이 자기 말에 따르는 것을 소통으로 여기는 것이나 아닌지 모르겠다. 정말로 소통에 관심이 있으면 국민의 말을 들어야 한다.

사랑 가운데서 서로 용납하는 것이 그렇다. 상대방한테 자기를 용납하라고 요구할 것이 아니라 자기가 상대방을 용납해야 한다. 상대방이 사랑할 만한 사람으로 변모되기를 바랄 것이 아니라 자기한테 사랑이 넘치면 저절로 해결된다.

하나님은 우리가 사랑스러워서 사랑하시지 않았다. 우리한테 구원받을 만한 자격이 있어서 구원하시지도 않았다. 우리가 다 아는 얘기다. 알기만 해서는 안 된다. 우리 역시 그렇게 해야 한다. 하나님께 받은 은혜, 하나님께 받은 사랑이 우리한테서 나와야 한다.

신자는 하나님의 부르심을 받은 사람이다. 본문은 하나님의 부르심을 받은 신자가 이 세상을 사는 모습으로 모든 겸손과 온유로 하고 오래 참음으로 사랑 가운데서 서로 용납하고 평안의 매는 줄로 성령이 하나 되게 하신 것을 힘써 지키는 것을 말한다. 우리의 그런 행보를 통해서 우리를 향한 하나님의 구원 계획이 성취될 것이다.

4:4) 몸이 하나요 성령도 한 분이시니 이와 같이 너희가 부르심의 한 소망 안에서 부르심을 받았느니라

부르심의 한 소망 안에서 부르심을 받았다는 말이 무슨 뜻일까? 부르심의 소망이라는 말은 앞에서도 나왔다.

우리 주 예수 그리스도의 하나님, 영광의 아버지께서 지혜와 계시의 영을 너희에게 주사 하나님을 알게 하시고 너희 마음의 눈을 밝히사 그의 <u>부르심의 소망</u>이 무엇이며 성도 안에서 그 기업의 영광의 풍성함이 무엇이며(엡 1:17-18)

바울이 에베소교회 교인들을 위해 기도하면서 "그의 부르심의 소망이 무엇인지 알기를 바란다"라고 했다. 하나님이 우리를 부르셨으니 우리가 무엇을 소망할 수 있게 되었는지 알아야 한다는 뜻이다.

하나님이 홍해를 갈랐다. 이스라엘을 젖과 꿀이 흐르는 땅으로 인도하기 위해서다. 이스라엘이 젖과 꿀을 기대할 수 있게 된 것이다. 하나님이 우리를 부르신 것도 그렇다. 우리 역시 뭔가를 기대할 수 있다. 그것이 부르심의 소망이다. 그것도 "너희가 부르심의 한 소망 안에서 부르심을 받았다"라고 했으니 그 부르심의 소망이 하나라는 얘기다. 자기한테 어떤 일이 있으면 좋겠는지 각자 정하는 것이 아니다. 하나님께서 정하신 것이 있는데 그것이 모두한테 똑같다.

우선 몸이 하나라고 했다. 그리스도의 몸인 교회는 하나일 수밖에 없다. 로마에 있는 교회도 그리스도의 몸이고 에베소에 있는 교회도 그리스도의 몸이다. 지역은 달라도 그리스도의 몸은 구분되지 않는다.

또 성령도 한 분이다. 우리로 하여금 예수님을 주로 고백하게 한 것이 성령님의 사역인데 그 성령님이 한 분이다. 성령님이 여러 분이면 우리 역시 제각각일 수 있지만 그게 아니다.

남자답게 행동하라는 말은 "남자가 되고 싶으냐? 그럼 남자답게 행동해라. 그러면 남자가 될 수 있다."라는 뜻이 아니다. 남자의 정체성에 맞게 행동하라는 뜻이다. "너희는 하나다"라는 말도 마찬가지다. 우리는 분명히 하나다. 그런데 그것이 몸에 배어 있지 않다. 그래서 자꾸 얘기하는 것이다.

우리가 하나이면서도 하나가 아닌 것처럼 하는 이유는 부르심의 한 소망 안에서 부르심을 받았다는 사실을 제대로 모르기 때문이다. 하나님이 우리를 부르신 데에는 이유가 있다. 13절, 15절에 따르면 우리는 그리스도의 장성한 분량까지 자라서 범사에 그리스도처럼 되는 한 소망 안에서 부르심을 받은 사람들이다. 아브라함이나 모세, 엘리야 같은 특출한 사람만 그렇고 다른 사람은 대충 믿다가 천국만 가면 되는 것이 아니다. 우리 모두를 그리스도의 수준만큼 만드는 것이 하나님의 계획이다. 아무도 예외가 없다.

신자는 누구나 그리스도를 머리로 하는 그의 몸이다. 우리 안에 성령님이 내주하신다. 본문이 말하는 것처럼 몸도 하나요 성령도 한 분이시다. 그런데 소망하는 것이 다르다. 하나님은 우리를 한 소망 안에서 부르셨지만 그것은 하나님 생각이다. 우리한테는 각자의 소망이 따로 있다. 하나님은 "예수를 주로 고백했느냐? 그럼 이제 그리스도만큼 자라야 한다."라고 하시는데 우리는 "하나님, 간절히 기도드립니다. 제 인생에서는 이 일이 가장 중요합니다. 이 기도만 들어주시면 저는 원이 없습니다."라고 하는 격이다. 소망하는 것이 제각각이니 주 안에서 하나 된 모습이 나타나지 않는다.

모태신앙으로 자라서 평생 교회에서 보낸 사람이 하는 말을 들은 적이 있다. "저는 바라는 것이 아무것도 없어요. 자식이라고 달랑 딸 둘 있거든요. 그 두 딸만 행복하게 해주면 더 이상 소원이 없다고 그렇게 기도했는데 그걸 안 들어주시네요." 부모가 자식을 위해서 가질 수 있는 정상적인 소원일까? 만일 모든 사람이 그런 식으로 예수를 믿는다고 가정해 보자. 그러면 하나 된 모습을 갖는 것은 물 건너 간 얘기다.

그분은 자기가 지나친 욕심을 부리는 것도 아니라는 투로 말했다. 하지만 정작 서운한 분은 하나님이다. "너는 평생을 교회에서 보냈으면서 기도할 것이 그것뿐이냐? 신앙을 대체 무엇으로 알고 있는 거냐?"라고 할 만하다.

자식을 위해서 기도하는 것이 잘못은 아니다. 하지만 고작해야 세상에서 잘 먹고 잘살기를 바라는 것은 신앙이 무엇인지 모르는 탓이다. 우리의 관심을 하나님의 관심에 맞춰야 한다. 세상을 얻으려는 기도 말고 세상과 결별하는 기도를 할 수 있어야 한다. 자기 필요에 따라 신앙을 동원하는 것은 새 신자 때로 족하다. 자기 인생을 하나님께 드릴 수 있어야 한다.

뉴스 앵커가 비리에 연루된 정치인을 얘기하면서 "정치인의 모럴 해저드가 심각합니다"라고 하는 것을 들은 적이 있다. 모럴 해저드는 도덕적 해이를 말한다. 만일 "정치인의 도덕적 해이가 심각합니다"라고 했으면 듣는 사람마다 "불법 행위를 저지른 게 왜 도덕적 해이냐?"라고 했을 것이다. 도덕적 해이는 법률에 저촉되지는 않지만 도덕적으로 옳지 않은 것이다. 이를테면 전철에서 노인에게 자리를 양보하지 않는 것이 그렇다. 범법 행위에 쓰기에는 적절하지 않다. 그런데 모럴 해저드라고 하면 틀린 것이 잘 드러나지 않는다. 우리말과 남의 말의 차이 때문이다.

이 내용을 살짝 빌려보자. "사람의 제일 된 목적은 하나님의 영광입니다. 하지만 제가 딸을 위하여 소망하는 것은 돈 많은 남자 만나서 손에 물 안 묻히고 사는 것입니다."라고 하면 잘못된 말인 줄 금방 안다. 하지만 "저는 하나님께 바라는 것이 아무것도 없어요. 제 두 딸만 행복하게만 해주면 더 이상 소원이 없는데 그걸 안 들어주시네요."라고 하면 고개를 끄덕이는 사람이 한둘이 아니다. 그 말이 우리 정체성을 벗어난 말인 줄 모르는 탓이다. 그것은 우리가 구하면 안 되는 인생이다. 하나님은 우리를 그렇게 살라고 부르신 적이 없다.

미국 대통령 조지 부시가 마약과의 전쟁을 선포한 적이 있다. 150억 달러의 예산과 군대, 경찰을 투입해서 마약 퇴치 전쟁을 벌였는데 마약 소비는 조금도 줄어들지 않았다. 조지 부시를 이어 클린턴도 175억 달러의 돈과 모든 국가 조직을 동원했지만 별다른 성과를 거두지 못했다.

마약이 퇴치되지 않는 이유가 있다고 한다. 남미에서 코카인 1kg이 생산되는 데 200달러가 든다(1997년 기준). 그것이 미국에 들어오면 400달러가 된다. 그런데 범죄 조직에 의해서 거래되는 가격은 5천 달러다. 그런 막대한 이익을 범죄 조직이 독차지하는 것이 아니다. 60% 이상이 마약을 감시하고 단속해야 할 사람들한테 뇌물로 건네진다. 고위 정치인, 경찰 간부, 세관원에 이르기까지 뇌물이 뿌려지지 않는 곳이 없다. 아무리 마약 소탕령을 내려도 단속이 될 리 만무하다. 애초에 단속 의지가 없는 것을 어떻게 할까?

교회 안에도 비슷한 일이 있을 수 있다. 하나님은 우리를 같은 소망 안에서 부르셨다. 우리가 그리스도만큼 자라야 한다. 하지만 거기에 마음이 없을 수 있다. 하나님이 우리를 통해서 이루시려는 계획에는 관심이 없고 우리가 세운 계획에만 관심이 있는 것을 어떻게 할까? 사람의 제일 된 목적이 하나님의 영광인 것은 알지만 암송된 교리에 불과하다. 실제로는 그렇게 살지 않기로 암암리에 약조가 되어 있다.

동조효과라는 것이 있다. 행동을 통일하면 잘잘못에 대한 판단이 흐려진다. 잘못도 잘못인 것을 모르게 된다.

성경은 잠 안 올 때 읽으면 좋은 책이라는 말이 단적인 예다. 사실이 그렇다면 굉장히 부끄러운 얘기다. 그런데 부끄러운 줄 모르고 우스갯소리로 한다. 자기 혼자 그런 것이 아니기 때문이다. 다른 사람은 아무도 안 그렇고 혼자만 그러면 행여 들킬세라 조심할 텐데 그게 아니다. 태연하게 얘기하고 태연하게 맞장구를 친다. 그러면서 성경이 하나님 말씀이라고 한다. 입으로 말하는 명분과 실제 몸에 밴 모습이 다른데도 모순인 줄 모른다. 전부 그렇게 살기 때문이다.

우리는 하나님이 우리를 부르신 한 소망과 관계없이 살 준비가 되어 있다. 그리스도만큼 자랄 마음은 애당초 먹어본 적도 없고 그저 주일 예배나 드리고 십일조나 하는 것으로 만족한다. 전부 그렇게 사니 그것이 정상인 줄 안다. 이것이 동조효과다.

그런 우리한테 성경이 말한다. "몸이 하나요 성령도 한 분이시니 이와 같이 너희가 부르심의 한 소망 안에서 부르심을 받았느니라." 그리스도의 몸인 교회가 하나이고 성령님이 한 분인 것처럼 하나님은 우리를 같은 곳으로 부르셨다. 그곳은 그리스도와 나란히 앉는 곳이다. 우리한테 그만큼 고귀한 자리가 예비되어 있다. 마땅히 그 자리에 어울리는 면모를 갖춰야 한다. 그 과정이 우리의 신앙생활로 나타난다.

4:5-6) 주도 한 분이시요 믿음도 하나요 세례도 하나요 하나님도 한 분이시니 곧 만유의 아버지시라 만유 위에 계시고 만유를 통일하시고 만유 가운데 계시도다

교회는 공통점이 없는 사람들이 모인 곳이라서 말이 많다고 한다. 다른 곳은 혈연이나 지연, 학연, 혹은 소득 수준이나 취미에 따라 모이는데 교회는 그렇지 않다는 것이다.

정말 그럴까? 우리는 그리스도를 머리로 하는 한 몸이다. 같은 성령을 받았다. 부르심의 소망도 같다. 이런 우리가 세상에서 말하는 지연, 학연, 혈연만큼도 유대감이 없으면 말이 안 된다.

본문은 우리가 하나일 수밖에 없는 이유를 네 가지로 설명한다. 주도 한 분이고 믿음도 하나이고 세례도 하나이고 하나님도 한 분이기 때문이다.

우선 주가 한 분이다. 기독교에만 구원이 있다는 사실 때문에 기독교에는 다른 종교에 없는 특성이 있다. 그중의 하나가 죄 사함이다. 불신자들은 죄를 모른다. "당신은 죄인입니다"라고 하면 "내가 왜 죄인이냐? 내가 사람을 죽였느냐, 물건을 훔쳤느냐?"라고 할 것이다. 세상에서 죄를 그렇게 따지기 때문이다. 아무리 악한 마음을 품어도 행위로 나타나지 않으면 죄가 아닌 줄 안다.

아이가 거짓말을 누구한테 배울까? 거짓말을 가르쳐주는 사람은 없다. 그런데 자기한테 불리한 상황이 되면 자연스럽게 거짓말을 한다. 지갑은 주머니에 있으나 손에 있으나 둘 다 그 사람 소유다. 거짓말도 그렇다. 꺼낸 것이나 꺼내지 않은 것이나 다를 게 없다.

아우구스티누스는 젖먹이를 통해서 사람이 본래 죄인인 것을 알았다고 한다. 아직 말도 할 줄 모르는 아이가 자기 어머니 젖을 먹는 다른 아이를 보자, 새파랗게 질린 얼굴을 하더라는 것이다. 자기가 배불리 먹고 남아서 흐르는 젖도 나누기 싫어한다. 사람의 본성이 악하다는 증거다. 사람은 죄를 지어서 죄인이 되는 것이 아니라 죄인으로 태어나기 때문에 죄를 짓는다.

구원을 얻으려면 이런 죄가 해결되어야 한다. 그 일을 위해서 예수님이 오셨다. 우리 중에 예수님과 관계없이 구원 얻은 사람은 아무도 없다. 이런 내용을 "주도 한 분이시오"라고 한다.

또 믿음도 하나다. 본래 구원은 이 세상에 없는 개념이다. 구원을 설명하는 말도 이 세상에 없다. 천생 우리가 쓰는 말 중에서 비슷한 말로 설명해야 한다. 그렇게 해서 선택된 단어가 믿음이다.

중국 당나라 때 가톨릭이 전파되었다. 당나라에서는 경교라고 했다. 그런데 중국에서 통용되는 말로 설명해야 했다. 교회를 사(寺)라고 했고 사제를 승(僧)이라고 했다. 하나님을 천존(天尊), 예수님을 세존(世尊), 성경을 경(經)이라고 했다. 모르는 사람은 오해하기 십상이다.

믿음이 그런 격이다. 믿음으로 구원 얻는다고 하면 마치 예수님에 대한 마음 상태에 따라 구원이 주어지는 것 같다. 하지만 믿음은 우리가 하나님께 제시해야 하는 조건이 아니라 하나님이 우리를 찾아오시는 통로다. "아무것도 할 필요 없다. 마음속으로 믿기만 해라."가 아니다. 구원은 우리의 조건에 관계없이 주어진다는 뜻으로 "구원은 믿음으로 얻는다"라고 하는 것이다.

왜 믿음이라고 해서 헷갈리게 하느냐 하면 행위가 아닌 것을 강조하기 위해서 그렇다. 사람들한테는 뭔가를 얻으려면 그에 상응하는 조건을 제시해야 한다는 선입견이 있다. 그래서 "구원은 우리가 노력해서 얻는 것이 아니다. 하나님이 주시는 것이다."를 말하려고 믿음이라고 한 것이다. 다른 말로 은혜라고도 한다.

다른 종교에서는 자기가 자기를 구원하려고 한다. 불교에서는 참선을 하고 힌두교에서는 고행을 한다. 기독교에서는 그렇게 말하지 않는다. 우리는 죄인이기 때문에 우리가 우리를 구원하지 못한다. 물에 빠진 사람이 자기 머리칼을 잡고 위로 올려봐야 아무 소용없는 것과 같다. 물 밖에서 꺼내줘야 한다.

우리 중에 정화수 떠 놓고 빌어서 구원 얻은 사람도 있고 예수 피로 구원 얻은 사람도 있으면 우리의 본래 모습에 차등이 있는 것이 된다. 어떤 사람은 하나님과 10m쯤 떨어져 있다가 구원 얻었고 다른 사람은 1,000억 광년쯤 떨어져 있다가 구원 얻은 격이다. 그런데 우리의 구세주가 한 분이다. 하나님과의 거리가 똑같았다. 하나님 앞에 모두 동일한 죄인이었다.

또 믿음도 하나라고 했다. 어떤 사람은 자기 노력 90%와 하나님 은혜 10%로 구원 얻고, 어떤 사람은 자기 노력 50%와 하나님 은혜 50%로 구원 얻고, 또 어떤 사람은 자기 노력 10%와 하나님 은혜 90%로 구원 얻은 것이 아니다. 모두가 같은 은혜로 구원 얻었다.

이스라엘의 출애굽을 보면 알 수 있다. 당시 이스라엘 중에 자기가 얻은 구원에 힘을 보탠 사람은 아무도 없었다. 출애굽이 일방적인 하나님의 은혜였던 것처럼 구원도 그렇다. 우리가 얻은 구원에 우리가 감당한 일은 아무것도 없다.

이어서 나오는 말이 "세례도 하나요"다. 주후 313년에 콘스탄티누스가 밀라노칙령으로 기독교를 공인하기 전까지는 기독교에 적대적인 황제가 많았다. 박해의 정도는 황제마다 달랐다. 심하게 박해한 황제도 있었고 덜 박해한 황제도 있었다. 주후 244-249년에 재위한 필리푸스 황제는 기독교를 믿기도 했다. 그가 부활절 예배에 참석하기 위해서 안디옥교회에 갔다. 그런데 세례교인이 아니라는 이유로 참석을 거절당했다. 요즘은 세례교인이 아니면 성찬식 참여를 금하는데 당시는 훨씬 엄격했던 모양이다. 황제가 교회에 왔는데도 "폐하, 지금은 들어올 수 없습니다. 밖에서 기다리시옵소서."라고 했다는 뜻이다. 대체 세례가 무엇이어서 그랬을까? 본문은 그 세례가 하나라고 한다.

> 형제들아 나는 너희가 알지 못하기를 원하지 아니하노니 우리 조상들이 다 구름 아래 있고 바다 가운데로 지나며 모세에게 속하여 다 구름과 바다에서 세례를 받고(고전 10:1-2)

성경은 이스라엘이 홍해를 건넌 사건을 세례로 얘기한다. 이스라엘이 모세에게 속하여 세례를 받았다는 것이다.

물에 빠진 사람은 물 밖에서 꺼내줘야 하는 것처럼 이스라엘은 애굽에 속해 있었기 때문에 애굽을 벗어날 수 없었다. 애굽에 속하지 않은 사람이 와서 구해줘야 했다. 그래서 홍해 건너편에 있던 모세가 애굽으로 왔다. 이스라엘이 그런 모세한테 속해서 홍해를 건넜다. 마치 모세가 이스라엘을 자기 주머니에 넣고 홍해를 건넌 격이다. 이스라엘 백성은 저절로 모세가 있는 곳에 있게 된다.

우리는 그리스도와 합하여 세례를 받았다. 모세가 이스라엘을 주머니에 넣고 홍해를 건넌 것처럼 예수님이 우리를 주머니에 넣고 사망을 건넜다.

이스라엘은 모세한테 속했기 때문에 모세가 있는 곳이 곧 이스라엘이 있는 곳이 된다. 마찬가지로 우리는 예수님이 있는 곳에 있게 된다. 우리가 다 같은 곳에 있다. 이것이 "세례도 하나요"의 뜻이다. 같은 세례를 받았으니 같은 곳에 있을 수밖에 없고, 같은 곳에 있으니 하나일 수밖에 없다.

마지막으로 하나님도 한 분이시다. 하나님은 만유의 아버지다. 만유 위에 계시고 만유를 통일하시고 만유 가운데 계신다. 하나님은 이 세상 모든 만물의 주인이다.

춘래불사춘이라는 말이 있다. 봄이 와도 봄을 느낄 수 없다는 뜻이다. 우리는 그리스도의 이름으로 하나가 된 사람들이다. 그런데 하나님의 통치를 받아들이지 않으면 춘래불사춘이라는 말처럼 하나가 되었지만 하나인 것을 누리지는 못한다. 각자 자기를 통치하기 때문이다. 그러면 신앙의 참맛을 모르게 된다. 생수의 강에 뛰어들 생각은 하지 않고 발만 적시고는 그것이 신앙의 전부인 줄 안다. 호텔 뷔페에 가면서 한사코 편의점에 들러 삼각김밥을 사서 가겠다는 고집을 누가 말릴까? 다른 사람한테 권하지 말고 혼자 먹기만 바랄 뿐이다.

스위스의 정신의학자 폴 투르니에에 따르면 사람이 혼자 할 수 없는 것이 두 가지라고 한다. 하나는 혼인이고 하나는 그리스도인이 되는 것이다. "혼자 예수 믿으면 되는데 왜 안 되느냐?"라고 하면 말귀를 못 알아듣는 사람이다. 자기가 자기를 그리스도인이라고 하는 것으로는 모자라다. 하나님께 인정받아야 한다. 하나님은 우리를 성령으로 하나 된 공동체로 부르셨다. 그 부르심에 응답하는 것이 신앙이다.

4:7-10〉 우리 각 사람에게 그리스도의 선물의 분량대로 은혜를 주셨나니 그러므로 이르기를 그가 위로 올라가실 때에 사로잡혔던 자들을 사로잡으시고 사람들에게 선물을 주셨다 하였도다 올라가셨다 하였은즉 땅 아래 낮은 곳으로 내리셨던 것이 아니면 무엇이냐 내리셨던 그가 곧 모든 하늘 위에 오르신 자니 이는 만물을 충만하게 하려 하심이라

4장 시작하면서 우리가 하나라는 말이 나왔다. 이런 말을 들으면 "예수를 믿으면 획일적이 되는가?"라는 생각을 할 수 있다. 그래서 그렇지 않다는 말을 한다. 하나님은 우리 각 사람에게 그리스도의 선물의 분량대로 은혜를 주신 분이다.

어떤 교회는 선교를 강조하고 어떤 교회는 성경 공부를 강조하고 어떤 교회는 새벽 기도를 강조한다. 예배당을 건축하지 않는 것을 원칙으로 하는 교회도 있다. 선교는 물론 중요하다. 그렇다고 해서 선교에 집중하는 교회만 진짜고 다른 교회는 가짜가 아니다. 성경 공부나 새벽 기도도 마찬가지다. 신앙에 힘쓰는 모습은 얼마든지 다양하게 나타날 수 있다.

7절은 11절로 이어져야 한다. 앞에 나온 내용을 염두에 두고 13절까지 생각하면 "하나가 된다고 해서 모두 똑같아야 하는 것이 아니다. 하나님은 우리 각 사람한테 그리스도의 선물의 분량대로 은혜를 주셨다. 하나님이 어떤 사람은 사도로, 어떤 사람은 선지자로, 어떤 사람은 복음 전하는 자로, 어떤 사람은 목사와 교사로 삼으셨다. 그렇게 하신 이유는 성도 개개인을 훈련해서 그리스도의 몸을 세우려는 것이다. 우리가 그리스도의 장성한 분

량이 충만한 데까지 이르러야 한다."라는 뜻이다. 8-10절은 일종의 삽입절이다. 없어도 뜻이 통하지만 그래도 뭔가 더 설명하고 싶은 것이다.

주께서 높은 곳으로 오르시며 사로잡은 자들을 취하시고 선물들을 사람들에게서 받으시며 반역자들로부터도 받으시니 여호와 하나님이 그들과 함께 계시기 때문이로다(시 68:18)

다윗의 시편이다. 하나님은 본래 높은 곳에 계신 분이다. 높은 곳에 오르셨다는 것은 그전에 내려오는 일이 있었다는 뜻이다. 또 사로잡은 자들을 취하시고 선물들을 사람들에게서 받으시며 반역자들로부터도 받으신다는 얘기는 전쟁이 끝난 상황을 보여준다. 하나님이 승리를 찬양하는 이스라엘의 예물을 받으신다. 그런데 반역자들로부터 선물을 받는 것은 말이 안 된다. 전쟁에서 이긴 이스라엘이 전리품을 얻은 것을 그렇게 말한 것이다. 하나님이 내려오셔서 사람들과 함께 있으면 그런 일이 일어날 수밖에 없다.

하나님께서 주신 승리를 말하려면 전쟁에 어떤 신비한 요소가 있었는지 말하면 된다. 극적인 요소가 많을수록 하나님의 개입이 두드러진다. 여리고 성이 무너진 것이나 기드온 삼백 용사가 미디안을 이긴 것이 대표적이다. 그런데 다윗은 전쟁이 끝난 상황만 얘기한다. 하나님이 어떻게 도우셨는지는 말하지 않고 "하나님이 이스라엘과 함께하시니 이런 결과가 나타났다"만 말한다.

바울이 그런 내용을 인용한다. 9절에서 "올라가셨다 하였은즉 땅 아래 낮은 곳으로 내리셨던 것이 아니면 무엇이냐"라고 했다. 올라가셨다는 얘기는 내려오셨음을 전제로 한다. 내려오셔서 무엇을 했을까? 8절에서 "그가 위로 올라가실 때에 사로잡혔던 자들을 사로잡으시고 사람들에게 선물을 주셨다"라고 했다. 내려오셔서 하신 일은 선물을 주신 일이다. 다른 말로 하면 선물을 주시려고 내려오셨다. 승리를 주시려고 내려오신 것이 아니라 선물을 주시려고 내려오셨다.

우리가 구원 얻은 것이 우리 능력이면 지옥에 안 가고 천국에 턱걸이 하는 것으로 만족할 수 있다. 하지만 우리가 구원 얻은 것은 예수님의 능력이다. 예수님은 그 정도에 만족하지 않으신다. 뭔가 더 주려고 하신다.

전리품 때문에 전쟁을 하는 경우도 있을까? 없지는 않다. 전쟁이 경제 활동일 수 있다. 이스라엘은 그런 경우가 아니다. 전쟁은 무엇인가를 얻기 위한 행위가 아니라 생존을 위한 행위다. 어쨌든 이겨야 한다. 지는 날에는 꼼짝없이 이방 족속의 노예가 된다.

다행히 하나님이 승리를 주셨는데 성경은 하나님이 승리를 주셨다고 하지 않고 선물을 주셨다고 한다. 이스라엘은 전쟁에서 이기는 것이 절대 과제였지만 하나님 생각은 달랐다. 승리에는 별 관심이 없고 선물에 관심이 있었다.

이 내용이 우리와 어떻게 연결될까? 하나님이 승리를 주셨다는 얘기는 우리의 신분이 바뀌었다는 뜻이다. 하나님이 바로를 박살내서 이스라엘이 구원 얻은 것과 같다. 선물은 신분이 바뀐 그다음을 말한다. 예수님은 이 세상에 오셔서 우리의 죄를 해결하는 것으로 모든 일을 마친 분이 아니다. 죄의 종이던 우리의 신분을 바꿔 놓았으면 그다음도 있을 것이다.

성경은 "우리 각 사람에게 그리스도의 선물의 분량대로 은혜를 주셨다"라고 한다. 예수님은 우리를 구원하기 위해서 이 땅에 오셨다. 그런데 본문은 예수님이 오신 것보다 올라가신 것에 초점이 있다. "올라가셨다는 얘기에는 이미 내려오신 것이 포함된 것 아니냐? 내려오는 일 없이 어떻게 올라가겠느냐?"라고 한다. 그러면서 10절에서 "내리셨던 그가 곧 모든 하늘 위에 오르신 자니 이는 만물을 충만하게 하려 하심이라"라고 한다. 예수님이 올라가신 이유는 만물을 충만하게 하려는 것이다. 우리가 얻은 구원에는 이 모든 내용이 포함되어 있다.

그러나 내가 너희에게 실상을 말하노니 내가 떠나가는 것이 너희에게 유익이라 내가 떠나가지 아니하면 보혜사가 너희에게로 오시지 아니할 것이요 가면 내가 그를 너희에게로 보내리니(요 16:7)

예수님은 육신이 있다. 육신이 있으면 공간의 제약을 받는다. 예수님이 계신 곳과 계시지 않은 곳이 구분된다. 예수님이 미국에 계시면 우리나라에는 안 계신 것이 된다. 주일이면 세상 모든 교회 중에 딱 한 교회만 예수님을 모시고 예배드리고 다른 교회는 예수님 없이 예배드려야 한다. 성령님이 오시면 그렇지 않다. 성령님은 영이시기 때문에 공간 제약이 없다. 우리 모두의 안에 동시에 거할 수 있다.

성령님이 하시는 일 중의 하나가 우리가 서로 하나 되게 하는 일이다. 우리로 같은 그리스도의 몸을 이루게 했다. 예수 그리스도를 한 주로 고백하게 했고 한 믿음을 갖게 했고 한 세례를 받게 했고 한 하나님을 믿게 했다. 왜 이렇게 우리를 하나로 모으시는가 하면, 우리한테 줄 선물이 있기 때문이다. 만물을 충만하게 하는 것이 그것이다. 예수님이 그 일을 위해서 이 땅에 오셔서 우리를 사로잡았던 사탄을 파하셨다. 우리를 해방하셨을 뿐만 아니라 하늘에 오르셔서 성령님을 보내셨다.

바울이 다윗의 시편을 인용한 초점이 '올라가셨다'는 사실에 있었다. "하나님이 다윗한테 승리를 주셨다"가 아니다. "하나님이 내려오셨다가 올라가셨더니 선물이 생겼다"이다. 우리한테 적용하면, 신앙은 예수님이 이 땅에 오셔서 하신 일로 끝나면 안 된다. 예수님이 하늘로 올라가신 일과 연결되어야 한다. 예수님은 우리를 구원한 것을 끝으로 하늘에 올라가신 분이 아니다. 하늘에 올라가셔서 성령님을 보내셨다.

요컨대 본문이 말하는 내용은 "예수님이 너희를 구원하셨다"가 아니다. "너희를 향한 하나님의 계획이 있다"이다. "너희가 어떻게 해서 신자가 되었는지 아느냐?"가 아니라 "신자로 살아가는 것이 무엇인지 아느냐?"이다.

우리나라 기독교는 극심한 박해 속에서 성장했다. 그런 시기를 거친 때문인지 한동안 '일사각오'를 상당히 강조했다. 그다음에 등장한 것이 '구원 확신'이다. 그런데 한번 얻은 구원은 취소되지 않는다고 한다. 하나님의 백성이라는 우리의 신분은 번복되지 않는다. 그래서 전도를 강조하기 시작했다. 자기 영혼은 구원받았으니 다른 영혼을 구원하자는 것이다.

죄다 일리 있는 얘기다. 하지만 성경의 요구에는 못 미친다. 성경은 우리

각 사람에게 그리스도의 선물의 분량대로 은혜를 주신 이유를 "우리가 다 하나님의 아들을 믿는 것과 아는 일에 하나가 되어 온전한 사람을 이루어 그리스도의 장성한 분량이 충만한 데까지 이르리니", "오직 사랑 안에서 참된 것을 하여 범사에 그에게까지 자랄지라 그는 머리니 곧 그리스도라"로 얘기한다.

지옥에 안 가고 천국에 가는 것이 구원이 아니다. 우리가 그리스도처럼 되는 것이 구원이다. 예배에 참석하는 것이 신앙생활이 아니라 예수님처럼 되는 것을 연습하는 것이 신앙생활이다. 교회에 5년 다녔으면 5년 다닌 만큼, 10년 다녔으면 10년 다닌 만큼 예수님을 닮아야 한다. 예수님이 그 일을 위해서 이 세상에 오셨다가 올라가셨다.

우리가 앞으로 몇 년이나 더 살 수 있을까? 어쨌든 오늘이 우리의 남은 날 중에서 예수님을 가장 덜 닮은 날이어야 한다. 그리고 예수님을 만날 때는 가장 많이 닮은 모습으로 만날 수 있어야 한다. 우리 모두한테 있는 부르심의 한 소망이다.

4:11-12) 그가 어떤 사람은 사도로, 어떤 사람은 선지자로, 어떤 사람은 복음 전하는 자로, 어떤 사람은 목사와 교사로 삼으셨으니 이는 성도를 온전하게 하여 봉사의 일을 하게 하며 그리스도의 몸을 세우려 하심이라

오래전 일이다. 교사 강습회 강사가 본문을 인용해서 말했다. "교사는 아무나 할 수 있는 직분이 아닙니다. 성경을 보세요. 목사와 교사가 나란히 나오고 있습니다." 주일학교 교사들이 그런 말을 들으면 자긍심이 생길 것도 같다. 그런데 뭔가 어색하다. 설마 에베소교회에 유치부, 아동부, 중등부, 고등부가 있었을까? 주일학교는 영국의 로버트 레이크스에 의해 1780년에 시작되었다.

본문은 7절에 연결된 내용이다. 하나님이 우리 각 사람에게 그리스도의 선물의 분량대로 은혜를 주셨다. 그것이 사람들한테 직분을 맡긴 것이다. 그렇게 해서 그리스도의 몸을 세우려는 것이 하나님의 계획이다.

11절에는 네 가지 직분이 나온다. 사도, 선지자, 복음 전하는 자, 목사와 교사다. 목사와 교사는 구분된 직분이 아니다. '목사이면서 교사'라고 하는 것이 어떨까 싶다. 칼빈이 〈기독교강요〉에서 교사를 성경 해석을 맡은 사람이라고 했다. 오늘날로 치면 성서학자다. 이렇게 따지면 사도, 선지자, 복음 전하는 자, 목사이면서 교사는 전부 말씀을 맡은 사람들이다.

성경을 계시의 완성이라고 한다. 계시가 종결되었다는 뜻이 아니다. 성경에 기록된 내용 외에 추가할 것이 없다는 뜻이다. 개인의 신비 체험이 신앙에 도움 될 수는 있지만 성경의 테두리 안에서만 그렇다. 성경이 우리의 신앙과 행위에 대한 정확 무오한 유일의 법칙이다.

계시가 완성되지 않은 시대에는 하나님 말씀을 어떻게 분별했을까? 그래서 이런 직분이 등장한다. 말씀을 전달할 사람이 필요했던 것이다. 이를테면 제복을 입은 사람들이다. 제복을 입은 사람이 하는 일은 국가로부터 맡은 일인 것처럼 이들이 하는 일은 하나님께로부터 맡은 일이다.

성경에 아브라함이 등장하는 이유는 아브라함을 높이기 위해서가 아니라 우리 신앙 유익을 위해서다. 아브라함이 우리를 위한 시청각 자료인 셈이다. 하나님의 관심이 아브라함한테 있지 않고 우리한테 있다. 하나님이 사도, 선지자, 복음 전하는 자, 목사이면서 교사를 세우신 이유도 그렇다. 그들이 남다른 사람이기 때문이 아니다. 성도를 온전하게 하여 봉사의 일을 하게 하며 그리스도의 몸을 세우려는 것이다. "이 사람들은 훌륭한 사람이니까 이 사람들처럼 되어라"가 아니라 "이 사람들이 하는 말은 다 맞는 말이니까 귀담아들어서 훌륭해져라"이다.

교회는 목사가 훌륭해지면 안 된다. 교인들이 훌륭해져야 한다. 그런데 교회에 와서 구경꾼이 되려는 사람이 있다. 실제로 신앙생활을 성실하게 할 것을 조언했다가 "제가 목사도 아닌데 그런 걸 어떻게 해요?"라는 답을 들은 적이 있다. 헬스장에서 트레이너가 개인 지도를 하는데 "제가 트레이너인가요? 전 그렇게 힘든 거 못해요."라고 하는 격이다.

어떤 전도지에서 "우리 교회는 부담 없이 편안한 마음으로 신앙생활을 할 수 있는 좋은 교회입니다"라는 문구를 본 적이 있다. 교회에 대해서 최대한 좋은 인상을 주기 위해서 만든 문구일 텐데, 그 문구가 사실이면 그 교회는 좋은 교회가 아니다. "우리 교회는 죄를 지적하지 않습니다. 십자가를 지라는 말도 하지 않습니다. 누구의 눈치도 볼 것 없습니다. 마음 편하게 지내면 됩니다."라는 뜻이기 때문이다. 교회는 죄를 지적받는 곳이고 십자가 지는 법을 배우는 곳이고 하나님 눈치 보는 것을 훈련하는 곳이다. 와서 쉬다 가면 되는 휴양소가 아니라 더욱 강건해져야 하는 훈련소이다.

사회명목론에서는 사회가 실제로 존재하는 것이 아니라 명목만 있다고 한다. 사회는 개인의 모임에 지나지 않는다. 이때 사회는 개인의 목표를 증진시켜주는 도구에 불과하다. 반면 사회실재론은 사회가 실제로 존재한다는 이론이다. 사회가 개개인의 합을 뛰어넘는 실체라는 것이다. 사회에는 개개인의 성질과 전혀 다른 특성이 있을 뿐만 아니라 개인의 삶을 규제하는 힘도 있다고 한다. 이런 사회실재론에서는 개인보다 사회가 우위에 있게 된다.

어느 이론이 맞는지는 사회학자들이 고민할 문제다. 하지만 좋은 교회가 존재하는지는 우리가 고민해야 한다. 좋은 교회가 실제로 존재할까? 좋은 교회가 실제로 존재하면 교인은 별로 중요하지 않다. 좋은 교회에 속하기만 하면 저절로 좋은 교인이 된다. 교인의 책임은 좋은 교회를 찾는 것이다. 그런데 좋은 교회는 좋은 교인과 별개로 존재하지 않는다. 좋은 교인들로 구성된 교회가 좋은 교회다. 우리가 이다음에 천국에 가면 주님이 "넌 얼마나 좋은 교회에 다니다 왔느냐?"라고 묻지 않으시고 "넌 얼마나 좋은 교인이었느냐?"를 물으실 것이다.

4:13-14) 우리가 다 하나님의 아들을 믿는 것과 아는 일에 하나가 되어 온전한 사람을 이루어 그리스도의 장성한 분량이 충만한 데까지 이르리니 이는 우리가 이제부터 어린아이가 되지 아니하여 사람의 속임수와 간사한 유혹에 빠져 온갖 교훈의 풍조에 밀려 요동하지 않게 하려 함이라

하나님이 사도나 선지자, 복음 전하는 자, 목사이면서 교사 같은 직분을 마련하신 이유는 그리스도의 몸을 세우기 위한 것이다. 그리스도의 몸이 세워지려면 교인 한 사람, 한 사람이 세워져야 한다. 어느 만큼 세워져야 할까? 그래서 "우리가 다 하나님의 아들을 믿는 것과 아는 일에 하나가 되어 온전한 사람을 이루어 그리스도의 장성한 분량이 충만한 데까지 이르리니"가 나온다.

학교에서 시험을 본다. 학급 평균이 오르려면 한 사람, 한 사람의 점수가 올라야 한다. 한 학생이 질문한다.

"어느 만큼 오르면 됩니까?"

"전부 다 전 과목 100점 맞으면 된다."

본문이 그런 식이다. 그런 엄청난 일이 저절로 될 수 없다. 먼저 필요한 것이 하나님의 아들을 믿는 것과 아는 일에 하나가 되는 것이다. 정말로 그리스도의 장성한 분량이 충만한 데까지 이르는 것에 마음이 있으면 당연히 그래야 한다.

복음서에 보면 바리새인과 사두개인이 굉장히 친한 것처럼 나온다. 실상은 그렇지 않다. 우리나라 일제강점기 때 친일파가 있었던 것처럼 사두개인은 '친로마파'다. 반면 바리새인은 율법에 치중하는 사람들이다. 사두개인을 곱게 볼 리 없다. 물론 사두개인에게는 바리새인이 현실을 모르는 옹고집으로 보였을 것이다. 그런 사람들이 예수님을 대적할 때는 같은 편이 되었다. 자기들이 누구와 싸우는지 바로 알았다는 뜻이다. 우리가 그처럼 하나님의 아들을 믿는 일에 하나가 되어야 한다. 그보다 더 중요한 다른 일이 있을 수 없다.

또 하나님의 아들을 아는 일에도 하나가 되어야 한다. 성경에서 '안다'고 할 때는 주로 체험을 통한 지식을 말한다. 우리가 할 일은 예수님이 하신 일을 머리에 집어넣는 일이 아니다. 예수님과 인격적인 교제를 나누면서 예수님을 체험하는 일이다.

예전에 어느 산 입구에서 이상한 현수막을 보았다. "주일에는 꼭 예배를 드리십시오"라는 현수막이었다. 근처에 교회도 있었다. 교회에서 주일 예배를 얘기하는 것은 이상한 일이 아니다. 그런데 그 현수막은 이상했다. "산에 가더라도 예배는 드리고 가십시오. 마침 근처에 교회가 있습니다."라는 뜻이기 때문이다. 어쩌면 "잠깐이면 됩니다"라는 말도 하고 싶었는지 모른다. 교회가 무엇을 하는 곳일까? 예배나 보게 해주는 곳일까?

그런 발상이 가능한 이유는 교회에서 신앙 훈련을 기대하지 않기 때문이다. 예배를 드렸다는 안도감만 얻게 해주면 족하다. 예배를 빼먹고 산에 가는 것이 찜찜했는데 마침 산 입구에 교회가 있으니 천만다행이다. 잠깐 들렀다 나오면 홀가분한 마음으로 산행을 즐길 수 있다. 교회에서 무엇을 해야 하는지 모르면 그렇게 된다.

교회는 성도를 자라게 하기 위해 존재한다. 우리가 그리스도일 수는 없다. 하지만 그리스도에 이르도록 계속 자라야 한다. 몸은 교회에 있으면서도 신앙이 자라는 것에 관심이 없어서 마냥 어린아이로 지내면 사람의 속임수와 간사한 유혹에 빠져 온갖 교훈의 풍조에 밀려 요동하게 된다. 자전거 페달을 밟으면 앞으로 가지만 페달을 밟지 않으면 가만히 서 있는 것이 아니라 넘어지는 것과 같다.

애가 장난감을 사달라고 조른다. 세 시간째 밥도 안 먹고 보챈다. 그것만 사주면 앞으로 절대 말썽 안 부리고 동생과 사이좋게 놀 것처럼 얘기한다. 그래서 사주면 그것을 가지고 동생과 싸운다. 안 사주면 하루나 이틀 보채다가 잊어버리고 잘 논다. 어느 집에서나 볼 수 있는 풍경이다.

이처럼 요동하는 이유는 판단 기준이 없는 탓이다. 판단 기준이 없는 이유는 몰라서 그렇다. 신앙이 어떤 것인지, 자기가 무엇을 해야 하는지, 하나님이 어떤 분인지 자기가 정한다.

수년 전에 갑상선암으로 입원한 분을 문병 간 적이 있다. 병원에서는 초기에 발견해서 대단하지 않다고 했지만 상당히 신경 쓰였던 모양이다. 내가 신앙 얘기를 꺼내지도 않았는데 병만 나으면 열심히 신앙생활 할 것이라고 했다. 그런데 다음 말이 이상했다. "이 병만 나으면 술도 끊고 담배도 끊고 외도도 안 한다. 그러면 일등 신자 아니냐?" 딱히 할 말이 없었다. 그것이 그분이 생각하는 일등 신자의 모습인 것을 어떻게 할까? 신앙생활을 정상적으로 하지 않으면 신앙이 이런 단계에 머무르게 된다.

'퀴베이아'라는 단어가 있다. "사람의 속임수와 간사한 유혹에 빠진다"라고 할 때의 속임수로 번역된 단어다. 정육면체를 뜻하는 cube가 여기서 나왔다. 본래 퀴베이아는 주사위로 하는 노름을 말한다. 노름판에서는 누구나 허황된 꿈을 꾼다. 정당한 노력 없이 원하는 결과를 얻을 수 있을 것 같은 착각을 한다. 성경은 그것을 속임수라고 한다. 꿈에 예수님을 만나면 신앙이 열 배는 자랄 것 같고, 일주일만 금식을 하면 하나님이 특별한 은혜를 주실 것 같고⋯ 이런 생각이 들면 그것이 퀴베이아인 줄 알면 된다.

그런 퀴베이아만 있는 것이 아니다. 간사한 유혹도 있다. 주변에서 계속 정당한 신앙생활을 권면해도 어려운데 미혹하는 요소가 있다. 특히 간사한 유혹은 제삼자를 기준으로 하는 표현이다. 당사자한테는 간사한 유혹으로 다가가지 않는다.

'간사하다'는 헬라어 '파누기아'를 번역한 말인데, 모든 일을 할 준비가 된 상태를 말하는 '파누르고스'에서 유래했다. 모든 준비가 완벽한 상태에서 하는 유혹이 간사한 유혹이다. 그런 유혹을 무슨 수로 분별하고 무슨 수로 뿌리칠까? 하와한테서 답을 찾을 수 있다. 하와가 뱀의 유혹을 물리치기 위해서 필요한 것은 뱀의 말에서 논리적인 모순을 찾아내는 통찰력이 아니라 하나님 말씀에 대한 신뢰였다. 간사한 유혹에 빠지지 않으려면 신앙이 현재진행형으로 이루어지고 있어야 한다. 그리스도의 장성한 분량이 충만한 데까지 이르도록 계속 자라고 있어야 한다.

성경은 우리의 복을 위한 책이다. 그 복의 완성이 우리가 그리스도처럼 되는 것이다. 우리는 세상 풍조에 떠밀려 요동할 틈이 없다. 그리스도의 장성한 분량이 충만한 데까지 이르러야 하기 때문이다. 우리 삶의 모든 여정이 그 일을 위한 발걸음으로 채워져야 한다.

4:15〉 오직 사랑 안에서 참된 것을 하여 범사에 그에게까지 자랄지라 그는 머리니 곧 그리스도라

13절과 15절이 어떻게 다를까? 둘 다 그리스도만큼 자라야 한다는 내용이다. 반복해서 말하는 것은 그만큼 중요하기 때문이다. 그것이 하나님이 우리를 구원하신 이유이고 또한 우리의 신앙 목표다.

"그는 머리니 곧 그리스도라"를 생각해 보자. 예수님을 머리라고 했다. 오직 사랑 안에서 참된 것을 하여 범사에 그에게까지 자라야 하는 우리가 몸이다. 결국 신앙이 자라는 것은 몸이 어느 만큼 머리의 수준에 이르느냐 하는 것이다.

예수님이 "내가 곧 길이요 진리요 생명이니 나로 말미암지 않고는 아버지께로 올 자가 없느니라"라고 했다. 이때 진리는 '알레테이아'를 번역한 말이다. 본문에서 참된 것으로 번역한 '알레튜오'와 어원이 같다. 사랑 안에서 참된 것을 한다는 얘기는 거짓을 버리고 바른 행실을 한다는 뜻이 아니다. 진리에 속한 일을 한다는 뜻이다. 오늘은 가치 있다가 내일은 가치가 없어지는 일이 아니라 영원한 가치가 있는 일을 해야 한다.

빌 게이츠가 하버드 대학 졸업식장에서 말했다. "여러분은 굉장한 혜택을 받은 사람들입니다. 이렇게 좋은 여건에서 공부한 사람이 얼마나 되겠습니까? 여러분 같은 사람들이 자본가들 돈 벌어주는 데만 신경 쓰면 사회 전체 이윤은 극대화할 수 있을지 몰라도 가치를 극대화하는 일은 아닙니다. 10년, 20년, 30년이 지났을 때 돈을 많이 벌거나 지위가 높아진 것이 아니라 피라미드 밑바닥에 있는 사람들을 위해서 무엇을 했는지 생각할 수 있어야 합니다."

굳이 신앙을 동원하지 않아도 이 세상이 욕심을 추구하기 위한 곳이 아닌 것을 알 수 있는 모양이다. 하물며 우리는 신앙의 이름으로 모였다. 세상 사람들과 다른 차원에서 인생을 볼 수 있어야 한다. 적어도 참된 것에 대한 감각이 있어야 한다.

이것이 안 되면 신앙이 이상하게 된다. 모든 종교 행위가 자기의 유익을 위한 수단으로 전락한다. 기도나 헌금, 봉사 같은 행위가 참된 것을 향한 발걸음이어야 하는데 참되지 않은 것을 위한 투자가 된다. "제가 하나님을 섬겨드릴 테니까 하나님도 제 일을 챙겨주세요"라고 하는 격이다. 그것이 어린아이한테서 나타나는 예다. 어떤 것이 가치 있는 일인지 자기가 정하고, 자기가 정한 가치를 위해 인생을 살아간다. 하나님은 그것을 도와주기만 하면 된다.

요일을 얘기할 때 월, 화, 수, 목, 금, 토, 일이라고 해서 주일을 제일 나중에 얘기한다. 하지만 달력에는 주일이 제일 앞에 있다. 하나님과 우리의 관계를 생각하면 제일 앞에 있는 것이 맞다. 우리는 주일에 얻은 힘으로 세상에 나아간다. 그런데 하나님을 모르면 제일 뒤에 있는 것이 옳아 보인다. 일주일 내내 힘들게 일했으니 일요일에 쉰다는 것이다.

그렇게 지내던 사람이 예수를 믿게 되었다. 그가 기대하는 것은 일주일 내내 하던 일을 더 잘되게 해주는 것이다. 그 일이 어떤 가치를 갖는지는 관심이 없다. 자기가 원한다는 사실이 중요할 뿐이다.

신앙을 시작하는 단계에서 잠깐 그렇게 하는 것은 용납될 수 있다. 어차피 어린아이는 자기밖에 모른다. 그 자리에 머무르면 안 된다. 마냥 그런 자리에 있으면 사람의 속임수와 간사한 유혹에 빠져 온갖 교훈의 풍조에 밀려 요동하게 된다.

사람은 본래 죄인이다. 그것이 왜 문제가 되느냐 하면, 하나님이 이 세상 주인이기 때문이다. 하나님이 이 세상 주인이면 참된 것이 무엇인지도 하나님이 정하신다. 결국 교회에 다닌다는 얘기에는 "하나님이 이 세상 주인이다. 이 세상에서 가장 중요한 일은 하나님 뜻에 순종하는 일이다. 하나님 눈 밖에 나는 일은 절대 하면 안 된다."가 포함된다. 그런데 신앙을 그렇게 정리하는 사람이 없다. "예수를 믿으면 구원 얻는다. 나는 예수 믿는다."로 끝이다. 하나님 뜻에 어긋나는 일을 그다지 심각하게 여기지 않는다. 관심이 세상에 있기 때문이다. 중요한 것은 세상이지, 하나님이 아니다.

딸이 다섯 살쯤 되었을 때의 일이다. 하루는 아내한테 따졌다. "만날 엄마 맘대로 하냐? 어제는 엄마 맘대로 했으니까 오늘은 내 맘대로 해야지!" 대부분의 신자가 이런 갈등을 겪는다. 왜 항상 하나님 좋은 일만 해야 할까? 자기가 하려는 일이 하나님께 칭찬받을 일은 아니지만 욕먹을 일도 아닌데 그냥 자기 편한 대로 하면 안 될까?

그렇다고 해서 "하나님이 무슨 상관이냐? 내 인생은 내가 알아서 한다."라고 할 수는 없다. "나도 안다. 지금만 이렇게 하고 나중에 제대로 한다."라고 한다. 다이어트 결심과 흡사하다. 늘 내일부터 한다고 한다. 다이어트를 안 한다는 말은 절대 안 한다. 내일은 정말로 한다는 뜻이 아니다. 오늘은 안 한다는 뜻이다.

어렸을 적에 모르는 사람이 사탕 사 준다고 하면 따라가지 말라는 말을 여러 번 들었다. 한번은 어머니께 여쭸다. "그냥 따라가서 사탕만 먹고 얼른 오면 안 돼?" 나는 아무렇지 않게 물어봤는데 어머니께서 기겁하셨다.

괜히 말 한마디 했다가 혼계를 얼마나 들었는지 모른다. "모르는 사람이 사탕 사 준다고 하면 따라가지 마라"라는 말은 아이를 키우는 집에서만 필요한 말이 아니다. 예수 믿는 사람한테 꼭 필요한 말이다. 사탕을 사 준다고 하면 따라갈 준비가 된 사람이 한둘이 아니다. 심지어 "안 따라갈 테니까 목사님이 대신 사탕 사 주세요"라고 하는 사람도 있다.

종교를 영어로 religion이라고 한다. re는 '다시'를 뜻하는 접두사이고, ligion은 라틴어로 '묶다', '연결하다'라는 ligare에서 파생된 말이다. 끊어진 것을 다시 이어주는 것이 종교다. 예수님이 하나님과 우리 사이를 이어주신 사실을 그대로 보여준다. 우리는 하나님과 연결된 사이다. 하나님과 연결된 모습으로 세상을 살아야 한다.

개척 초기의 일이다. 예배가 끝난 직후에 교인 한 분이 말했다. "목사님, 말도 안 돼요. 그건 우리한테 성인이 되라는 얘기잖아요." 성인이 되라는 얘기가 왜 말이 안 되는지 모르겠지만 예수회 수도사인 윌리엄 도일이 그에 대한 답을 말한 적이 있다. "우리는 자기를 이겨야 할 기회를 만날 때마다 '이것은 나의 힘에 너무 부친다. 나는 성인이 아니잖아.'라며, 스스로 그 유혹에 빠진다. 그러나 그대는 왜 성인이 못 되는가? 성인이 되는 것이야말로 그리스도인의 가장 큰 의무 아닌가?"

티머시 켈러가 쓴 〈마르지 않는 사랑의 샘〉에 나오는 내용이다. 어떤 사람이 구원은 우리의 노력이 아니라 그리스도의 사역을 통한 일방적인 은혜라는 말을 듣고 소감을 말한다.

"그것 참 무서운 말이네요. 좋기는 한데 무서워요."

"아무 공로 없이 받는 은혜가 왜 무서운가요?"

"내가 나의 선행으로 구원받는다면 하나님의 요구에 한계가 있을 거예요. 말하자면 나는 권리가 있는 납세자 같다고 할까요? 내가 내 의무를 하면 당연히 어느 정도의 권리가 있어요. 그러나 하나님이 치르신 무한한 대가로 구원받은 게 사실이면 하나님이 나한테 요구할 수 없는 것은 아무것도 없잖아요?"

하나님은 본질상 진노의 자녀였던 우리를 은혜로 구원하셨다. 하나님이 우리한테 요구하시지 못할 것은 아무것도 없다. 그 하나님이 우리한테 범사에 그리스도처럼 되라고 요구하신다.

4:16) 그에게서 온 몸이 각 마디를 통하여 도움을 받음으로 연결되고 결합되어 각 지체의 분량대로 역사하여 그 몸을 자라게 하며 사랑 안에서 스스로 세우느니라

지난 2012년 호주 오픈 테니스 남자 단식 결승에서 조코비치가 나달을 3:2로 이겼다. 경기가 끝난 시간이 오전 1시 40분이었다. 무려 5시간 53분이 걸렸다. 신문 기사의 제목이 이랬다. "체력도 정신력도 동난 밤, 습관이 실력!"

성경이 우리한테 그런 실력을 요구한다. 그 얘기를 15절에서 "오직 사랑 안에서 참된 것을 하여 범사에 그에게까지 자랄지라 그는 머리니 곧 그리스도라"라고 했다. 그 노력을 하는 것이 신앙생활이다.

몸 된 우리가 머리까지 자라려는 노력을 할 때 주님은 무엇을 하실까? "난 내 할 일 다했다. 너희끼리 노력해서 내 수준만큼 된 다음에 찾아와라."라고 하시지 않는다. "그에게서 온 몸이 각 마디를 통하여 도움을 받으므로"가 그 말이다. 머리가 계속 몸을 돕는다.

에베소서에서 확인한 것 중의 하나가 예수님과 우리가 운명 공동체라는 사실이다. 우리는 그리스도 안에서 택함받은 사람들이다. 하나님이 우리를 그리스도와 함께 하늘에 앉히셨다. 무엇보다도 주님은 교회의 머리이고 교회는 주님의 몸이다. 우리가 천국에 못 가면 예수님은 몸 없이 머리만 있게 되는 형국이다. 몸이 머리만큼 자라는 일은 몸이 감당해야 할 의무인 동시에 머리가 해결해야 할 과제이기도 하다.

우리가 얻은 구원을 칭의, 성화, 영화로 얘기한다. 이중에서 칭의는 예수님에 의해 이루어진 것이 확실하다. 성화는 어떨까? 성화는 우리끼리 알아서 해야 할까? 예수님이 그것을 보여주시려고 제자들의 발을 씻어주셨다. 목욕을 한 사람도 발은 씻어야 하는 것처럼 구원 얻은 사람도 계속 자기를 성결하게 해야 한다. 흔히 겸손을 강조하는 것으로 오해하는데 겸손이 아니라 성화를 강조한 것이다. 예수님이 "너희들, 발이 그게 뭐냐? 발 씻고 다시 모여라."라고 하지 않으셨다. 일일이 씻어주셨다. 예수님은 칭의만이 아니라 우리의 성화에도 직접 개입하신다. "그에게서 온 몸이 각 마디를 통하여 도움을 받으므로"가 그런 내용이다. 몸은 당연히 머리와 수준이 같아져야 하는데 그 일을 몸 혼자서 하는 것이 아니다. 각 마디를 통하여 머리로부터 도움을 받는다. 몸의 일이 몸의 일로 끝나지 않고 머리의 일로 연결된다.

머리의 도움을 받는 몸은 무엇을 해야 할까? 서로 연결되고 결합되어 각 지체의 분량대로 역사해야 한다. 그렇게 해서 몸을 자라게 하고 사랑 안에서 스스로 세워야 한다.

예수님이 제자들의 발을 씻어주신 다음에 "내가 주와 또는 선생이 되어 너희 발을 씻었으니 너희도 서로 발을 씻어주는 것이 옳으니라"라고 했다. 예수님이 제자들한테 성화를 말씀하신 것처럼 제자들도 서로의 성화에 도움을 줘야 한다. 몸이 머리의 도움만 받고 끝나면 안 된다. 서로 연결되고 결합해서 서로를 자라게 해야 한다.

어떻게 해야 할까? 만날 때마다 양말 벗겨서 확인할 수는 없다. 신앙의 모범을 보여줘야 한다. "저 사람이 예수 믿는 것을 보니 나는 예수를 잘못 믿는 것 같다."라는 생각이 들게 해주면 된다. 우리는 예수를 나타내는 사람들이다.

효종 때 이장형이 강진 현감으로 부임하면서 하직 인사를 올렸다. 효종이 수령이 해야 할 바를 물었다. 그 질문에 바로 답을 못하자, 다시 강진의 현황을 물었다. 이장형이 아직 알지 못한다고 하자, 그 자리에서 이장형을 내치고 다른 현감으로 교체하도록 명을 내렸다.

수령의 직무 수행은 왕의 치적과 직결된다. 수령이 고을을 잘 다스리면 왕이 칭송받지만 제대로 다스리지 못하면 왕이 원망을 듣는다. 관찰사, 절도사, 부윤, 목사, 부사, 군수, 현감, 현령 같은 지방관이 전부 수령이다. 관찰사와 현감은 종2품과 종6품의 차이가 있지만 왕이 얼마나 백성을 잘 돌보는지를 나타내야 하는 책임은 동등했다.

우리가 그런 사람들이다. 우리한테는 각자 맡은 자리에서 예수 믿는 것이 어떤 것인지 보여주어야 할 책임이 있다. 다리가 팔일 수 없고 팔이 다리일 수 없다. 하지만 각 지체가 자기 분량대로 역사해서 그 몸을 자라게 해야 한다. 다리는 팔 때문에 자극 받고 팔은 다리 때문에 자극 받고, 서로가 서로한테 좋은 영향을 끼쳐서 스스로 세워야 한다.

영화를 좋아하느냐는 질문에 서슴없이 "예"라고 대답하는 사람은 영화를 좋아하는 것이 무엇인지 모를 가능성이 높다는 글을 읽은 적이 있다. 수백만 명이 보는 할리우드 영화를 보며 시간을 때우는 사람은 영화를 보는 것이지, 좋아하는 것이 아니라는 것이었다. 진짜로 영화를 좋아하면 구로사와 아키라의 〈7인의 사무라이〉에서 일본어 억양의 위엄을 느끼기도 하고, 비토리오 데시카의 〈자전거 도둑〉을 보면서 네오리얼리즘 영화의 진면목을 느끼며 "영화가 과연 허구일까?" 하는 의문을 품기도 하고, 시드니 루멧 감독의 〈12인의 성난 사자들〉을 보면서 다섯 평짜리 방 안에서 벌어지는 열두 배우의 연기를 통해 인간 군상이 어떻게 행동하는지, 오늘날 우리 사회를 지배하는 우중은 어떤 존재인지 고민해본 적이 있어야 한다고 했다. "그런 영화를 어떻게 봐? 너무 지루해. 스펙터클하지도 않고!"라고 한다면, 영화를 좋아한다고 하지 말고 그냥 자주 본다고 하면 된다고 꼬집었다.

여행으로 바꿔 볼까? 청나라 학자 고염무가 '독서만권(讀書萬卷) 행만리로(行萬里路)'라고 했다. 책 속의 글자가 말 그대로 활자(活字)가 되려면 현장을 통해서 심화되어야 한다. 일본 속담에 "자식을 사랑한다면 여행을 보내라"라고 했고, 서양에는 "여행하는 자가 승리한다"라는 말이 있다. 인생 경험 중에서 여행만큼 유익한 것이 없음을 강조한 말이다. 그러면 인천공항을 통해서 출국하는 사람들은 고염무가 말한 여행을 떠나는 사람들이고, 면세점에서 이것저것 잔뜩 쇼핑해서 들어오는 사람들은 일본 속담이나 서양 속담에서 말하는 여행을 다녀오는 사람들일까?

영화나 여행이 그렇다면 신앙은 어떨까? 성경이 말하는 신앙과 우리한테 있는 신앙이 같은 신앙일까? 성경은 오직 사랑 안에서 참된 것을 하여 범사에 그리스도까지 자라라고 한다. 그리스도에게서 온 몸이 각 마디를 통하여 도움을 받음으로 연결되고 결합되어 각 지체의 분량대로 역사하여 그 몸을 자라게 하며 사랑 안에서 스스로 세우라고 한다. 우리한테 이런 모습이 있어야 한다. "주님, 이런저런 문제가 있습니다. 이 문제는 이렇게 해주시고 저 문제는 저렇게 해주세요."라고 하는 것이 신앙이 아니다. 과연 그리스도만큼 자라고 있는지 따져야 한다. "예수님이 나를 구원하셨다"가 전부가 아니라 그 예수님과 지금 어떤 관계인지 확인해야 한다. 지금도 계속 예수님으로 인해서 신앙이 자라는지 확인해야 하고, 나를 통해서 그리스도의 몸이 세워지는지 확인해야 한다. 이것이 안 되면 신앙생활을 하는 것이 아니다. 영화를 좋아하느냐는 질문에 좋아한다고 대답하는 대신 자주 본다고 하는 것처럼 예수를 믿느냐는 질문에 차마 믿는다고는 대답하지 못하고 교회만 다닌다고 해야 할지 모른다.

4:17-19〉 그러므로 내가 이것을 말하며 주 안에서 증언하노니 이제부터 너희는 이방인이 그 마음의 허망한 것으로 행함 같이 행하지 말라 그들의 총

명이 어두워지고 그들 가운데 있는 무지함과 그들의 마음이 굳어짐으로 말미암아 하나님의 생명에서 떠나 있도다 그들이 감각 없는 자가 되어 자신을 방탕에 방임하여 모든 더러운 것을 욕심으로 행하되

앞에서 우리가 그리스도만큼 자라야 한다고 했다. 그 내용과 연결하면 본문은 "우리가 다 그리스도만큼 자라야 하기 때문에 이것을 증언하노니…"가 된다. 가장 먼저 이방인처럼 행하지 말라고 한다. 그것이 본문이고, 20절 이하에서는 신자처럼 행하라는 말이 나온다. 차례대로 정리하면 "우리는 그리스도만큼 자라야 하는 사람들이다. 불신자 때의 모습을 버리고 신자로 살아야 한다."를 말하는 것이다.

신데렐라가 왕자와 혼인했다. 당면 과제는 왕자 비의 면모를 갖추는 일이다. 전처럼 계모 눈치 보면서 밥 하고 빨래하고 청소할 틈이 없다. 왕자 비체통 때문이 아니다. 왕자 비 수업에 방해되기 때문이다.

우리는 그리스도의 몸이다. 몸은 머리와 수준이 같아야 한다. 그것이 우리한테 주어진 과제다. 이방인 흉내 내느라 시간 낭비할 새가 없다. 이방인의 특징은 허망한 것이라고 한다.

불신자가 죽음을 앞뒀을 때 주로 허무함을 느낀다. 인생을 탕진해서 그런 것이 아니다. 아무리 성실하게 살았어도 마찬가지다. 지금까지 나름대로 목표를 이루며 살아온 삶이 죽음 앞에서는 아무 의미가 없기 때문이다. 대체 무엇을 위해서 아등바등 살았단 말인가?

그들은 본질을 모른다. 궁극적으로 추구해야 할 가치를 모른 채 살아간다. 마라톤을 한다면서 아무 방향으로나 뛰는 격이다. 반면 신자들은 삶의 본질을 안다. 하나님이 이 세상 주인인 것도 알고 자기가 그리스도의 몸으로 부름받은 것도 안다. 그런데 쓸데없는 일을 하느라 시간을 허비한다. 불신자만이 아니라 신자들도 허망한 삶을 사는 셈이다. 신자와 불신자가 구별이 안 된다. 밥 먹을 때 기도하는 것만 다르고 밥 먹은 다음에는 똑같다. 불신자는 하나님이 계시다는 사실을 모르지만 신자는 그렇지 않다. 하나님이 계시다는 사실도 알고 하나님이 무엇을 기뻐하시는지도 안다. 그런데 자기 욕심이 더 급하다. 말로는 신자라고 하면서 사는 모습은 불신자와 차이가 없다.

허망한 삶을 가장 잘 설명하는 단어가 19절의 방탕이다. 이때의 방탕은 윤리적인 개념이 아니다. 유익하지 않은 일에 시간을 낭비하는 것을 말한다. 이런 방탕을 가장 잘 보여주는 사람이 탕자다. 탕자가 낭비한 것은 비단 돈이 아니다. 아들로 살아야 할 귀중한 시간을 아무 의미 없는 일에 탕진했다.

탕자의 비유는 다분히 잘못 인용되는 경향이 있다. 그 비유는 "어떤 사람에게 두 아들이 있는데 그 둘째가 아버지에게 말하되…"로 시작한다. 두 아들이 있는 어떤 사람이 주인공이다. 탕자의 비유가 아니라 두 아들이 있는 아버지 비유다. 성경이 말하는 내용은 죄인을 기다리시는 하나님이다. 그런데 탕자의 비유라고 하는 바람에 "비록 집을 나가기는 했지만 돌아왔으니 된 것 아니냐?"라는 생각을 할 수 있다.

집을 나간 상태에서는 돌아오는 것보다 중요한 일이 없다. 하지만 가출 경험이 없으면 아들로 인정이 안 되는데 가출 경험이 있어서 아들로 인정된 것이 아니다. 스스로 아들의 지위를 포기했다가 회복한 것뿐이다. 결국 나간 기간만큼 손해다.

부교역자 시절에 중고등부 학생들이 생일 축하 노래를 부르는 것을 들은 적이 있다.

왜 태어났니? 왜 태어났니? 공부도 못하는 게 왜 태어났니?

문득 궁금했다. 학생 때는 늘 공부하라는 얘기를 듣는다. 그런데 공부도 못하면서 왜 태어났을까? 교회에서 늘 듣는 얘기가 신앙생활 잘하라는 얘기인데 신자답게 살지도 않을 거면서 왜 거듭났을까?

태아가 하는 일은 전부 출생 이후를 준비하는 일이다. 탯줄을 통해서 영양소를 공급받는 것은 태중에 계속 머무르기 위해서가 아니다. 태아의 많은 기관이 어머니 배 속에서는 쓸 일이 없다. 눈, 코, 혀, 손톱, 발톱, 머리카락이 다 그렇다. 그런 기관이 없으면 출생 이후에 큰일 난다. 태아가 태중에서 마냥 살 생각을 하면 그야말로 낭패다.

에베소서는 교회론을 다룬 책이다. 믿는 사람은 어떠해야 하는지에 대한 설명이 에베소서의 주 내용이다. 그런 에베소서에서 "저들은 그렇지만 우리는 그렇지 않다"를 말하는 이유가 무엇일까? 뒤에 문장 하나가 생략되었다. "그런데 왜 그렇게 사느냐?"이다. "너희는 그리스도 안에 있는 사람들이다. 왜 불신자와 구별이 안 되느냐? 너희 인생 목표가 대체 무엇이냐?"를 묻는 것이다.

바울이 주 안에서 증언하는 내용이 무엇일까? "이제부터 너희는 이방인이 그 마음의 허망한 것으로 행함 같이 행하지 말라"이다. 지금까지 그렇게 산 것은 그렇다 치고 이제부터는 달라야 한다.

〈햄릿〉에 "To be, or not to be? That is the question."이라는 유명한 대사가 나온다. 유진 피터슨 목사가 그의 책 〈묵상하는 목회자〉에서 다른 말을 했다. "의지대로 하느냐, 의지를 포기하느냐? 그것이 문제로다."

우리가 햄릿의 고민에 답할 이유는 없지만 유진 피터슨 목사의 질문에는 답을 해야 한다. 우리가 주님 앞에 서는 날까지 하루도 피하지 못할 질문이다. 그 질문에 대한 답이 우리를 그리스도의 장성한 분량이 충만한 데까지 이르게 할 것이다. 우리는 범사에 그리스도에게까지 자라야 하는 사람들이다.

4:20-24〉 오직 너희는 그리스도를 그같이 배우지 아니하였느니라 진리가 예수 안에 있는 것같이 너희가 참으로 그에게서 듣고 또한 그 안에서 가르침을 받았을진대 너희는 유혹의 욕심을 따라 썩어져 가는 구습을 따르는 옛 사람을 벗어 버리고 오직 너희의 심령이 새롭게 되어 하나님을 따라 의와 진리의 거룩함으로 지으심을 받은 새사람을 입으라

그리스도는 교회의 머리이고 교회는 그리스도의 몸이다. 몸과 머리는 수준이 같아야 한다. 그 일을 위해서 일단 불신자의 모습을 버려야 한다. 그 내용을 앞에서 확인했다. 이어서 신자가 어떠해야 하는지 말한다. 신자는 옛사람을 벗어 버리고 새사람을 입어야 한다.

교회학교 아이들한테 묻는다. "천국 가려면 어떻게 해야 하나요?" "예수님 믿어야 해요." 다시 묻는다. "지옥에 가려면 어떻게 해야 하나요?" 한순간 조용해졌다. 지옥에 가기 위해서 무엇을 해야 할까? 한 아이가 대답한다. "가만히 있으면 돼요."

재미있지만 무서운 얘기다. 지옥은 누구한테나 열려 있다. 지옥은 굉장히 극악한 사람이 가는 곳이 아니라 보통 사람이 가만히 있으면 가는 곳이다. 우리 일과 중에도 지옥과 연결된 일이 있을 수 있다는 뜻이다.

앞에서 불신자는 모든 것을 허망한 가운데 행한다고 했다. 우리도 얼마 전까지 그렇게 살았다. 행여 지금도 그런 모습이 있다면 잘못 사는 것이다. 예수를 제대로 믿으려면 하나님 없는 삶이 얼마나 허망한지 알아야 한다. 이 세상이 전부가 아니라 다음 세상이 있는 것을 알아야 하고, 우리 영혼이 영원하다는 사실을 알아야 한다.

17-19절은 전부 다음 세상을 기준으로 하는 얘기였다. 불신자라고 해서 마냥 부도덕하고 타락한 삶을 산다는 얘기가 아니다. 영원을 모르면 이 세상이 전부이게 되고, 이 세상을 전부로 알고 살면 그 인생은 의미가 없을 수밖에 없다.

우리는 얼마나 다를까? 본문을 보니 별반 다른 것 같지 않다. 22절에서 "너희는 유혹의 욕심을 따라 썩어져 가는 구습을 따르는 옛사람을 벗어 버리고"라고 했다. 예수를 주로 고백한다는 이유로 모든 구습이 저절로 청산

되는 것이 아니다. 우리한테는 아직도 벗어야 할 옛사람이 있다.

예수님이 나사로 무덤에서 "나사로야 나오라" 하고 불렀다. 죽은 지 나흘이나 된 나사로가 수족을 베로 동인 채 나왔다. 우리나라 식으로 하면 수의를 입고 나왔다. 나사로가 살아난 것이다. 설마 나사로가 계속 수의를 입고 지냈을까? 수의는 시신이나 입는 옷이지, 살아 있는 사람이 입는 옷이 아니다.

우리는 그리스도 안에서 새 생명을 얻은 사람들이다. 하지만 입고 있는 옷은 썩어서 냄새 나는 수의일 수 있다. 그것을 벗어 버리라는 것이다. 성경에 그런 말이 있는 이유는 우리 본성이 옛사람을 벗어 버리기를 싫어하기 때문이다. 오죽하면 "유혹의 욕심을 따라 썩어져 가는 구습을 따르는 옛사람"이라고 한다. 유혹이 유혹인 이유는 마음이 끌리기 때문이다. 영원의 관점에서 보면 아무 의미 없는데 당장 좋아 보이는 것을 어떻게 할까?

미국 스탠퍼드 대학교의 미셀 박사가 네 살짜리 아이 653명을 대상으로 실험을 했다. 마시멜로를 지금 먹어도 좋지만 15분 뒤까지 기다리면 하나 더 주겠다고 한 것이다. 아이들의 반응이 서로 달랐다. 말이 끝나기 무섭게 먹어버린 아이가 있었는가 하면 15분을 꾹 참아서 마시멜로를 하나 더 받은 아이도 있었다. 14년 후에 그 아이들을 확인했다. 15분 동안 마시멜로의 유혹을 견딘 아이들이 학교 성적도 더 좋았고 교우 관계도 원만했고 대학 진학을 위한 SAT 점수도 평균 210점이 높았다고 한다.

이 세상도 우리한테 짧은 만족을 준다. 거기에 연연하면 안 된다. 우리는 그리스도를 배운 사람들이다. 진리가 예수 안에 있는 것을 아는 사람들이다. 15분 뒤에 마시멜로를 하나 더 준다는데 하나만 먹기로 하고 당장 먹어 치울 수는 없지 않은가? 이런 사실을 감안하면 육신의 재미에 마음이 팔리는 일은 없어야 한다.

우리 교회 창 너머로 옆 교회 주차장이 보인다. 버스가 세워져 있으면 그 뒤는 은신처가 된다. 중고등부 예배를 마친 시간에는 담배를 피우는 학생도 보인다. 그런 모습을 보면 누구나 한심하다는 생각을 할 것이다. 방금 예배드렸으면서 무슨 짓이란 말인가? 하지만 다시 생각해 보자. 우리는 무엇을 했을까? 담배만 안 피웠지, 딱히 한 것이 없다. 주님 쪽으로 진도가 안 나가기는 마찬가지다. 이다음에 주님이 "넌 세상에서 뭐하다 왔느냐?"라고 물으시면 "예배 끝난 다음에 담배 안 피웠습니다"라고 할 참인가?

우리는 죄만 안 지으면 되는 사람들이 아니다. 영광스러운 곳으로 가야 하는 사람들이다. 옛사람을 벗어 버리는 것으로는 의미가 없다. 새사람을 입어야 한다.

출애굽한 이스라엘을 보자. 그들이 홍해를 건넌 이유는 가나안에 가기 위해서다. 그런데 광야 생활 내내 애굽 타령을 했다. 마음에 가득한 것이 가나안이 아니라 애굽이었다.

홍해를 기준으로 신분이 바뀌었다. 더 이상 애굽의 노예가 아니다. 하지만 마음은 바뀌지 않았다. 옛사람을 벗어 버리고 새사람을 입는 일은 신분이 달라지는 것으로 저절로 해결되지 않는다는 뜻이다.

어떤 남자가 결혼을 했다. 가정의 화목을 위해서 나름대로 노력한다. 수첩에는 하루 일과가 시간별로 메모되어 있다.

아침 7시 - 출근하면서 아내한테 뽀뽀를 한다.

오후 3시 - 집에 전화해서 일찍 들어간다고 약속한다.

오후 6시 - 퇴근길에 장미꽃을 사서 들어간다.

행여 잊어버린 것은 없는지 수시로 수첩을 확인한다. 그렇게 하면 아내가 사랑받는다고 느낄까?

우리는 하나님을 사랑해야 하는 사람들이다. 하나님을 사랑하는 것처럼 보이면 되는 사람들이 아니다. 특정 행위가 우리의 책임이면 얘기가 이상하게 된다. 예배에 참석하거나 기도하고 봉사하고 성경을 읽는 자체가 책임이라는 뜻이기 때문이다. 그것만 하면 자기 할 일은 다한 셈이다.

아프리카에 파송된 선교사가 초원에서 그만 길을 잃었다. 설상가상으로 사자까지 만났다. 그 자리에 털썩 주저앉고는 마지막으로 기도를 했다. "하나님께서 저를 이곳에 보내셨습니다. 그런데 제대로 사역도 못 해보고 죽게 생겼습니다. 바라기는 저 사자라도 예수를 믿게 해주십시오." 그런데 사자가 조용했다. 기도가 끝나도록 사자가 가만히 있는 것이었다. 이상해서 눈치를 살폈더니 이게 웬일인가? 사자가 기도를 하고 있었다. 선교사가 얼마나 기뻤을까? "할렐루야! 하나님, 감사합니다." 하고 벌떡 일어서는데 사자의 기도 소리가 들린다. "오늘도 일용할 양식을 주시오니 감사합니다."

우리 신앙이 그럴 수 있다. 성경은 우리한테 종교 행위를 익히라고 요구한 적이 없다. 주일에는 예배 빼먹지 말고, 소득의 1/10은 헌금하고, 틈틈이 기도하고, 성경 읽고, 교회에서 봉사하는 것이 우리의 책임이 아니다. 앞에서 나온 내용은 "너희는 그리스도의 몸이다. 마땅히 그리스도만큼 자라야 한다."였다.

잠깐만 성경을 덮고 생각해 보자. 우리는 의와 진리의 거룩함으로 지으심을 받은 새사람을 입어야 한다. 이 내용을 하나님과 연결하면 어떤 말이 어울릴까? 하나님에 의해서 의와 진리의 거룩함으로 지으심을 받은 새사람을 입어야 하지 않을까? 그런데 본문에는 '하나님에 의해서'가 아니라 '하나님을 따라'라고 되어 있다.

'하나님을 따라'는 창세기에 나온 표현이다. 하나님이 사람을 지으실 때 "우리의 형상을 따라 우리의 모양대로 우리가 사람을 만들자"라고 했다. 그 말을 본문에서 반복한다.

태초에 하나님이 사람을 지으셨을 때 보시기에 심히 좋았다고 했다. 당연한 얘기다. 하나님의 형상을 따라 지어졌기 때문이다. 그것을 회복하는 것이 구원이다. "너희는 본래 하나님을 따라 지어졌다. 그 모습을 복원해야 한다."라는 얘기를 "하나님을 따라 의와 진리의 거룩함으로 지으심을 받은 새사람을 입으라"라고 하는 것이다.

"내가 왕년에…"라는 말이 있다. 그런 말은 귀담아듣지 않아도 된다. 세상에서 말하는 왕년 타령은 죄다 쓸데없다. 우리는 다르다. 우리는 왕년에 하나님 보시기에 심히 좋았던 시절이 있었다. 그때를 회복해야 한다. 그것이 우리한테 허락된 구원이다. 우리는 그 구원의 완성을 소망하는 사람들이다.

4:25) 그런즉 거짓을 버리고 각각 그 이웃과 더불어 참된 것을 말하라 이는 우리가 서로 지체가 됨이라

성경은 우리 구원의 완성을 위한 책이다. 이 사실을 놓치면 자칫 성경에서 윤리적인 교훈을 찾는 것에 그칠 수 있다. 성경은 그렇게 한가한 책이 아니다. 바른생활 교과서로 충분한 내용을 다룰 이유가 없다.

본문도 그렇다. 거짓말이 나쁘다는 사실을 말하는 것이 아니다. 본문은 17-24절을 근거로 한다. 17-24절에서 "우리는 그리스도만큼 자라야 하는 사람들이다. 이방인처럼 하면 안 된다. 옛사람을 벗어 버리고 새사람을 입어야 한다."를 말했다. 그런 내용에 이어서 "그런즉 거짓을 버리고 각각 그 이웃과 더불어 참된 것을 말하라"가 나온다.

버려야 할 거짓이 어떤 것일까? 17절에서 이방인은 그 마음의 허망한 것으로 행함 같이 행한다고 했다. 18절에서는 하나님의 생명에서 떠나 있다고 했다. 19절에서는 자신을 방탕에 방임한다고 했다. 그런 것들이 버려야 할 거짓이다. 반대로 참된 것을 말하는 것은 그리스도에게서 듣고 그 안에서 가르침을 받은 대로 행하는 것이다. 새로운 심령으로 하나님을 따라 의와 진리의 거룩함으로 지으심을 받은 새사람을 입는 것이다.

조선 건국과 함께 왕 씨들이 상당한 박해를 받았다. 많은 사람이 옥(玉)이나 전(全), 전(田)으로 성을 바꾸기도 했다. 나중에 흥선대원군이 왕 씨를 중용할 계획을 밝힌다. 고종은 왕건 묘인 현릉에 행차했다가 앞으로 왕 씨도 벼슬길에 오르게 하겠다고 했다. 하지만 왕 씨가 정말로 중용되지는 못했다. 홍선대원군이나 고종이 식언을 한 것이 아니다. 나라의 명운이 다하는 바람에 그 말을 지킬 능력이 없었다.

옛사람을 벗어 버리고 새사람을 입으라는 말을 들으면 누구나 고개를 끄덕인다. 그러면서 여전히 구습에 젖은 채 사는 것이 무슨 영문일까? 홍선대원군이나 고종한테는 스스로 말한 것을 실천할 재간이 없었다. 우리는 무엇이 문제일까?

본문은 거짓을 버리고 각각 그 이웃과 더불어 참된 것을 말하라고 한다. 우리한테 버려야 할 거짓이 있다는 뜻이다. 이방인의 행습은 17-19절에서 확인했다. 이방인은 이 세상에만 소망을 두고 살아간다. 세상 욕심을 충족시키는 것에만 마음이 있다. 그런데 우리는 이방인도 아니면서 그렇게 산다. 그것이 우리가 버려야 할 거짓이다.

사람은 입으로만 말하지 않는다. 행동으로 더 크게 말한다. 예수를 믿는 사람은 누구나 신앙이 가장 중요하다고 한다. 그래서 그렇게 사느냐 하면 그렇지 않다. 취직을 할 때는 연봉을 따지고 배우자를 고를 때는 외모나 경제력을 따진다. 신앙은 욕심나는 회사에 이력서를 낸 다음에 합격시켜 달라고 기도할 때 동원된다. 신앙을 인생 목표로 삼지 않고 인생 계획을 위한 수단으로 여긴다. 그러면서 신앙생활을 한다고 착각할 수 있다.

샴푸로 머리를 감으면 거품이 난다. 이때 거품과 샴푸의 효능은 아무 관계가 없다. 거품은 머리가 감기는 것 같은 느낌을 줄 뿐이다. 양치질을 하면 입안이 싸한 것도 마찬가지다. 입안이 청결해졌다는 느낌을 갖게 하기 위해서 그런 성분을 첨가한 것이다. 치약 회사에서 원하면 초콜릿 맛도 낼 수 있고 불고기 맛도 낼 수 있다. 그런 맛이 나면 입안이 청결해진 것 같은 느낌이 안 든다. 그래서 싸한 느낌이 나게 한 것이다.

이런 경우를 교회에서도 볼 수 있다. 새사람을 입지는 않았으면서 새사람을 입은 듯한 느낌에 속는 것이다. 기복신앙에 젖은 사람이 그렇다. 열심은 있는데 열심을 부릴수록 세상과 가까워진다. 하나님이 그의 기도를 다 들어주신다고 해도 그의 기도를 통해서 이루어진 하나님의 뜻은 없다. 하지만 본인은 모른다. 기도에 게을렀으면 잘못이지만 열심히 기도했는데 뭐가 문제일까? 성경은 거짓을 버리라고 하는데 무엇을 버려야 하는지 모르는 격이다.

본래 기독교 신앙은 내세를 지향한다. 우리는 하늘에 보물을 쌓는 사람이다. 사실 이런 표현은 은근히 부담스럽다. 한때 3류 부흥사들이 헌금을 강조하면서 많이 했던 말이기 때문이다. 물론 헌금을 하는 것도 하늘에 보물을 쌓는 한 방편이다. 하지만 우리가 하늘에 쌓아야 할 것은 돈이 아니라 우리의 인생 전부다. 세상을 사는 이유와 목표가 하늘에 연결되어야 한다. 그것이 안 되면 "어떻게 하면 예수 믿은 덕을 볼 수 있을까?"를 생각하게 된다. 그것이 그 마음의 허망한 것으로 행함 같이 하는 것이고, 하나님의 생명에서 떠나 있는 것이고, 자신을 방탕에 방임하는 것이다.

세상에서는 옳고 그른 것으로 참과 거짓을 구별하지만 우리는 달리 구별한다. 세상에 속한 것은 거짓이고 하늘에 속한 것은 참이다. 썩어 없어질 것은 거짓이고 영원히 있을 것은 참이다. 육신을 즐겁게 하는 것은 거짓이고 영혼을 맑게 하는 것은 참이다. 유혹의 욕심을 따라 썩어져 가는 구습을 따르는 것은 거짓이고 하나님을 따라 의와 진리의 거룩함으로 지으심을 받은 새사람을 입는 것이 참이다.

거짓은 우리 몸에 밴 오래된 습관이다. 다 그렇게 살고 있다. 주변에서 그렇게 살라고 부추기기도 한다. 반면에 참은 우리한테 생소하다. 지금까지 그렇게 살아본 적이 없다. 마치 남의 옷을 입은 것처럼 어색하다. 그런데 본문은 거짓을 버리고 각각 그 이웃과 더불어 참된 것을 말하라고 한다. 우리가 서로 지체이기 때문이다. 우리는 더불어 완성되어야 하는 사람들이다. 자기만 그리스도만큼 자라면 안 된다. 자기의 존재가 다른 사람이 그리스도만큼 자라는 데 도움이 되어야 한다.

총알이 빗발치는 전쟁터에서 돌격할 수 있게 하는 것은 애국심이 아니라 동료의 동조 압력이라고 한다. 히피는 획일성을 거부하는 것으로 정체성을 삼지만 그들끼리는 강한 동조 경향을 보인다. 사람들은 자기가 속한 집단과 비슷해짐으로써 소속감과 안정감을 느낀다.

그런 사실을 감안하면 교회에서 하나님 보시기에 올바른 가치관이 정립되는 것이 더욱 중요해진다. 교회 전체 풍조가 하나님을 지향해야 한다. 거짓을 버리고 참된 것을 말하는 풍조가 만들어져서 모두가 범사에 그리스도만큼 자랄 수 있어야 한다. 다른 사람이 그런 풍조를 만들면 거기에 편승하는 것이 아니라 자기가 그런 풍조를 만들어야 한다.

1976년에 상영된 〈택시 드라이버〉라는 영화가 있다. 존 힝클리가 그 영화를 보고 사랑에 빠졌다. 거기 출연한 조디 포스터를 마음의 연인으로 삼은 것이다. 어떻게 하면 조디 포스터의 시선을 끌 수 있을지 고민하다가 영화의 주인공처럼 대통령을 저격할 마음을 먹는다. 그리고 1981년 3월 30일, 정말로 대통령을 저격한다. 워싱턴 시내에 있는 힐튼호텔에서 열린 전미노동조합대회에서 연설을 마치고 나오는 레이건 대통령을 쏜 것이다. 레이건은 허파를 관통당하는 중상을 입었지만 목숨에는 지장이 없었다.

여자한테 자기 존재감을 드러내기 위해서 그런 일을 하는 수도 있는 모양이다. 우리는 어떤 식으로 존재감을 드러내야 할까? 우리가 어떤 일을 하면 하나님이 주목하실까?

본문에 답이 있다. 우리가 서로 지체라는 사실을 명심해서 거짓을 버리고 각각 그 이웃과 더불어 참된 것을 말하면 된다. 알기 쉬운 말로 다른 사람의 신앙에 도움이 되면 된다. 우리가 주변 사람의 신앙에 도움을 줄 수만 있으면, 그 일이야말로 하나님 앞에 우리의 존재감을 드러낼 수 있는 가장 확실한 일이다. 일일이 다른 사람을 쫓아다니며 간섭하라는 얘기가 아니다. 거짓을 버리고 참된 것을 말하라는 얘기다. 우리는 옛사람이 아니고 새사람이다. 마땅히 새사람으로 살아야 한다.

4:26-27) 분을 내어도 죄를 짓지 말며 해가 지도록 분을 품지 말고 마귀에게 틈을 주지 말라

뭔가 이상하다. 죄만 짓지 않으면 분을 내는 것은 무방할까? 맛있는 음식을 보면 먹고 싶은 생각이 든다. 하지만 그때마다 먹지는 않는다. 졸릴 때마다 자는 사람도 없고 놀고 싶을 때마다 노는 사람도 없다. 감정은 통제할 수 없지만 반응은 통제할 수 있다. 분이 나는 것도 마찬가지다. 분이 난다는 사실이 행동을 결정하면 안 된다. 자기가 느끼는 감정보다 중요한 것이 자기 책임이다. 특히 우리는 같은 지체를 이루는 사람들이다. 우리가 어떤 사람인지 생각해야 한다.

세상 사람들도 자기 기분대로 처신하지 않는다. 돈 때문에 참기도 하고 체면 때문에 참기도 한다. 하물며 우리는 신앙의 이름으로 모였다. 자기가 감정을 통제해야지, 감정이 자기를 통제하게 하면 안 된다. 하나님께 산 제물로 드려야 할 자기 자신을 자기의 감정한테 포로로 내줄 수는 없다.

또 해가 지도록 분을 품지 말라고 했다. 이 구절도 아리송하다. 해가 지기 전에만 화를 풀면 낮 동안은 화를 내도 괜찮을까?

분을 내어도 죄를 짓지 말라고 할 때의 '분'과 해가 지도록 분을 품지 말라고 할 때의 '분'이 헬라어로는 다르다. 뒤에 나오는 분은 일종의 복수심이다. 불쾌한 일이 있다고 해서 분을 계속 품은 채 악감정을 증폭시키지 말라는 뜻이다. 요컨대 두고 보자는 마음을 품으면 안 된다.

기회는 기다리는 자에게 온다고 한다. 이 말이 사람한테만 해당될까? 27절에서 마귀에게 틈을 주지 말라고 했다. 마귀가 호시탐탐 우리의 지체 됨을 깨뜨릴 기회를 노린다. 우리가 감정을 제대로 다스리지 못하면 마귀한테 기회를 주는 셈이다. 사람과 사람이 부대끼다 보면 화나는 일이 있을 수 있다. 하지만 자기의 감정보다 더 중요한 것이 우리가 서로 지체라는 사실이다.

사람한테는 두려움을 느끼는 감정이 있다. 그 감정을 어떻게 쓰는지 사람마다 다르다. 남한테 뒤지는 것을 두려워할 수도 있고 하나님 뜻에 어긋나는 것을 두려워할 수도 있다. 남한테 뒤지는 것을 두려워하는 사람은 남한테 뒤지지 않기 위해서 애를 쓸 것이다. 그 일을 위해서 기도도 할 것이다. 하나님 뜻에 어긋나는 것을 두려워하는 사람은 그렇지 않다. 세상이 자기를 알아주지 않아도 그런 것에 구애받지 않는다. 그 사람한테는 하나님 뜻이 기준이다. 세상이 비아냥거리는 것쯤은 감수하면 그만이다.

가장 좋은 방법은 희로애락의 감정을 주님께 드리는 것이다. 주님께서 기뻐할 만한 일로 기뻐하고, 주님께서 분노할 만한 일로 분노하고, 주님께서 슬퍼할 만한 일로 슬퍼하고, 주님께서 즐거워할 만한 일로 즐거워하면 된다. 우리의 감정이 우리의 것이 아니라 주님의 것이다.

4:28) 도둑질하는 자는 다시 도둑질하지 말고 돌이켜 가난한 자에게 구제할 수 있도록 자기 손으로 수고하여 선한 일을 하라

도둑은 도둑질을 하고 있지 않아도 도둑이다. 도둑이 아니려면 도둑질을 하지 않는 것으로는 안 된다. 정상적인 경제 활동을 해야 한다. 도둑질이 아닌 다른 방법으로 생계를 유지해야 비로소 도둑이 아니라고 할 수 있다.

본문은 한 걸음 더 나아간다. "도둑질하는 자는 다시 도둑질하지 말고 자기 손으로 수고하여 스스로 생계를 책임지도록 하라"라고 하지 않았다. "도둑질하는 자는 다시 도둑질하지 말고 돌이켜 가난한 자에게 구제할 수 있도록 자기 손으로 수고하여 선한 일을 하라"라고 했다. 도둑질을 하지 않는 것이 전부가 아니라 다른 사람을 도와줘야 한다. 자기 힘으로 자기만 먹고 살면 안 된다. 이웃도 먹고살게 해줘야 한다.

우리가 보는 책은 교도소에서 쓰는 정신 훈화 교재가 아니다. 도둑질 얘기가 왜 나올까? 목사가 설교 중에 "도둑질은 나쁜 것입니다. 지금까지 도둑질로 먹고산 사람은 당장 도둑질을 그치십시오. 도둑질을 그칠 뿐만 아니라 자기 손으로 수고해서 번 것을 이웃한테 나눠주십시오."라고 하면 "아멘!" 하며 고개를 끄덕이는 사람이 있을까? 사람을 어떻게 보고 저런 말을 하느냐며 전부 노려보지 않을까?

교회 안에 세상이 말하는 도둑질을 하는 사람이야 없겠지만 신앙 영역에서는 얘기가 다르다. 다른 사람이 수고한 결과를 부당하게 누리는 사례가 정말 없을까?

대학에서 팀별 과제를 할 때 팀원 모두가 똑같이 수고하지 않는다. 자료 수집하고 수집된 자료 정리하고 PPT 작업을 하느라 밤을 새우는 팀원이 있는가 하면, 아무것도 하지 않고 표지에 이름만 올리는 팀원도 있다. 그런 팀원이 있으면 참 얄미울 것이다. 교회에는 그런 사람이 수두룩하다.

좋은 학교는 교수진이 훌륭하거나 시설이 좋은 학교를 말하지 않는다. 배출되는 학생이 좋은 학생이어야 한다. 좋은 교회도 마찬가지다. 좋은 교인이 만들어져야 한다. 남이 수고한 결과에 편승하는 교인이 좋은 교인일 수 없다. 가까스로 자기 앞가림이나 하는 교인도 마찬가지다. 본문의 표현을 빌리면 가난한 자에게 구제할 수 있도록 자기 손으로 수고하여 선한 일을 해야 한다. "내 몫은 내가 챙길 테니 네 몫은 네가 감당해라"라고 하면 안 된다. 주님이 그런 말씀을 안 하셨기 때문이다.

미국의 한 유력지가 지난 일천 년 동안 세계에서 벌어진 100대 사건을 선정했다. 구텐베르크의 금속활자가 1위를 차지했다. 우리한테는 씁쓸한 소식이다. 구텐베르크가 금속활자를 발명한 것이 1450년이다. 상정고금예문은 비록 전해지지 않지만 1234년에 간행되었다는 기록이 있다. 현존하지 않아서 의미가 없다면 1377년에 간행된 직지심체요절도 있다. 문제는 상정고금예문이나 직지심체요절이 파급 효과가 없었다는 사실이다. 구텐베르크의 금속활자는 그렇지 않다. 구텐베르크의 금속활자를 통해서 루터의 95개조 반박문이 유럽 전역에 퍼졌다. 루터가 번역한 성경도 전파되었다. 종교 개혁이 성공할 수 있었던 원동력 중의 하나가 금속활자였다.

이 내용을 우리한테 적용하면 어떻게 될까? 누가 더 예수를 오래 믿었느냐보다 중요한 문제가 있다. 다른 사람한테 얼마나 도움 되었느냐 하는 것이다. 세상을 얼마나 오래 살았느냐가 중요하지 않다. 얼마나 쓸모 있는 인생을 살았느냐가 중요하다. 몇 년을 살든지 하나님 앞에 의미 있는 인생을 살아야 한다.

4:29〉 무릇 더러운 말은 너희 입 밖에도 내지 말고 오직 덕을 세우는 데 소용되는 대로 선한 말을 하여 듣는 자들에게 은혜를 끼치게 하라

성경은 우리의 언어생활이 아니라 신앙생활에 관심이 있는 책이다. 본문은 더러운 말과 덕을 세우는 데 소용되는 선한 말을 대조한다. 성경이 말하는 더러운 말은 주변에서 흔히 들을 수 있는 상스러운 욕설이 아니라 덕을 세우는 데 방해되는 말이다.

여든 넘은 아버지가 부쩍 소화가 안 된다고 해서 병원에 갔더니 위암 말기라고 한다. 손쓸 방법이 없을 만큼 심각하다. 그렇다고 해서 "얼마 안 남았대요. 죽을 준비하래요."라고 할 수는 없다. "별 거 아니래요. 그냥 마음 편히 잡숫고 지내면 된대요."라고 해야 한다. 세상에서도 이 정도 분별은 있다. 하물며 우리한테 그런 분별이 없으면 안 된다. 우리는 당연히 신앙에 도움 되는 말, 하나님을 높이는 말을 해야 한다. 세상 눈치를 살피는 말을 입에 담을 이유가 없다.

이스라엘의 광야 생활은 가데스바네아에서의 불신앙 때문이다. 그때 정탐꾼들이 엉뚱한 말을 했다. 가나안에 들어가는 것보다 차라리 애굽으로 돌아가는 것이 낫다는 것이다. 그런 말이 더러운 말이다. 쌍욕이 섞인 말이기 때문이 아니다. 정상적인 신앙생활을 방해하는 말이기 때문이다. 하나님의 은혜를 기대하게 하는 말이 아니라 세상 앞에서 낙심하게 하는 말이기 때문이다.

예전에 "부자 되세요"라는 광고가 있었다. 부자가 되라는 말을 더 확대해 볼까? "당신은 부자가 아닙니다. 그래서 행복하지 않습니다. 행복하려면 부자가 되어야 합니다."이다. 이렇게 따지면 "부자 되세요"라는 말은 좋은 말이 아니다. 세상 사람들한테는 좋은 말로 들릴지 몰라도 우리는 가려들을 수 있어야 한다.

세상은 어차피 세속적이다. 신앙에 도움 되는 말을 할 리 만무하다. 문제는 우리다. 세상이 하는 말에 고개를 끄덕이면 안 된다. 우리는 덕을 세우는 데 소용되는 대로 선한 말을 해야 한다. 남보다 좋은 집에 살고 남보다 편리하게 사는 것이 가치 있는 인생인 양 부추기는 말이 우리 입에서는 나오지 말아야 한다. 우리가 서로 지체이기 때문이다. 서로가 서로의 신앙에 도움을 주는 것이 우리의 존재 이유다. 그 일을 위해서 주님께서 우리를 교회로 부르셨다.

4:30-31〉 하나님의 성령을 근심하게 하지 말라 그 안에서 너희가 구원의 날까지 인치심을 받았느니라 너희는 모든 악독과 노함과 분 냄과 떠드는 것과 비방하는 것을 모든 악의와 함께 버리고

교회는 그리스도의 몸이다. 몸은 머리와 수준이 맞아야 한다. 우리가 범사에 그리스도만큼 자라야 하는 것이 당연하다. 옛사람을 벗어 버리고 새 사람을 입어야 하는 이유나 거짓을 버리고 각각 그 이웃과 더불어 참된 것을 말해야 하는 이유도 범사에 그리스도만큼 자라기 위해서 그렇다.

뒤에 나오는 5:22-33은 주례사에 단골로 인용되는 구절이다. "아내들이여 자기 남편에게 복종하기를 주께 하듯 하라", "남편들아 아내 사랑하기를 그리스도께서 교회를 위하여 자신을 주심 같이 하라"라는 말씀이다. 이 말씀도 행복한 가정을 위한 지침이 아니라 범사에 그리스도만큼 자라기 위한 지침이다. 5:32에 "이 비밀이 크도다 나는 그리스도와 교회에 대하여 말하노라"라고 되어 있다. 바울이 하고 싶은 말은 남편과 아내의 관계가 아니라 그리스도와 교회의 관계다. 6:1-4에는 부모와 자녀 얘기가 나오고 6:5-9에는 상전과 종 얘기가 나온다. 이 얘기들도 마찬가지다. 범사에 그리스도만큼 자라기 위한 세부 실천 항목이다.

본문에서는 하나님의 성령을 근심하게 하지 말라는 말이 나온다. 성령을 근심하게 하면 그리스도만큼 자라는 것은 고사하고 그나마 있는 신앙도 못 지키게 된다.

지금으로부터 대략 이천 년 전에 숫처녀가 아들을 낳았다고 한다. 그 여자가 낳은 아들이 서른 살 조금 넘었을 때 사형을 당한다. 그것이 우리 죄 때문이라고 한다. 해괴한 이야기가 계속 이어진다. 죽었던 그가 사흘 만에 부활했다고 한다. 그것이 전부가 아니다. 알고 봤더니 그가 하나님이라는 것이다. 이런 황당한 소리를 믿는 사람이 있을까? 그런데 우리가 믿는다. 그러면 우리는 제정신일까, 제정신이 아닐까?

예수를 믿는 것이 그만큼 놀라운 일이다. 홍해가 갈라진 것은 기적 축에 끼지도 못한다. 우리가 예수를 믿는 것이야말로 기적이다. 이런 기적이 우리 안에 성령님이 계셔서 가능하게 되었다. 아무나 예수를 믿을 수 있는 것이 아니다. 성령님이 내주하셔야 예수를 믿을 수 있다. 예수를 믿는다는 얘기는 우리 안에 성령님이 계시다는 뜻이다.

이 말은 구원이 그만큼 완벽하다는 뜻이기도 하다. 구원이 취소되려면 성령님이 우리를 버리고 떠나든지, 성령님이 우리와 함께 지옥에 가든지 둘 중에 하나를 해야 하는데 성령님의 속성상 둘 다 불가능하다. 결국 우리는 구원을 얻을 수밖에 없다. "그 안에서 너희가 구원의 날까지 인치심을 받았느니라"가 그런 뜻이다. 성령님이 우리한테 도장을 찍으셨다. 그래서 성령님을 근심하게 하지 말아야 한다.

사람들이 생각하는 신앙은 다분히 행위 중심이다. 신앙생활 잘하라고 하면 으레 "매일 성경 읽고 꼬박꼬박 십일조 하고 열심히 기도하고 부지런히 봉사하고…"를 떠올린다. 그러면 하나님이 외모를 보시지 않고 중심을 보시는 분이라는 말씀은 어떻게 적용될까?

어떤 사람이 예수를 주로 고백한다는 얘기는 그 사람 안에 성령님이 계시다는 뜻이라고 했다. 그러면 신앙생활은 성령님을 모신 생활이 된다. 성경을 읽었느냐 말았느냐, 기도를 했느냐 말았느냐, 헌금을 했느냐 말았느냐 하고 행동 하나하나를 채점할 이유가 없다. 성령님을 기쁘시게 했는지 근심하게 했는지를 가늠하면 된다.

"교회 올 때 성경책을 꼭 갖고 와야 하나요?"라는 질문을 받은 적이 있다. 비슷한 질문은 많다. "맥주 한 잔쯤은 괜찮지 않나요?", "수련회를 반드시 가야 하는 것은 아니죠?", "십일조 하면 감사헌금은 안 해도 되죠?" 같은 질문을 수도 없이 받았다. 뭘 묻는 것일까? "그렇게 해도 벌 안 받죠?"라는 뜻일까? 그러면 맞다. 하지만 "그렇게 해도 하나님이 기뻐하시죠?"라는 뜻이면 틀리다.

어떤 사람이 연애를 한다. 그런데 자기가 무엇을 해야 애인이 좋아할지 신경 쓰지 않는다. 오히려 자기가 어떤 일까지는 해도 애인이 결별 통보를 안 할지 신경 쓴다. 유일한 관심이 애인의 인내 한계다. 그런 연애를 왜 할까?

요즘은 운전면허시험을 컴퓨터가 채점한다. 전에는 검시관이 동승했다.

검시관이 하는 일도 컴퓨터가 하는 일과 똑같다. 어떻게 운전했는지에 따라 합격, 불합격을 판정한다.

하나님은 어떨까? 모세가 십계명을 받으러 시내산에 올라갔을 때 산 밑에 있던 이스라엘이 금송아지 우상을 섬겼다. 그때 하나님 마음이 운전면허시험 검시관이 "불합격입니다"라고 할 때와 같은 마음이었을까?

하나님은 우리의 모든 언행에 호불호의 감정을 느끼신다. 우리가 그리스도만큼 자라는 일을 게을리 하면 근심하신다. 문제는 우리가 근심하지 않는다는 사실이다. 본래 실력이 없을수록 채점을 후하게 하는 법이다. 신앙이 유치원 수준이면 자기 신앙에 대해서 전혀 걱정하지 않는다.

어떤 사람이 본문 30절로 QT를 한다. "하나님의 성령을 근심하게 하지 말라 그 안에서 너희가 구원의 날까지 인치심을 받았느니라"라는 말씀을 깊이 묵상하면서, 앞으로 절대 성령님을 근심하게 하는 일은 하지 않기로 다짐했다. 그런 마음으로 31절로 넘어가면 맥이 풀릴 것 같다. "너희는 모든 악독과 노함과 분 냄과 떠드는 것과 비방하는 것을 모든 악의와 함께 버리고"라고 했는데, 이 정도 내용이라면 따로 신경 쓸 것이 없지 않은가?

내가 어렸을 적에는 베트남 전쟁이 한창이었다. 그 시대에 월남으로 파병되는 어떤 부대가 있다고 하자. 모두 비장한 마음이다. 지휘관이 정신훈화를 한다. "… 제군들은 조국의 이름으로 뽑혔다. 그래서 당부한다. 탈영을 하면 안 된다. 총을 고물상에 팔아먹어도 안 되고 보급품을 빼돌려도 안 된다."

30절과 31절이 그런 식이다. 하나님의 성령을 근심하게 하지 말라는 말에 이어서 악독이나 노함, 분 냄, 떠드는 것, 비방하는 것을 거론하는 것은 너무 유치하다. 그런데 성경은 하나님의 성령을 근심하게 하지 않으려면 가장 먼저 그런 마음이 없어야 한다고 한다. 우리한테 그런 마음이 있다는 뜻일까, 없다는 뜻일까?

우리가 하나님보다 더 관대할 수 있을까? 질문이 좀 이상하지만 불신앙에 대해서는 우리가 훨씬 관대하다. 하나님은 죄를 절대 그냥 넘기시지 않는다. 그런데 우리는 걸핏하면 괜찮다고 한다. 하나님은 괜찮지 않다고 하시는데 우리끼리 괜찮다고 우긴다.

우리가 관대해야 할 영역은 따로 있다.

4:32) 서로 친절하게 하며 불쌍히 여기며 서로 용서하기를 하나님이 그리스도 안에서 너희를 용서하심과 같이 하라

성경은 우리한테 서로 친절하게 하며 불쌍히 여기며 서로 용서하라고 한다. 하나님이 그리스도 안에서 우리를 용서하신 것처럼 우리도 그렇게 하라는 것이다. 하나님이 우리를 향하여 가지셨던 마음이 우리한테서 나와야 한다. 어쩌면 엄두가 안 날 수 있다. 게다가 주변에는 도무지 친절하게 대할 수 없는 사람, 도무지 용서하기 싫은 사람이 있게 마련이다. 일부러 미워하려는 것이 아니라 하는 짓을 보면 미워할 수밖에 없다.

성경은 달리 말한다. 31절에서 "너희는 모든 악독과 노함과 분 냄과 떠드는 것과 비방하는 것을 모든 악의와 함께 버리고"라는 말을 왜 했을까? 졸지 말고 정신 차리라는 말을 생각해 보자. 정신 차리는 데 가장 방해되는 것이 조는 것이니까 졸지 말고 정신 차리라고 하는 것이다. 31절과 32절이 그런 격이다. 우리가 서로 친절하게 하며 불쌍히 여기며 서로 용서하기를 하나님이 그리스도 안에서 우리를 용서하심과 같이 하지 못하는 이유가 모든 악독과 노함과 분 냄과 떠드는 것과 비방하는 것과 모든 악의 때문이다.

우리한테 무슨 악독과 노함과 분 냄과 떠드는 것과 비방하는 것과 악의가 있다는 것인지 납득이 안 될 수 있다. 성경이 우리를 너무 몰아세우는 것 같기도 하다. 먼저 알아야 할 사실이 있다. 우리한테 어떤 잘못이 있다면, 그것은 우리 생각보다 훨씬 심각한 잘못이다. 우리가 그만큼 불신앙에 대해서 너그럽다. 실력이 없다는 증거다.

먼저 우리한테 그리스도만큼 자랄 의지가 있는지 확인해보자. 성경은 우리한테 그리스도만큼 자라라고 하는데 우리한테 그럴 의지가 없으면 모든 것이 다 괜찮아 보인다. 성경 말씀을 들을 마음이 없으면 거리낄 것이 아무 것도 없다. 성경 말씀을 무시하는 마당에 무시하지 못할 것이 무엇이 있겠는가?

정말로 그리스도만큼 자랄 의지가 있다면 하나님 말씀을 진지하게 새겨야 한다. 효도를 하려면 부모를 근심하게 하지 말아야 하는 것처럼 그리스도만큼 자라려면 하나님의 성령을 근심하게 하지 말아야 한다. 우리가 꼭 피해야 할 일이 있다면 하나님의 성령을 근심하게 하는 일이다. 다른 일은 다 괜찮아도 그 일만큼은 괜찮지 않다. 우리는 예수 믿은 기간에 비례해서 그리스도만큼 자라야 하는 사람들이다. 우리를 향한 하나님의 뜻이 거기에 있다.

5장 사랑받는 자녀들

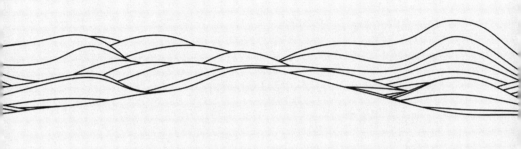

5:1-2〉 그러므로 사랑을 받는 자녀같이 너희는 하나님을 본받는 자가 되고 그리스도께서 너희를 사랑하신 것같이 너희도 사랑 가운데서 행하라 그는 우리를 위하여 자신을 버리사 향기로운 제물과 희생 제물로 하나님께 드리셨느니라

4:30에서 "하나님의 성령을 근심하게 하지 말라 그 안에서 너희가 구원의 날까지 인치심을 받았느니라"라고 했다. 우리가 성령 안에 있다. 하나님이 그만큼 우리를 사랑하신다. 그러면 그에 맞는 면모가 있어야 한다. "그러므로 사랑을 받는 자녀같이 너희는 하나님을 본받는 자가 되고…"가 그런 말이다.

부교역자 시절, 상당히 덜렁거리는 자매가 있었다. 소지품을 제대로 챙기지 못해서 늘 잃어버리곤 했다. 하루는 지갑을 잃어버리고 다음날은 안경을 잃어버리고 다음날은 핸드폰을 잃어버렸다. 스스로도 한심했는지 어머니한테 여쭸다.

"엄마! 나, 엄마 딸 맞지?"

"응, 왜?"

"엄마는 꼼꼼하잖아. 난 왜 이렇게 덜렁거려?"

"다 이유가 있지."

"뭔데?"

"낳기는 내가 낳았다만 크기는 네 맘대로 커서 그렇지."

우리는 우리가 누구인지 제대로 알아야 한다. 예수를 믿으면서도 세상 사람처럼 사는 이유는 자기가 누구인지 모르는 탓이다. 본문은 우리한테 사랑을 받는 자녀같이 처신하라고 한다. 하나님을 본받는 자가 되는 것이 사랑을 받는 자녀같이 처신하는 것이다. '본받다'에 해당하는 헬라어 '미메테스'는 본뜬다, 틀에 놓고 찍는다, 똑같이 베낀다는 뜻이다.

어떤 사람이 교회에 다닌다. 제일 먼저 나타나는 변화 중 하나가 식사 기도일 것이다. 또 십일조도 한다. 매일 시간을 정해서 성경도 읽는다. 본문의 요구는 그 정도가 아니다. 하나님을 본뜨라고 한다. 단언하거니와 신앙생활에 대해서는 아무리 눈높이를 높여도 부족하다.

'벤치마킹'이라는 말이 있다. 강물의 깊이를 재기 위해 세워둔 막대를 '벤치마크'라고 하는데, 뛰어난 상대를 정해서 자신과 비교하고 모자란 점을 찾아 배우는 기법을 말한다. 기업 경영에 흔히 쓰인다. 하지만 인생을 계획

할 때도 벤치마킹은 필요하다. 그리고 우리는 하나님을 벤치마킹해야 하는 사람들이다. 한두 가지 장점을 흉내 내는 것이 아니라 하나님을 통째로 베껴야 한다. 우리를 하나님의 틀에 놓고 찍어야 한다.

언젠가 설교 시간에 졸았다며 미안하다는 분이 있었다. 그날 밤, 자리에 누워서 생각했다. "설교 때 졸았다고 미안하다고 했다. 참 순진한 분이다." 라는 생각을 하다가 문득 "졸지 않았으면 어떻게 했을까?"라는 생각이 들었다. 갑자기 허탈해졌다. 별 차이가 없을 것 같았기 때문이다.

성경은 원수를 사랑하라고 한다. 그래서 우리가 원수를 사랑하느냐 하면, 그렇지 않다. 문제는 그다음이다. 그러면 고민이라도 생겨야 한다. 고민이 안 된다는 얘기는 자기 일로 여기지 않는다는 뜻이다.

소설가 공지영 씨한테는 세 번 혼인하고 세 번 이혼한 아픔이 있다. 두 번째 남편이었던 영화감독 오병철 씨가 작고할 때의 심정을 이렇게 밝혔다. "그가 죽는다는데 어쩌면 내 머리채를 휘어잡고, 나를 모욕하고, 나를 버리고 가버렸던 날들만 떠오르다니! 그의 죽음보다 더 당황스러웠던 것이 바로 그것이었다. 죽음조차도 우리를 쉬운 용서의 길로 이끌지 않는다는 사실을 그때 알았다. 인간의 기억이 이토록 끈질기며 이기적이란 것도 깨달았다."

한때 살 맞대고 살던 사람이 조만간 죽는다고 하는데도 자기가 받은 상처와 모욕이 떠오르더라는 고백이다. 용서가 그만큼 어렵다. 그런데 성경은 원수를 용서하라는 정도가 아니라 원수를 사랑하라고 한다. 도무지 말이 되지 않는다.

달리 생각할 수도 있다. 하나님이 말도 안 되는 요구를 하신다는 얘기는 하나님이 약속하신 내용 또한 말이 안 된다는 뜻이다. 대체 우리를 어디로 데려가시려고 그런 요구까지 하실까? 어쨌든 우리가 상상도 할 수 없는 복락을 예비하신 것이 분명하다.

하나님을 벤치마킹하는 것은 보통 일이 아니다. 그런데 "그리스도께서 너희를 사랑하신 것같이 너희도 사랑 가운데서 행하라" 하고 요구 사항을 추가한다. 사랑은 기독교에서 가장 강조하는 덕목이다. 우리가 예수를 믿는다면 우리의 모든 행위의 동기가 사랑이어야 한다.

그리스도께서 우리를 어떻게 사랑했을까? 본문은 "그는 우리를 위하여 자신을 버리사 향기로운 제물과 희생 제물로 하나님께 드리셨느니라"라고 말한다. "십자가에 달려 돌아가셨다"라고 해도 되는데 "향기로운 제물과 희생 제물로 하나님께 드렸다"라는 표현을 쓴다.

사랑에 가장 큰 장애를 꼽는다면 다른 사람을 한심하게 여기는 것이다. "저 사람은 왜 저 모양일까?"라는 마음이 있으면 사랑이 자리할 수 없다. 자기는 한심하지 않은 줄 아는 것이다. 자기의 존재 근거가 예수님인 것을 모르면 어쩔 수 없다.

성경에서 가장 좋아하는 사람이 누구냐고 물으면 다양한 답이 나올 수 있다. 하지만 롯을 좋아하는 사람은 없을 것이다. 그런데 하나님께서 보시는 롯은 천사를 보내어 구원해야 할 만큼 귀한 영혼을 가진 사람이었다. 소돔, 고모라와 함께 도매금으로 심판하면 안 되는 사람이었다.

우리한테 그대로 적용된다. 예수님은 자신이 죽어서라도 우리를 구원하서야 할 만큼 우리를 가치 있게 판단하셨다. 우리만 그런 것이 아니다. 우리 옆 사람도 마찬가지다. 그 사람은 우리한테 철천지원수일 수 있다.

다시 생각해 보자. 우리는 사랑받는 자녀다. 사랑받는 자녀다운 면모가 나와야 한다. 그것이 하나님을 본받는 자가 되는 것이다. 그리스도께서 우리를 사랑하신 것처럼 사랑 가운데서 행해야 한다. 그리스도는 우리를 위하여 자신을 버리사 스스로 희생 제물이 되셨다. 우리를 위하여 자신을 포기한 것이 그리스도의 사랑이다.

그러면 예수를 믿어서 포기한 것이 어떤 것이 있는지 꼽아보자. 우리가 장차 하나님께 보여드릴 수 있는 것은 이 세상에서 얻은 것들이 아니라 포기한 것들이다. 수년 전에 키프로스(구브로)에 있는 바나바 수도원에 방문한 적이 있다. 여러 성화들이 전시되어 있었는데 세례 요한을 그린 성화에서 상당한 충격을 받았다. 세례 요한이 자기 목을 들고 있었기 때문이다. 세례 요한은 "제가 이것을 포기했습니다" 하고, 하나님께 자기 목을 보여드릴 수 있는 사람이다. 그런데 "하나님, 제가 일요일마다 늦잠을 포기했습니다."라고 할 수는 없지 않은가?

어떤 사람이 폐암 말기 판정을 받았다. 현대 의학 기술로 가망이 없다고 한다. 그러면 하나님의 기적을 바라며 기도할 것이다. 난소가 없는 여자인데도 하나님께 불가능이 어디 있느냐며, 아이를 달라고 기도하는 경우도 본 적이 있다. 우리는 얼마든지 그런 기적을 구할 수 있다. 우리가 하나님께 구하지 못할 것은 없다. 기왕이면 다른 기적도 구해보자. "하나님, 모두가 자기를 위해 살아갑니다. 하지만 저는 남을 위해 살게 해주십시오. 다른 사람을 위해서 기꺼이 제 몸을 희생 제물로 바칠 수 있게 해주십시오."라는 기도는 어떨까? 그런 기적이야말로 하나님께서 원하시는 기적이다. 그 기적을 위하여 주님이 먼저 희생 제물이 되셨다. 이제 우리가 벤치마킹할 차례다. 그렇게 하면 우리가 하나님의 틀에 찍혀 나오게 될 것이다. 그날이 우리 구원이 완성되는 날이다.

5:3〉 음행과 온갖 더러운 것과 탐욕은 너희 중에서 그 이름조차도 부르지 말라 이는 성도에게 마땅한 바니라

우리는 예배를 드리지만 구약시대에는 제사를 드렸다. 이때 제물로 쓰일 짐승에는 흠이 없어야 했다.

제물로 쓰일 양이 있다고 하자. 그 양은 아무런 흠도 없이 자기를 지켜야 한다. 다른 양과 다투다 귀를 찢거나 다리를 다치면 안 된다. 그렇게 자신을 준비했다가 누군가를 위해서 대신 죽는 것이 그 양의 본분이다.

우리는 다를까? 우리가 다른 사람의 죄를 대속할 수는 없다. 하지만 다른 사람을 위해서 살기는 해야 한다. 우리는 그리스도께서 우리를 사랑하신 것처럼 사랑 가운데서 행해야 하는 사람들이다.

한 가지 의아한 사실이 있다. 음행이나 더러운 것이나 탐욕은 바른생활 교육만 제대로 받아도 멀리할 수 있다. 왜 신앙의 이름으로 금해야 할까? 닭 잡는 데 소 잡는 칼을 쓰는 것 같지만 그렇지 않다. 다른 사람의 신앙을 심각하게 방해하는 것이어서 그렇다.

음행은 혼자 범하는 죄가 아니다. 더러운 것이나 탐욕도 마찬가지다. 혼자 하나님에게서 멀어지는 것이 아니라 다른 사람도 멀어지게 한다. 하나님 나라를 위해서 보탬이 안 되는 것도 민망한데 하나님 나라를 허물 수는 없지 않은가?

성경에는 읽기만 해도 가슴이 뭉클해지는 장면이 많다. 에스더가 죽으면 죽으리라고 하는 장면도 그렇고, 다니엘의 세 친구가 풀무 불의 위협 앞에서도 바벨론 금 신상에 절하기를 거부하는 장면도 그렇고, 엘리야의 기도로 갈멜산에 불이 내리는 장면도 그렇다.

본문은 그렇지 않다. 감동은 고사하고 두말하면 입 아프다. 왜 이런 뻔한 말을 하느냐 하면, 신앙이 그만큼 현실적이기 때문이다. 신앙은 관념이나 각오로 나타나는 것이 아니다. 사람과 사람이 어울려 살아가는 삶의 현장에서 실제 상황으로 나타난다.

수년 전, 명절 때의 일이다. 사촌동생이 십자가 귀걸이를 한 것을 보고 말했다. "넌 교회도 안 다니면서 무슨 십자가냐?" 그렇게 말하면서 속으로는 "아니에요. 요즘 교회 다녀요."라는 대답을 기대했다. 그런데 엉뚱한 답을 들었다. "교회 다니는 사람만 하라는 법이 어디 있어요? 예쁘면 하는 거죠." 뒤통수를 맞은 기분이었다. 십자가가 장식용으로 쓰인다는 사실이 상당한 충격이었다. 그런데 다시 생각하니 신자도 별 차이가 없을 것 같았다.

합 3:17-18 말씀을 가사로 하는 찬양이 있다.

무화과 나뭇잎이 마르고 포도 열매가 없으며

감람나무 열매 그치고 논밭에 식물이 없어도

우리의 양 떼가 없으며 외양간 송아지 없어도

난 여호와로 즐거워하리 난 여호와로 즐거워하리

난 구원의 하나님을 인해 기뻐하리라

회사에서 명예퇴직 당하고 대출금 상환하라는 독촉 전화가 걸려오고 보증 잘못 선 것 때문에 아파트가 날아가고 병원에 갔더니 간암 말기라고 해도 여호와로 인하여 기뻐하는 것이 말이 될까? 그런 건 모른다. 일단 가락이 흥겹다. 흥겹게 부르면 그만이다.

신앙은 멋있는 성경 구절을 읊는 것으로 나타나는 것이 아니다. 실제로 그렇게 살아야 한다. 행여 우리한테 음행이나 온갖 더러운 것이나 탐욕이 있지나 않은지 조심해야 한다. 이런 것이 있는 채로는 아무리 명분 있는 말을 하고 거창한 포부를 내세워도 무효다.

그래서 점검해야 한다. 자기한테 얼마나 숭고한 이상이 있느냐가 문제가 아니다. 남들이 십일조를 할 때 혼자 십의 오조를 헌금하고 매달 열흘씩 금식기도를 하고 매주 열 명씩 전도를 하는 것이 문제가 아니다. 자기한테서 음행이나 온갖 더러운 것이나 탐욕이 나오면 아직 신앙생활을 하고 있지 않은 것이다.

5:4) 누추함과 어리석은 말이나 희롱의 말이 마땅치 아니하니 오히려 감사하는 말을 하라

어딘가 어색하다. 본래 기독교는 행위를 묻는 종교가 아니라 존재를 묻는 종교다. 누추함과 어리석은 말이나 희롱의 말을 하는 것은 그런 사람이기 때문이다. 말보다 중요한 것이 사람이다. 감사하는 말을 하는 것도 그렇다. 감사하는 사람이 되는 것이 먼저다.

그런데 본문은 말에 초점을 둔다. 2절에 이어진 내용이기 때문이다. 우리는 그리스도께서 우리를 사랑하신 것처럼 사랑 가운데서 행해야 하는 사람들이다. 우리한테 있는 신앙이 우리 문제로 끝나지 않는다. 다른 사람과 관계가 있다. 우리가 하는 말 한마디, 한마디가 옆 사람을 사랑으로 이끄는 말이어야 한다.

우리가 일상생활에서 쓸 수 있는 누추함과 어리석은 말이나 희롱의 말을 예로 들려면 한도 끝도 없다. 그 모든 말에 공통점이 있다. 감사하는 말이 아니다. 감사가 나타나지 않는 말은 전부 누추함과 어리석은 말이나 희롱의 말이다.

베스트셀러 작가로 이름 높은 맥스 루케이도 목사의 아버지 잭 루케이도는 3년 동안 루게릭을 앓다 죽었다. 친족 중에 그의 마지막 모습에서 예수를 영접한 사람이 많았다고 한다. 잭 루케이도가 죽음을 기다리는 모습이 뭔가 달랐던 모양이다.

예수를 믿는 것은 가치관의 문제다. 예수를 믿지 않는 사람과 똑같이 처신하면서 교회에 출석하는 사람이 아니라 예수를 믿지 않는 사람과 생각하는 것이 다른 사람이다. 생각이 다르면 말은 자연히 다르게 마련이다.

〈시카고〉라는 범죄 영화가 있다. 주인공 빌리 플린은 재판에서 한 번도 저본 적이 없는 최고의 변호사다. 그가 말한다. "죄를 지었느냐 안 지었느냐는 중요하지 않다. 수임료가 있느냐 없느냐가 중요할 뿐이다." 빌리 플린한테는 위법 여부보다 돈이 중요했다. 돈만 있으면 증거를 조작해서라도 유죄를 무죄로 만들 수 있다. 그것이 세상에서 말하는 능력이다.

이 말을 반면교사로 삼을 수 있다. 우리한테 주어진 환경이나 조건은 중요하지 않다. 오직 신앙이 중요할 뿐이다. 남들은 누추함과 어리석은 말, 희롱의 말을 하는 상황에서라도 신앙만 있으면 얼마든지 감사하는 말을 할 수 있다. 그것이 우리한테 필요한 능력이다. 교회는 그것을 훈련하는 곳이다.

5:5-7) 너희도 정녕 이것을 알거니와 음행하는 자나 더러운 자나 탐하는 자 곧 우상 숭배자는 다 그리스도와 하나님의 나라에서 기업을 얻지 못하리니 누구든지 헛된 말로 너희를 속이지 못하게 하라 이로 말미암아 하나님의 진노가 불순종의 아들들에게 임하나니 그러므로 그들과 함께하는 자가 되지 말라

우리는 그리스도께서 우리를 사랑하신 것처럼 사랑 가운데서 행해야 하는 사람들이다. 그래서 가장 조심해야 할 것이 음행과 더러운 것과 탐욕이라고 했다. 같은 말이 또 나온다. 음행하는 자나 더러운 자나 탐하는 자는 하나님의 나라에서 기업을 얻지 못한다는 것이다. 요컨대 하나님의 관심은 우리한테 하나님의 나라에서 기업을 얻게 하는 것이다.

하나님이 이스라엘을 가나안으로 인도할 계획을 세우셨다. 그래서 거듭

당부하신다. "절대 가나안 원주민의 소행을 본받지 마라. 그들과 어떤 계약도 맺지 마라." 구약성경에 나오는 하나님의 소원은 이스라엘이 하나님의 백성 된 지위를 누리는 것이었다. 그러면 이스라엘은 최소한 가나안 원주민과 달라야 했다. 그런데 거기에 관심이 없었다. 하나님 뜻에 맞게 사는 것보다 자기들 편한 대로 사는 것이 더 좋은 것을 어떻게 할까?

같은 갈등이 지금도 있다. 하나님은 우리한테 하나님 나라의 기업을 얻게 하려고 하신다. 우리는 이 땅에서 잘 먹고 잘살게 해달라고 한다. 천국도 알고 하나님의 약속도 알지만 당장 먹고살아야 할 것 아니냐는 것이다.

특히 "너희도 정녕 이것을 알거니와"라는 표현에 주목할 필요가 있다. 본문은 우리가 모르는 사실을 말하는 것이 아니다. 우리도 안다. 일찍 일어나야 부지런한 사람이 되는 것을 누가 모를까? 일찍 일어나는 것이 싫을 뿐이다.

그러면 "누구든지 헛된 말로 너희를 속이지 못하게 하라"는 어떻게 된 영문일까? 몰라서 속을 수는 있지만 뻔히 알면서 속을 수 있을까?

하와가 사탄의 꼬임에 넘어간 이유가 무엇 때문일까? 하와가 순진한 탓일까, 사탄의 말이 사실이기를 바라는 마음이 있었기 때문일까? 사람은 아무 말이나 듣지 않는다. 자기가 듣고 싶은 말을 듣는다. 아담, 하와가 선악과를 먹은 것이 무지한 탓이었으면 하나님도 달리 반응했을 것이다.

음행하는 자나 더러운 자나 탐하는 자는 하나님 나라에서 기업을 얻지 못한다. 하나님이 음행이나 더러운 것이나 탐욕을 혐오하신다는 뜻이다. 하나님이 싫어하는 일이 우리한테 가치 있을 리 없다. 그런데 자꾸만 속는다. "이 정도는 괜찮다", "이런 경우에는 다 그렇게 한다"라고 하면 그런가 보다

한다. 그런 말이 헛된 말이다. 거기에 속는 사람은 몰라서 속는 것이 아니라 알면서 속는다. 마음이 그쪽으로 기울어져 있기 때문이다.

오래전에 고향 친구를 만났을 때의 일이다. 신앙 얘기를 꺼내자, 그 친구가 물었다.

"대체 예수를 왜 믿어야 하는데?"

"예수 안 믿으면 지옥 간다."

"솔직히 말해봐. 넌 정말로 천국, 지옥이 있다고 믿는 거냐?"

"그걸 말이라고 하냐?"

"네가 목사니까 그렇게 말하는 거 아냐?"

"헛소리 그만하고 예수 믿어라. 이다음에 영원히 후회한다."

"하기야 네 입장에서는 그렇게 말할 수밖에 없겠지. 이해한다."

참 이해심 많은 친구다. 그런데 교회에서도 그런 말이 들린다. "목사님은 목사님이시니까 그렇게 말씀하시지만 저희는 다르잖아요."라는 말을 지금까지 몇 번이나 들었는지 모른다. "목사님이 그렇게 말씀하시는 것은 이해합니다"라고 하면 뭐라고 해야 할까?

하나님 말씀의 가치를 부인하지는 않는다. 하지만 그런 식으로는 세상을 살 수 없다는 것이다. 곧이곧대로 하나님 말씀을 지키면 정말로 세상을 못 사는 것이 문제가 아니다. 하나님 말씀을 무시하면서까지 세상을 살려는 것이 문제다. 그래서 "이로 말미암아 하나님의 진노가 불순종의 아들들에게 임하나니"라고 한다.

어떤 사람이 헛된 말에 속았다. 세상에서는 속는 게 바보라고 한다. 하지만 하나님은 그런 사람들의 어리석음에 진노하시지 않고 불순종에 진노하신다. 헛된 말에 속은 것이 어리석음 때문이 아니라 순종하기 싫은 마음 때문이라는 것이다.

처방은 간단하다. "그러므로 그들과 함께하는 자가 되지 말라"가 그것이다. 헛된 말에 속으면 그들과 함께하는 자가 된다. 그들은 하나님의 진노가 임하는 사람들이다.

〈127시간〉이라는 영화가 있다. 어떤 사람이 협곡을 등반하다가 구덩이 아래로 떨어지는 사고를 당하고, 그 사고로 오른손이 바위에 끼이고 만다. 가진 것은 산악용 로프와 등산용 칼 그리고 500ml 물 한 병이 전부였다. 도무지 팔을 빼낼 방도가 없었다. 6일째가 되자, 오른손이 부패하기 시작했다. 마침내 결단을 내린다. 이를 악물고 등산용 칼로 오른손을 자르기 시작한다. 그렇게 해서 살아날 수 있었다. 아론 렐스톤이 2003년 4월에 미국 유타주의 캐년랜드 국립공원 협곡을 등반하다가 실제로 당한 일을 바탕으로 만든 영화다.

생각나는 성경 구절이 있다. "만일 네 오른손이 너로 실족하게 하거든 찍어 내버리라 네 백체 중 하나가 없어지고 온 몸이 지옥에 던져지지 않는 것이 유익하니라"라는 말씀이다. 이 세상을 살아가는 데에도 그런 결단이 있어야 한다. 하물며 하늘에 속한 삶을 살아가려면 어떤 결단이 있어야 할까?

5:8-9〉 너희가 전에는 어둠이더니 이제는 주 안에서 빛이라 빛의 자녀들처럼 행하라 빛의 열매는 모든 착함과 의로움과 진실함에 있느니라

다이어트 광고에서 흔히 모델의 before와 after를 보여준다. 그런 내용을 어둠과 빛으로 얘기한다. 우리가 전에는 어둠이었지만 이제는 주 안에서 빛이다. 주 안에서 빛인 모습이 있어야 한다. 그래서 "빛의 자녀들처럼 행하라"라는 말이 나온다. 일반적인 표현으로 바꾸면 "너희가 전에는 불신자였지만 지금은 신자가 되었다. 이제는 신자다워야 한다."가 된다.

신자는 당연히 신자다워야 한다. 어느 만큼 신자다워야 할까? 주일 예배 안 빼먹고, 밥 먹기 전에 기도하고, 틈나는 대로 전도하고, 매일 성경 읽고, 꼬박꼬박 QT 하고… 하는 식으로 나열할 것 없다. 불신자 때 불신자다웠던 것만큼 신자다우면 된다.

미국 철학자 모티머 에들러가 〈신을 생각하는 법〉이라는 책에서 신의 존재를 강력하게 주장했다. 그런데 자신은 신과 무관하게 살았다. 우리나라에서는 신이라고 해서 꼭 하나님을 뜻하지 않지만 미국에서는 다르다. 신이 존재한다는 말은 하나님이 존재한다는 뜻이다. 모티머 에들러는 하나님이 살아 계시다고 강변하면서 하나님과 관계없이 살았다. 나중에 자서전에서 그 이유를 밝힌다. 신자가 되려면 삶을 전폭적으로 바꿔야 하는데 그것이 싫었다는 것이다. 직설적으로 표현하면 "신실하게 살려면 골치 아프다. 신앙생활을 제대로 하는 것보다 대충 하는 것이 훨씬 편하다."가 된다.

본문 앞에 "너희도 정녕 이것을 알거니와 음행하는 자나 더러운 자나 탐하는 자 곧 우상 숭배자는 다 그리스도와 하나님의 나라에서 기업을 얻지 못하리니 누구든지 헛된 말로 너희를 속이지 못하게 하라"라는 말씀이 있었다. 사람들이 몰라서 불신앙을 행하지 않는다. 알면서도 행한다. 그래서

"너희도 정녕 이것을 알거니와"라고 못을 박는다.

　본문에서 우리 형편을 어둠과 빛으로 대조하는 것도 같은 경우다. 어둠에 속한 사람은 아무것도 모른다. 빛에 속한 사람은 다르다. 무엇이 옳고 무엇이 그른지 알고, 자기가 있는 곳이 어디이고 자기가 어디로 가야 하는지 안다. 부르심의 소망이 무엇이고 영광의 풍성함이 무엇인지 안다. 결국 "너희가 전에는 어둠이더니 이제는 주 안에서 빛이라 빛의 자녀들처럼 행하라"라는 얘기는 "너희가 전에는 몰랐다고 해도 이제는 알지 않느냐? 알면서 왜 그러는 거냐?"라는 뜻이다.

　어둠 속에서 길을 못 찾는 것은 어쩔 수 없다. 그런데 왜 빛 안에 있으면서 길을 안 찾는 것일까? 모티머 에들러는 옳은 길을 갈 마음이 없다고 솔직하게 답을 했다. 어느 길이 옳은 길인지 사람들한테 말은 해줄지언정 자기는 가기 싫었다.

　그런데 대부분은 그처럼 솔직하지 않은 모양이다. 9절에서 "빛의 열매는 모든 착함과 의로움과 진실함에 있느니라"라고 했다. "너희가 빛의 자녀처럼 행하면 빛의 열매가 열릴 것이다. 너희 삶 속에 착함과 의로움과 진실함의 열매가 열리면 너희가 빛의 자녀처럼 행하는 것이 맞다. 그런 열매가 열리지 않으면 빛의 자녀처럼 행하지 않은 것이다."라는 뜻이다. 이런 말이 왜 필요할까? 열매를 맺지는 않으면서 자기가 빛의 자녀처럼 행한다고 착각하기 때문이다. 그렇게 착각할 수 있는 근거는 자기도 알기 때문이다. 신앙은 정보의 문제가 아니라 실천의 문제인데 자기가 안다는 이유로 그것을 자기 수준인 양 여기는 것이다. 그래서 본문은 빛의 열매가 모든 착함과 의로움과 진실함에 있다고 못을 박는다. 머릿속으로만 예수 믿지 말고 정말로 빛의 자녀로 행하는지 확인이 필요하다는 것이다.

어른들은 아이가 말을 잘 들으면 착하다고 하는데 우리는 그런 말을 하나님께 들어야 한다. 혹시 우리한테 "아무리 하나님 말씀이라도 이것만은 안 됩니다"라는 것이 없을까? 그런 것이 있으면 빛의 열매를 맺을 수 없다. 아이가 어른한테 착하다는 말을 들으려고 해도 고집을 부리면 안 되는데 하물며 우리가 하나님께 고집을 부릴 수는 없다.

두 번째는 의로움이다. 성경이 요구하는 의로움은 세상이 인정하는 의로움의 차원이 아니다. 예수님이 "너희 의가 서기관과 바리새인보다 더 낫지 못하면 결코 천국에 들어가지 못하리라"라고 하셨다. 우리한테는 서기관이나 바리새인보다 더 나은 의가 있어야 한다.

옳고 그른 것을 엄격하게 구분해서 옳은 것은 옳다고 하고 그른 것은 그르다고 하는 것이 서기관과 바리새인의 의였다. 그들은 하나님을 노엽게 하는 사람이 없어지면 하나님 앞에 기쁨이 된다고 믿었다. 불의한 사람을 구분하는 것에 관심이 있을 수밖에 없다. 예수님은 죄인 하나가 회개하고 돌아오면 하늘에 기쁨이 있다고 했다. 유대 종교 지도자들한테는 죄인이 제거 대상이었고 예수님께는 치료 대상이었다.

세상에서도 옳고 그른 것을 분간하는데 우리가 그 정도에 머무를 수는 없다. 우리는 틀린 것을 옳게 만들어야 한다. 그것이 우리의 의다. 틀린 것을 옳게 만들려면 어떻게 해야 할까? 앞에서 "그리스도께서 너희를 사랑하신 것같이 너희도 사랑 가운데서 행하라 그는 우리를 위하여 자신을 버리사 향기로운 제물과 희생 제물로 하나님께 드리셨느니라"라고 했다. 자기가 죽어서 남을 살리는 것이 제물이다. 예수님이 우리를 위해서 그렇게 했으니 이제는 우리 차례다.

제물이 되려면 흠이 없어야 한다. 우리가 의로워야 하는 이유가 여기에 있다. 그래야 남을 위한 제물이 될 수 있다. 자기한테 잘못이 없어야 용서를 할 수 있고, 자기가 옳아야 양보를 할 수 있다.

세상에서는 자기가 의로우면 되는 줄 안다. 하지만 우리는 남을 의롭게 만들어야 하는 사람들이다. "너, 틀렸으니까 똑바로 해!"라고 지적해서 고치는 것이 아니라 대신 제물이 되는 것이다. 그것이 성경이 말하는 의로움이다.

세 번째는 진실함이다. 거짓을 버리고 참된 행동을 해야 한다는 얘기가 아니다. 성경 다른 곳에서는 진리로 번역되었다.

착함이나 의로움도 하나님과 연결된 개념이다. 하지만 사람들한테는 구별되지 않을 수 있다. 세상에서도 그런 덕목을 인정하기 때문이다. 수년 전에 평생 승복 한 벌로 지낸 현응 스님이 6억을 사회에 기부했다는 기사가 있었다. 참으로 대단한 선행이다. 그런 선행이 본문이 말하는 착함이나 의로움과 어떤 상관이 있을까? 무엇보다 하나님이 어떻게 평가하실까? 그래서 빛의 열매는 진실함(진리)에 있다고 하는 것이다.

아버지가 아들한테 부자관계를 떠나서 남자끼리 얘기하자고 할 수 있다. 군인이 계급장 떼고 얘기해보자고 할 수도 있다. 하지만 우리가 "신앙을 떠나서 얘기해보자"라고 하는 것은 말이 안 된다. 신앙은 우리의 본질이다.

신앙을 빼면 우리는 고깃덩어리에 불과하다. 우리한테 아무리 세상이 인정하는 착함이 있고 의로움이 있어도 진리가 없으면 '꽝'이다. 하나님과 연결된 것이 아니면 가치가 없다.

"그런 법이 어디 있느냐? 예수를 안 믿어도 훌륭하게 사는 사람이 얼마든지 있지 않으냐?" 하고 흥분할 이유가 없다. 어떤 교회에서 제직 세미나를 한다고 하자. 강사가 바람직한 신자에 대한 강의를 한다. 한 사람이 손을 번쩍 들고 "꼭 예수를 믿으면서 그렇게 해야 합니까? 예수를 안 믿으면서 그렇게 하면 안 됩니까?"라고 하면 뭐라고 해야 할까?

명심해야 할 내용이 있다. 본문은 우리한테 "착한 일을 해라. 의로운 일을 해라. 진리에 속한 일을 해라." 하고 주문하는 것이 아니다. 우리가 빛의 자녀로 살면 자연스럽게 그런 열매가 열린다는 것이다. 그런 열매가 열리지 않으면 잘못된 것이다. 사과나무는 사과 열매를 목표로 하지 않는다. 뿌리에서 올라오는 수액을 흡수하다 보면 저절로 사과 열매가 열린다. 사과 열매가 열리지 않으면 사과나무가 아니다.

예수를 믿는다는 것이 무슨 뜻일까? 우리가 그리스도인이 될 때 어떤 일이 일어날까? 그리스도인이 되는 것이 한 개인의 결단에 속한 문제일까?

성경은 우리가 허물과 죄로 죽었다고 한다. 그런데 어떻게 예수를 믿기로 결단할 수 있을까? 우리가 예수를 믿는 것은 우리와 관계된 일이라기보다 하나님과 관계된 일이다. 하나님이 우리를 살리셨다. 우리 안에 성령님이 내주하게 하셔서 그리스도가 구세주인 것을 알게 하셨다. 우리가 전에는 어둠이었지만 이제는 주 안에서 빛이 되게 하셨다. 무엇이 옳고 무엇이 그른지, 하나님이 무엇을 기뻐하시고 무엇을 싫어하시는지 알게 하셨다. 그런데 한사코 어둠의 일에 미련을 갖는 것이 무슨 연유일까?

우리가 어느 만큼 빛의 자녀들처럼 행할 수 있느냐 하면, 우리가 원하는 만큼 행할 수 있다. 혹시 우리 삶에서 빛의 열매가 맺히지 않는다면 우리가 원하지 않기 때문이다. 우리 마음을 사로잡는 다른 것이 있기 때문이다. 우리는 성경 말씀 앞에서 솔직할 필요가 있다. 신앙은 어떤 것으로도 변명이 안 된다. 빛의 열매는 모든 착함과 의로움과 진실함에 있다. 우리가 어느 만큼 신자답게 살고 있는지 그것으로 확인된다.

5:10〉 주를 기쁘시게 할 것이 무엇인가 시험하여 보라

성경 구절을 뒤집으면 우리의 실상을 알 수 있다. 성경이 우리한테 주를 기쁘시게 할 것이 무엇인가 시험하여 보라고 요구한다. 사람들이 죄다 자기를 기쁘게 하며 산다는 뜻이다. 자기가 원하는 인생을 살면 그것이 행복인 줄 안다. 하나님이 자기한테 어떤 삶을 원하시는지 관심이 없다.

존 파이퍼가 쓴 〈삶을 허비하지 말라〉에 나오는 내용이다. 남보다 이른 나이에 은퇴한 부부가 있다. 59세와 51세, 아직은 더 일할 수 있는 나이에 은퇴했다. 자기들이 세운 인생 계획이 있었기 때문이다. 놀랍게도 그 일은 조개껍데기를 모으는 일이었다. 은퇴한 다음에 9미터짜리 트롤선을 타고 다니면서 조개껍데기를 모으는 일에 여생을 바쳤다. 그들 나름대로는 그것이 인생의 의미였을 것이다. 어쩌면 남들이 느끼지 못하는 기쁨도 느꼈을 것이다. 그러면 그렇게 살다가 주님의 심판대 앞에 가서 무슨 말을 할까? "주님, 저희가 평생 모은 조개껍데기를 보십시오."라고 할까?

기쁨은 마음속에서 느껴지는 감정이다. 기쁨 자체에는 아무 가치가 없다. 어떤 사람은 카지노에서 잭팟이 터졌다고 기뻐하고 다른 사람은 인생의 참된 의미를 찾았다고 기뻐한다. 이런 경우에 누구의 기쁨이 더 큰지 가늠할 이유가 없다. 왜 기뻐하는지가 중요하다. 기쁨의 가치는 기쁨의 대상에 따라 결정된다.

자기를 기쁘게 하는 삶은 마치 사람을 알프스로 데려가서 사방이 거울인 방에 가두는 격이다. 서울에서는 한강만 보여도 전망이 좋다고 한다. 하물며 알프스에 가면 얼마나 전망이 좋을까? 그런 곳에서 사방이 거울인 방에 갇히면 고문이 따로 없다. 알프스는 보지 못하고 자기 얼굴만 봐야 한다. 거기에 무슨 기쁨이 있을까? 명심하자. 자기의 기쁨을 위해서 주님의 능력을 빌리는 것이 신앙이 아니다. 주님의 기쁨을 위해서 자기 인생이 쓰임받는 것이 신앙이다.

5:11-13〉 너희는 열매 없는 어둠의 일에 참여하지 말고 도리어 책망하라 그들이 은밀히 행하는 것들은 말하기도 부끄러운 것들이라 그러나 책망을 받는 모든 것은 빛으로 말미암아 드러나나니 드러나는 것마다 빛이니라

열매 없는 어둠의 일이 어떤 일일까? 7절에서 "그러므로 그들과 함께하는 자가 되지 말라"라고 했다. 그들이 하는 일이 열매 없는 어둠의 일이다. 3절에서 "음행과 온갖 더러운 것과 탐욕은 너희 중에서 그 이름조차도 부르지 말라"라고 했다. 5절에도 같은 말이 나온다. 음행하는 자나 더러운 자나 탐하는 자 곧 우상 숭배자는 다 그리스도와 하나님의 나라에서 기업을 얻지 못한다고 했다. 음행과 더러운 것과 탐욕이 열매 없는 어둠의 일이다. 그런 일로는 하나님 나라에서 기업을 얻지 못한다. 주변에 그런 일이 있으면 참여하지 말고 책망해야 한다.

당연한 말 같지만 문맥을 감안하면 어색하다. 본문은 주님을 기쁘시게 해드리라는 말을 하고 있다. 우리가 음행이나 더러운 것, 탐욕에 참여하는 것은 말이 안 된다. 그러면 주님을 기쁘시게 해드리는 것은 고사하고 사탄의 비위만 맞추게 된다.

특히 주님을 기쁘시게 해드리려면 죄를 안 짓는 것으로는 부족하다. 죄를 안 짓는 것이 전부가 아니라 선을 이루어야 한다. 열매 없는 어둠의 일에 참여하지 말고 도리어 책망하라고 했으니까 책망하면 되지 않나 싶을 수 있지만 그렇지 않다.

5장 시작하면서 나온 얘기가 "그리스도께서 너희를 사랑하신 것같이 너희도 사랑 가운데서 행하라 그는 우리를 위하여 자신을 버리사 향기로운 제물과 희생 제물로 하나님께 드리셨느니라"였다. 우리는 예수님이 우리를 위한 제물이 되신 것을 본받아야 하는 사람들이다. 우리가 제물이 되어서 틀린 사람을 옳게 만들어야 한다. 우리 책임은 틀린 사람을 지적하는 것이 아니다. 특히 12절에서 "그들이 은밀히 행하는 것들은 말하기도 부끄러운 것들이라"라고 했다. 은밀히 행한다는 얘기는 자기들도 틀린 것을 안다는 뜻이다. 책망해 봐야 의미가 없다. 죄인한테 "당신은 죄인입니다"라고 하면 "그래, 죄인이다. 어쩔래?" 소리밖에 안 돌아온다. 그래서 13절에 "그러나 책망을 받는 모든 것은 빛으로 말미암아 드러나나니 드러나는 것마다 빛이니라"라는 말씀이 있다. "책망받는 모든 일은 빛에 의하여 드러난다. 빛이 그런 기능을 한다."라는 뜻이다.

처음부터 정리하면 우리는 주님을 기쁘시게 해드리는 일에 착념해야 한다. 열매 없는 어둠의 일에 참여할 것이 아니라 도리어 책망해야 한다. 그들을 지적해서 고치게 하라는 얘기가 아니다. 책망을 받는 모든 일은 빛에 의해서 드러나는 법이니 묵묵히 빛의 열매를 맺고 있으면 된다. 모든 착함과 의로움과 진실함으로 행하다 보면 저들도 생각을 다시 하게 될 것이다. 그렇게 하는 것이 주님을 기쁘시게 해드리는 일이다. 주변이 어둡거나 말거나 우리 할 일만 하면 된다. 주변에 어둠이 있는 것은 우리 책임이 아니지만 빛을 비추지 않고 있으면 그것은 우리 책임이다.

8-9절에서 "너희가 전에는 어둠이더니 이제는 주 안에서 빛이라 빛의 자녀들처럼 행하라 빛의 열매는 모든 착함과 의로움과 진실함에 있느니라"라고 했다. 빛에는 열매가 있다. 하지만 어둠에는 열매는 없고 일만 있다. 아무리 수고하고 애써봐야 남는 것이 없다. 그래서 열매 없는 어둠의 일이다. 그런데 빛보다 어둠에 익숙한 것이 우리 현실이다. 신자로 살아본 경험은 없고 불신자로 살아본 경험만 있다. 묵묵하게 신자로 사는 것보다 남들과 어울려 불신자로 사는 것이 훨씬 편하다.

그렇게 살면 안 된다. 어둠에 속했을 때 어둠의 일을 하는 것은 별 도리가 없지만 빛에 속한 다음에도 어둠의 일을 할 수는 없다.

5:14) 그러므로 이르시기를 잠자는 자여 깨어서 죽은 자들 가운데서 일어나라 그리스도께서 너에게 비추이시리라 하셨느니라

잠자는 자가 죽은 자들과 같이 있으면 겉에서는 구분이 안 된다. 하지만 그리스도가 비추이면 구분이 된다. 그때 깨어 일어나는 자는 잠든 자이고 일어나지 않는 자는 죽은 자다.

우리는 죽은 자들 가운데서 깨어 일어난 사람들이다. 깨어 일어난 모습이 있어야 한다. 본문은 전에는 어둠이었지만 이제는 주 안에서 빛이 되었으면서도 빛의 열매를 맺지 않는 사람들, 신자라고 하면서도 주님을 기쁘시게 해드리는 일에 관심 없는 사람들한테 "너희는 멀쩡히 살아 있으면서 왜 죽은 척 하는 거냐?"라고 지적하는 셈이다.

닐 포스트먼과 앤드류 포스트먼이 쓴 〈죽도록 즐기기〉라는 책이 있다. 그 책에 따르면 오늘날의 대중문화가 놀라울 만큼 빠른 속도로 세상을 바보로 만들고 있다고 한다. 아닌 게 아니라 사람들이 점점 더 재미있는 것을 탐하는 경향이 있다. TV 예능 프로가 지금처럼 많았던 적이 없다.

재미있는 것을 찾는 것이 무슨 문제냐 싶을지 모르겠는데, 문제가 된다. 그만큼 생각하는 것을 싫어하기 때문이다. 즐거움, 재미를 뜻하는 amusement의 어원이 muse다. 뮤즈(Muse)는 문학과 예술에 영감을 준다는 그리스의 여신이다. 영어 단어에서 접두사 a는 '결여되어 있다'는 뜻을 갖는다. 즉 amusement는 영감이 결여된 상태를 말한다. 사람들이 생각 없이 사는 것을 좋아한다.

"생각이 바뀌면 행동이 바뀌고 행동이 바뀌면 습관이 바뀌고 습관이 바뀌면 인격이 바뀌고 인격이 바뀌면 운명이 바뀐다", "행복해서 웃는 것이 아니라 웃기 때문에 행복한 것이다"라는 말을 들어보았을 것이다. 근대 심리학의 창시자로 꼽히는 윌리엄 제임스가 한 말이다. 그가 한 말 중에 "종교는 우리 삶에서 타성 아니면 뜨거운 열정으로 존재한다"라는 말이 있다.

우리가 예수를 믿는 것이 타성일까, 열정일까? 신앙을 생각하면 따분해질까, 가슴이 뜨거워질까? 죽은 척하는 데는 열정이 필요 없다. 하지만 주님을 기쁘시게 해드리려면 열정이 필요하다. 성경이 우리한테 그런 열정이 있는지 묻는다. 이제 우리가 대답할 차례다.

5:15-17〉 그런즉 너희가 어떻게 행할지를 자세히 주의하여 지혜 없는 자같이 하지 말고 오직 지혜 있는 자같이 하여 세월을 아끼라 때가 악하니라 그러므로 어리석은 자가 되지 말고 오직 주의 뜻이 무엇인가 이해하라

본문은 '그런즉'으로 시작한다. 본문을 말하는 이유가 본문 앞에 있다. 결국 "너희는 그리스도로 말미암아 죽은 자들 가운데서 깨어 일어난 자이기 때문에 어떻게 행할지를 자세히 주의하여 지혜 없는 자같이 하지 말고 오직 지혜 있는 자같이 하여 세월을 아끼라"라는 뜻이다.

이스라엘이 애굽에 있을 적에는 자기들이 무엇을 해야 할지 자세히 주의

하여 살필 재간이 없었다. 뭐든지 바로가 시키는 대로 해야 했다. 그러다가 홍해를 건넜다. 자기들의 행보를 스스로 결정할 수 있게 되었다. 이 내용을 본문에 대입하면 "너희는 홍해를 건넌 자들이기 때문에 어떻게 행할지를 자세히 주의하여 지혜 없는 자같이 하지 말고 오직 지혜 있는 자같이 하여 세월을 아끼라"가 된다. 부지런히 가나안으로 길을 재촉하면 지혜 있는 자같이 하는 것이고 가나안에 가야 할 시간을 엉뚱한 일로 소비하면 지혜 없는 자같이 하는 것이다.

모르는 것을 모르는 척할 수 있을까? 모르는 척한다는 얘기는 안다는 뜻이다. 마찬가지다. 지혜 없는 자같이 하는 자는 지혜가 있으면서도 그 지혜를 쓰지 않는 자이다. 본문은 지혜 없는 자가 되지 말고 지혜 있는 자가 되라는 말이 아니다. "지혜가 있으면 써야 할 것 아니냐? 왜 있는 지혜를 안 쓰느냐?"를 말하고 있다.

지혜 없는 자같이 하려면 어떻게 하면 될까? 간단하다. 자세히 주의하지 않으면 된다. 아무 생각 없이 살면 된다.

사람들은 기를 쓰고 남보다 더 많이 갖고 남보다 더 높아지려고 한다. 거기에 참 만족이 없다는 사실을 알면서도 그렇다. 죽는 순간에 왜 남만큼 돈을 못 벌었는지 한탄하는 사람은 없다. 유언에 가장 많이 나오는 말이 "그때 거기 투자했어야 했는데…", "진작 땅을 샀어야 했는데…"가 아니라 "미안하다", "사랑한다"라고 한다. 그런데 유언을 하기 전에는 애면글면 살아간다. 주변에서 다 그렇게 살기 때문이다. 자기 인생을 세상 풍조에 맡기는 격이다.

소크라테스가 성찰되지 않는 인생은 살 가치가 없다고 했다. 하나님을 모르는 사람도 세상을 아무렇게나 살면 안 된다는 사실을 안다. 하물며 우리가 아무 생각 없이 살 수는 없다. 어떻게 하는 것이 옳은지 자세히 주의해야 한다. 그렇게 해서 내린 결론이 세월을 아끼는 결론이어야 한다.

시간이나 때에 해당하는 헬라어가 두 가지다. 하나는 크로노스이고 다른 하나는 카이로스다. 크로노스는 시침과 분침만 지나면 되는 시간인 반면 카이로스는 특정한 의미를 갖는 시간이다.

어떤 남자한테 묻는다.

"결혼 안 해?"

"때가 되면 하죠."

"때가 언제 되는데?"

"3월 20일에 결혼하기로 했으니까 석 달 남았네요."

이런 경우는 크로노스다. 결혼에 필요한 것은 달력을 넘기는 것뿐이다. 하지만 다른 경우도 있다.

"결혼 안 해?"

"때가 되면 하죠."

"때가 언제 되는데?"

"신붓감만 생기면 바로 하죠."

이때는 카이로스다. 시간이 지났다고 해서 저절로 결혼한다는 보장이 없다. 특정 사건이 만들어져야 한다.

세월을 아끼라는 말이 헬라어로는 "카이로스를 엑사고라조하라"라고 되어 있다. 엑사고라조는 값을 치르고 산다는 뜻이다. 시간은 금이라는 서양 속담이 있다. 이 경우의 시간은 크로노스다. 하지만 세월을 아끼라는 얘기는 시간을 아껴 쓰라는 뜻이 아니다. 의미 있는 인생을 살기 위해서 대가를 치르라는 뜻이다. 〈관주성경〉에는 "세월을 아끼라"에 2)가 있고 관주에 "기회를 사라"라고 되어 있다. 기회는 아무한테나 기회가 아니다. 잡을 준비가 된 사람한테만 기회다. 또 기회를 잡으려면 치르는 대가가 있어야 한다.

우리는 악한 세대를 살고 있다. 선한 세대를 살고 있다면 신앙에 따로 신경 쓸 까닭이 없다. 가만히 있으면 주변 환경에 떠밀려서 저절로 신앙이 완성될 것이다. 바람에 나는 겨처럼 살면 그 바람이 우리를 그리스도의 장성한 분량으로 인도할 것이다. 그런데 그게 아니다. 주변 환경은 우리를 한사코 하나님 반대쪽으로 끌고 가려고 한다. 우리가 보고 듣는 것이 다 이 세상 풍조다.

레드퀸 효과라는 것이 있다. 자기의 속도가 주변이 움직이는 속도와 같으면 늘 제자리에 머무를 수밖에 없는 것을 말한다. 내려가는 에스컬레이터에서 위로 올라가려면 에스컬레이터보다 빠르게 걸음을 옮겨야 한다. 우리가 그런 세상을 살고 있다. 그래서 세월을 아껴야 한다. 아무 생각 없이 살면 점점 밑으로 내려갈 수밖에 없다.

우선 우리한테 세월을 아낄 마음이 있는지 점검해보자. 성경은 때가 악하기 때문에 세월을 아끼라고 한다. 신앙에 관심이 없으면 때가 악하거나 말거나 알 바 아니다. 주일 예배 참석을 신앙의 전부로 아는 사람은 세월을 아끼는 것을 오히려 시간 낭비로 여길 것이다. 가뜩이나 바쁜데 아낄 세월이 어디 있단 말인가? 하지만 하나님의 약속이 얼마나 귀한지 안다면 세월을 아껴야 한다.

세월을 아끼려면 주의 뜻이 무엇인지 이해해야 한다. 이해하는 것을 영어로는 understand(under+stand)라고 한다. 밑에 서는 것이 이해하는 것이다. 헬라어로는 '쉬니에미'인데 '함께'라는 '쉰'과 '보내다'라는 '히에미'의 합성어다. 함께 보내는 것이 이해하는 것이다. 주의 뜻을 이해하려면 주의 뜻이 있는 곳에 함께 있으면 된다.

역지사지라는 말이 있다. 남과 처지를 바꿔서 생각한다는 뜻인데 말처럼 쉽지 않다. 사람은 늘 자기가 기준이다. 자기가 상대방을 이해해야 하는 줄 모르고 상대방이 자기를 이해하지 못한다고 원망한다.

하나님께 그렇게 항변하면 뭐라고 하실까? 세상살이는 절대 만만하지 않다. 자칫하면 낙오되기 십상이다. 그런데 성경에는 세상 사는 문제와 상관없어 보이는 얘기만 가득하다. 그러니 "저희도 살아야 할 것 아닙니까? 입장을 바꿔서 생각해 보십시오."라고 할 만하다. 그러면 "그래, 말 잘했다. 입장 바꿔서 생각해 보자. 나는 이미 너희 입장이 되어봤으니 이제는 너희가 내 입장이 되어볼 차례다."라고 하지 않으실까?

우리가 사는 세상은 악한 세상이다. 남들이 사는 것을 흉내 내면서 엄벙덤벙 살면 같이 망할 수밖에 없다. 그래서 주의 뜻이 무엇인지 이해해야 한다. 주의 뜻이 있는 곳에 우리가 함께 있어야 한다.

인생은 길지 않다. 주의 뜻이 아닌 것에 지체할 시간이 없다. 힘써 세월을 아껴야 한다. 카이로스를 엑사고라조해야 한다. 우리 인생에서 주님이 인정하시는 의미를 만들기 위해서 기꺼이 대가를 지불해야 한다. 우리는 지혜 없는 자가 아니라 지혜 있는 자다. 그 지혜를 써야 한다.

5:18〉 술 취하지 말라 이는 방탕한 것이니 오직 성령으로 충만함을 받으라

음주 문제로 토론을 하면 으레 본문이 인용된다. "성경에 술 취하지 말라고 했지, 술 마시지 말라고 한 것이 아니지 않느냐?"라는 말을 한두 번 들은 것이 아니다. "성경에 죽도록 충성하라고 했지, 대충 충성하라고 했느냐?"라는 말은 왜 안 들리는지 모르겠다.

의아한 점이 있다. "졸지 말고 정신 똑바로 차려라"는 말이 된다. 정신 똑바로 차리는 데 반대되는 것이 조는 것이다. 하지만 신앙생활에 가장 방해되는 것은 술이 아니다. 그런데 성령에 충만하려면 무엇보다도 술 취하는 것을 조심해야 하는 것처럼 말한다.

특히 술 취한 것을 방탕한 것이라고 한다. '방탕하다'에 해당하는 헬라어가 '아소티아'인데 '낭비하다'라는 뜻이다. 술에 취하는 것이 윤리적으로 지탄받을 일이라서 문제가 되는 것이 아니라 낭비를 해서 문제다. 무엇을 낭비한다는 뜻일까?

앞에서 세월을 아끼라고 했다. 본문은 거기에서 이어진다. 우리는 성령으로 충만해야 한다. 술에 취할 틈이 없다. 술에 취하면 세월을 아끼는 것은 고사하고 오히려 낭비하게 된다.

아이한테 잔소리를 하는 대부분의 문제는 공부 때문이다. 간혹 친구들과 어울려 패싸움을 하거나 걸핏하면 가출을 하는 수도 있다. 더 심하면 소년원을 들락거리기도 한다. 하지만 그런 경우는 드물다. 자녀가 사고를 쳐서 부모가 속을 썩는 것이 아니라 공부를 게을리 해서 속을 썩는다.

신자한테 그대로 적용된다. 우리 중에 특별히 죄를 짓는 사람은 없다. 주일이면 예배에 참석하기도 한다. 그런데 그것뿐이다. 과연 하나님 앞에 의미 있는 인생을 살고 있느냐 하면 그렇지는 않다. 교회만 왔다 갔다 하면서 시간만 축낸다.

우리는 죄만 안 지으면 되는 사람들이 아니라 적극적으로 의를 행해야 하는 사람들이다. 술에 취하지만 않으면 되는 것이 아니라 성령으로 충만해야 한다. 이것이 제대로 안 되면 우리가 믿는 기독교가 고작해야 죄나 안 짓는 종교로 전락하고 만다.

각설하고, 술에 취한 것과 성령으로 충만한 것 사이에는 공통점이 있다. 술에 취한 사람은 술의 지배를 받는다. 마찬가지로 성령으로 충만한 사람은 성령의 지배를 받는다.

술의 지배를 받으면 절제와 분별이 없어진다. 그 사람의 속성이 여과 없이 드러난다. "평소 같으면 안 참는데 술 마신 김에 참는다", "제정신이면 양보하지 않는데 술 취했으니 양보한다"라는 말은 없다. 사람이 본래 죄인인데 자기 속에 있는 것을 그대로 꺼내 보이면 어떻게 된다는 얘기일까?

성령의 지배를 받는 사람은 그렇지 않다. 양보하고 관용하고 인내하고 절제한다. 자기를 낮추고 남을 높인다. 자기 영광보다 하나님의 영광을 구한다.

신학을 하기 전의 일이다. 교인끼리 언쟁을 벌이는 것을 본 적이 있다. 한 분이 소리 질렀다. "내가 집사라고 해서 배알도 없는 줄 알아?" 깜짝 놀랐다. 집사한테 왜 배알이 있을까? 예수를 믿는 사람은 배알이 없어야 한다. 혹시 있으면 있다고 언성을 높일 게 아니라 얼른 숨겨야 한다.

커피가 기호품일까, 필수품일까? 커피가 필수품인 사람은 커피가 없으면 큰일 나는 줄 안다. 기호품인 사람은 다르다. 있으면 마시고 없으면 안 마시면 그만이다. 성령 충만은 기호품일까, 필수품일까? 설마 사치품일까? 성령 충만이 기호품이면 성령 충만은 해도 되고 안 해도 된다. 하지만 필수품이면 얘기가 다르다.

성령 충만을 특별한 신자한테 해당되는 덕목으로 오해하는 경우가 있다. 군인으로 치면 마치 공수부대처럼 생각하는 것이다. 대부분의 군인은 공수부대가 아니다. 그리고 아무도 그것을 문제 삼지 않는다. 공수부대가 아닌 군인은 문제 있는 군인이 아니라 보통 군인이다. 극히 일부의 군인만 공수부대가 된다. 그런 것처럼 신자 중에 특별히 성령 충만한 신자가 있기는 하지만 그것은 예외적인 경우이고 대부분의 보통 신자는 안 그렇다는 것이다.

본문은 그렇게 말하지 않는다. 본문은 명령문이다. 어지간하면 성령으로 충만하라고 권유하는 것이 아니다. 우리한테 남은 과제는 그 명령을 이행하는 것이다.

부교역자 시절의 일이다. 아동부실에 볼일이 있어서 들어갔는데 마침 교사 기도회 중이었다. 고등학교 졸업을 앞둔 예비 교사도 몇 명 눈에 띄었다. 서로 손을 잡고 돌아가면서 기도를 하는데, 한 사람이 이렇게 기도했다. "하나님, 저는 아직도 기도하는 게 어색합니다. 기도하는 게 자연스러울 수 있게 도와주세요."

자연스럽다는 말은 억지로 꾸밈이 없이, 힘들이거나 애쓰지 않고 저절로 된 듯한 것을 말한다. 그런데 아이러니가 있다. 그렇게 되려면 정해진 행위를 억지로, 힘들여 애써 반복해야 한다. 그 과정은 누구도 피할 수 없다. 자연스러움은 그런 과정을 통해서 만들어진다.

성령으로 충만함을 받는 것도 그렇다. 성령의 지배를 받는 것을 꾸준히 힘들여 애써 연습해야 한다. 성령의 지배에 순응하는 것을 우리 몸 세포 하나하나가 기억하게 해야 한다.

예전에 본문을 묵상하다가 문득 리트머스 시험지를 떠올렸던 기억이 있다. 리트머스 시험지로 산성, 알칼리성을 확인하는 것처럼 자기가 어느 만큼 성령으로 충만한지 측정할 수 있으면 어떨까 하는 생각을 한 것이다. 현실적으로 가능한 얘기는 아니다. 하지만 누구나 자기가 원하는 만큼 성령으로 충만할 수 있는 것은 분명하다. 그래서 성경이 말한다. "술 취하지 말라 이는 방탕한 것이니 오직 성령으로 충만함을 받으라" 이제 우리가 반응할 차례다.

5:19-21〉 시와 찬송과 신령한 노래들로 서로 화답하며 너희의 마음으로 주께 노래하며 찬송하며 범사에 우리 주 예수 그리스도의 이름으로 항상 아버지 하나님께 감사하며 그리스도를 경외함으로 피차 복종하라

앞에서 "술 취하지 말라 이는 방탕한 것이니 오직 성령으로 충만함을 받으라"라고 했다. 그래서 성령으로 충만함을 받은 사람에 대한 설명으로 이어진다. 성령으로 충만함을 받은 사람은 시와 찬송과 신령한 노래들로 서로 화답한다. 마음으로 주께 노래하며 찬송하며 범사에 주 예수 그리스도의 이름으로 항상 아버지 하나님께 감사한다. 그리스도를 경외함으로 피차복종한다. 이런 사람이 되기 위해서 애쓰지 않으면 무엇을 하든지 술 취한 것이고 방탕한 것이다.

호메로스의 〈일리아드〉에 트로이 전쟁이 나온다. 그리스 도시 국가들과 트로이 사이에 전쟁이 벌어진 것이다. 그리스를 이끄는 맹주가 아가멤논이었고 트로이 성주가 헥토르였다. 아가멤논이 제우스한테 기도한다. "트로이를 함락시키고 헥토르를 죽일 때까지 해가 지지 않게 해주십시오." 기도 내용이 낯익다. 어쩌면 호메로스가 여호수아의 기도에서 힌트를 얻었는지도 모른다.

우리는 여호수아의 기도를 알고 있다. 그때 여호수아의 모든 관심은 하나님이 주신 승리를 확실하게 다지는 것에 있었다. 그 일을 하는 데 시간이 모자라면 안 된다. 그래서 시간이 충분하게 주어지기를 기도했다. 기도는 그렇게 했으면서 다른 일에 마음을 두면 방탕한 것이 된다. 아가멤논도 마찬가지다. 물론 아가멤논의 기도는 이뤄지지 않았지만 아가멤논의 모든 관심은 트로이 정복에 있었다. 트로이 정복이 아닌 일에 관심을 가지면 그것이 방탕한 것이다.

본문이 모든 사람한테 다 해당되지는 않는다. 하나님보다 세상에 관심 있는 사람은 해당 사항이 없다. 그런 사람은 지금처럼 살면 된다. 하지만 자기가 하나님의 형상으로 지음받은 것을 인정하는 사람이라면 본문에 귀를 기울여야 한다.

에스더서에 유대인을 진멸하라는 조서가 내려지는 내용이 나온다. 소식을 들은 모르드개가 굵은 베를 입고 재를 뒤집어쓰고 통곡한다. 당시 왕비 에스더는 모르드개의 사촌동생이었다. 그런데 모르드개가 대궐 문 앞까지 이르기만 하고 안으로 들어가지는 않는다. 굵은 베를 입은 사람은 대궐에 들어가지 못하기 때문이다.

자식은 부모 앞에서 항상 온화한 얼굴을 해야 한다. 불쾌하다고 해서 언성을 높이거나 걱정이 있다고 해서 한숨을 쉬는 것은 엄연한 불효다. 임금과 신하 사이에서는 어떨까? 신하가 잔뜩 찌푸린 얼굴을 하면 그다음 내용은 뻔하다. "무엄하도다! 경은 어찌하여 짐 앞에서 그런 얼굴을 하고 있는 것이더냐?" 하고 불호령이 내려질 것이다. 임금 앞에서는 항상 임금이 베푼 태평성대를 누리는 것 같은 표정을 지어야 한다.

굵은 베를 입은 사람은 대궐에 들어갈 수 없는 이유가 그런 때문이다. 굵은 베는 슬픔을 나타내는 복장이다. 그런 복장으로 왕이 거처하는 곳에 드나드는 것은 "대체 나라를 어떻게 통치하기에 나한테 이런 슬픔이 있는 겁니까?"라는 뜻이 된다. 그래서 금한 것이다. 왕 앞에서는 언제나 행복해서 미칠 것 같은 모습만 보여야 한다. 왕의 통치에 만족을 표하는 것이 백성 된 도리다.

우리한테도 우리를 다스리는 왕의 통치에 만족한 모습이 있어야 한다. 왕이 만든 태평성대를 찬미해야 한다. "시와 찬송과 신령한 노래들로 서로 화답하며 너희의 마음으로 주께 노래하며 찬송하며 범사에 우리 주 예수 그리스도의 이름으로 항상 아버지 하나님께 감사하라"라는 말이 그런 뜻이다. 이것이 안 되면 우리를 다스리는 왕의 지배가 마음에 들지 않는 것이 된다. "예수 믿어봤는데 별 거 없더라"라는 뜻이다.

얼마 전에 청년들이 외부 강사를 모시고 기도회를 한 적이 있다. 설교 주제가 "복음이면 충분합니다"였다. 설교 중에 그 말을 수차례 반복했고, 청년들도 다 공감하는 분위기였다. 기도회를 마친 다음에 문득 묻고 싶었다. "정말로 복음이면 충분해? 학점 모자라서 졸업 못해도 복음이면 충분하고, 취직 못해서 백수로 지내도 복음이면 충분한 거 맞아?" 그렇게 물으려다 관뒀다. 그 질문을 떠올린 것은 받은 은혜를 공고히 하고 싶었던 것인데 오히려 찬물을 끼얹을 것 같았기 때문이다. 하지만 정말로 복음으로 충분하다면 그런 질문에 "아멘"할 수 있어야 한다.

혼인을 하는 커플이 있다. 하나님이 함께하시는 가정이 되기를 소망한다. 무슨 뜻일까? 하나님이 함께하시면 행복한 가정이 될까, 거룩한 가정이 될까? 예전에 이 말을 했더니 한 청년이 "그만 좀 하세요. 결혼까지도 거룩을 따지세요?"라고 했다. 혼인에 거룩을 안 따지면 언제 따질까? 예배 때만 따질까?

혼인에 국한된 얘기가 아니다. 사람들이 저마다 하나님의 함께하심을 구한다. 하나님이 함께하셔서 그다음에 어떻게 되기를 기대하는 것일까? 하나님이 함께하시면 자기가 원하는 대로 일이 풀릴까, 매사에 하나님 보시기에 옳은 길을 가게 될까?

사람들은 주로 자기가 하는 일이 잘되기를 기대하면서 하나님의 함께하심을 말한다. 하나님의 함께하심 자체보다 하나님이 함께하셔서 파생되는 효과에 더 마음이 있다. 어떤 책에서 이런 구절을 읽었다. "성령 충만을 오랫동안 추구한 후에야 내가 진정으로 성령 충만을 원하지 않는다는 사실을 깨달았다. 성령의 뜻을 온전히 따르는 삶보다 성령 충만함으로써 능력 있고 훌륭한 사역자가 되기를 갈구했던 것이다. 나의 목마름은 생수에 대한 갈증이 아니라 성공에 대한 기갈이었다."

예수님이 "누구든지 목마르거든 내게로 와서 마시라"라고 했다. 성령의 생수는 그리스도 안에서 무한정 공급된다. 단, 조건이 있다. 목이 말라야 한다. 그런데 우리는 목이 마르지 않다. 성령 충만에 대한 욕구가 없다. 성령 충만해서 얻어지는 결과에 마음이 있으면서 성령 충만을 원하는 것으로 착각한다.

그래서 "술 취하지 말라 이는 방탕한 것이니 오직 성령으로 충만함을 받으라"에 이어서 "시와 찬송과 신령한 노래들로 서로 화답하며 너희의 마음으로 주께 노래하며 찬송하며 범사에 우리 주 예수 그리스도의 이름으로 항상 아버지 하나님께 감사하며"가 나온다. "성령으로 충만해졌느냐? 그럼 확인해보자."라는 뜻이다. 우리한테서 정말로 하나님의 은혜에 대한 찬미가 나올까? 이 세상 조건에 구애받지 않고 오직 하나님만 찬양할 수 있을까? 하나님이 더 이상 우리한테 은혜를 주시지 않아도 지금까지 받은 은혜에 감사하며 살 수 있을까? 우리는 하나님의 영광을 위해서 사는 사람들이다. 하나님의 영광과 관계없는 일에 시간을 낭비할 틈이 없다.

왜 항상 하나님 좋은 일만 해야 하느냐는 질문을 받은 적이 있다. 하나님이 정말로 우리를 사랑하면 하나님이 우리가 하는 일을 잘되게 해줘야지, 왜 우리한테 하나님 좋은 일만 하라고 하느냐는 것이었다. 하나님의 영광을 위해서 사는 것을 세상을 재미있게 살 수 있는 권리를 포기하는 것으로 오해한 탓이다.

대부분의 사람들한테 사랑받는다는 말은 존중히 여김받는다는 뜻이다. 그렇게 따지면 하나님이 최대한 우리를 존중해줘야 하는 것이 맞다. 우리가 하는 일이 잘되게 해줘야 한다. 하지만 하나님의 사랑은 그런 정도가 아니다. 우리는 하나님을 맛보도록 지음받았다. 하나님에게서 만족을 찾아야 한다. 우리의 만족을 구할 것이 아니라 하나님의 만족을 구해야 한다. 복잡하게 생각할 것 없다. 아이는 자기가 만족하는 일을 하는 것보다 부모가 만족하는 일을 하는 것이 더 유익한 법이다.

유념해야 할 사실이 있다. "술 취하지 말라 이는 방탕한 것이니 오직 성령으로 충만함을 받으라"라고 할 때는 신앙이 개인 문제였다. 성령으로 충만한 사람의 모습은 달리 말한다. 시와 찬송과 신령한 노래들로 서로 화답하려면 어느 한 사람만 하나님을 찬미하면 안 된다. 한 사람이 하나님을 찬미하면 그 옆 사람이 응답해야 한다. 이 사람의 하나님과 저 사람의 하나님이 같은 분이어야 하고, 이 사람이 하나님께 기대하는 것과 저 사람이 하나님께 기대하는 것이 같은 것이어야 한다. 신앙을 고백하는 것은 혼자 일이지만 신앙생활은 혼자 하는 것이 아니기 때문이다.

〈엄마라고 불러도 돼요?〉라는 책이 있다. 미국의 안락한 생활을 뒤로 하고 우간다에 가서 스물세 살의 나이로 열네 명의 아이를 입양해서 키우는 케이티 데이비스의 이야기다. 그 책에 세 살 난 그레이스를 목욕시키는 얘기가 나온다. 어느 날부터 갑자기 그레이스가 욕조에 들어가지 않겠다고 떼를 썼다. 그런데 일단 욕조에 들어간 다음에는 물장난을 치면서 잘 논다. 그다음에는 욕조에서 나오기 싫다고 떼를 쓴다. 아이는 목욕을 하기 싫은 것이 아니라 순종하기 싫은 것이었다. 엄마가 자기를 먹이고 입히며 키워 주는 것은 알지만 자기 행보는 자기가 결정한다는 것이다. 이것이 사람의 본성이다.

아담, 하와가 선악과를 먹은 다음부터 이렇게 되었다. 자기가 자기 인생의 주인이 되면 행복한 줄 안다. 그런 우리한테 성경이 말한다. "너희는 그리스도를 경외함으로 피차 복종해야 한다. 너희가 너희 인생의 주인이 아니다. 너희 인생 속에서 오직 그리스도만 높아져야 한다."

우리가 그렇게 살아도 우리 옆 사람은 그렇게 살지 않을 수 있다. 우리 책임은 옆 사람이 그렇게 살 때까지 계속 그렇게 사는 것이다. 옆 사람이 그렇게 살지 않는 것에 마음을 빼앗기면 안 된다.

주기도문에 "아버지의 나라가 오게 하시며"라는 구절이 있다. 아버지의 나라가 오게 하려면 자기가 있는 곳에 아버지의 뜻이 이루어지면 된다. 자기가 아버지의 뜻대로 살면 자기가 있는 곳에 아버지의 나라가 온 것이다. 김기석 목사가 그의 책 〈오래된 새 길〉에서 이렇게 말한다.

"하나님 나라에 가는 길을 이 땅에서 잘 익혀두지 않으면 죽어서는 영영 그 길을 못 찾는 거 몰라요?"

"그 길을 어떻게 익혀야 하죠?"

"당신의 삶의 자리에서 '천국에 가면 이것은 없을 것 같다' 싶은 것을 제거하며 사세요. 또 천국에 꼭 있었으면 싶은 것을 삶 속에서 구현하세요. 하나님의 뜻이 무엇인지 정말 모르시지는 않죠?"

하나님의 뜻이 무엇인지 모르면 별 도리가 없다. 하지만 알면 행해야 한다. 우리는 이 땅에서 우리 욕심대로 시간을 보내다가 죽으면 살아생전에 예수를 믿은 공로로 천국에 가는 사람들이 아니다. 지금 세상에서 보내는 시간을 천국에서 보기에 가치 있는 일로 채워야 하는 사람들이다. 비결은 간단하다. 하나님이 관심 있는 일에 관심을 두고 하나님이 관심을 두지 않는 일에 관심을 두지 않으면 된다. 하나님의 시선이 머무는 곳에 우리 시선이 머물고 하나님의 뜻이 있는 곳에 우리 인생이 있으면 된다. 우리는 그 일을 위해 선택된 사람들이다.

5:22-24) 아내들이여 자기 남편에게 복종하기를 주께 하듯 하라 이는 남편이 아내의 머리 됨이 그리스도께서 교회의 머리 됨과 같음이니 그가 바로 몸의 구주시니라 그러므로 교회가 그리스도에게 하듯 아내들도 범사에 자기 남편에게 복종할지니라

'아내들이여'로 시작했으니까 이 말씀을 들어야 할 사람은 아내들이다. 남편이 나서서 아내가 남편한테 복종하는지 안 하는지 감시할 것 없다. 남편을 위한 말씀은 25절 이하에 따로 있다.

어쩌면 시대에 뒤진 말씀 같기도 하다. 하지만 성경은 하나님 말씀이다. 시대가 바뀌어도 하나님 말씀은 바뀌지 않는다. 요컨대 아내에 대한 성경의 요구는 주님을 대하듯 남편을 대하라는 것이다. 표현은 이상하지만 주님을 우습게 아는 사람은 남편을 우습게 알아도 무방하다. 주님을 섬길 줄 모르는 사람한테는 아무것도 기대하지 않는다.

앞에서 "세월을 아끼라", "술 취하지 말라", "그리스도를 경외함으로 피차 복종하라"라는 말씀이 나왔다. 본문은 거기에서 이어진다. 성령으로 충만함을 받으면 피차 복종하게 된다. 그리스도를 경외하는 마음이 있기 때문이다. 그래서 "아내들아 남편에게 복종하라", "남편들아 아내를 사랑하라"에 이어서 "자녀들아 부모에게 순종하라", "종들아 상전에게 순종하라"라는 말이 나온다. 이런 일에 힘쓰지 않으면 세월을 아끼지 않는 것이고 방탕한 것이고 그리스도를 경외하지 않는 것이다.

니코스 카잔차키스가 쓴 〈돌의 정원〉에 재미있는 내용이 나온다. 우주의 어머니한테 아들 형제가 있었다. 지혜의 신과 전쟁의 신이다. 두 형제는 항상 어머니 무릎에 앉아 있었다. 어느 날 어머니가 말한다. "이제는 둘 다 내 무릎에 앉힐 수가 없구나. 둘이 우주를 한 바퀴씩 돌고 오너라. 먼저 오는 쪽을 내 무릎에 앉히마." 전쟁의 신은 그 말이 떨어지기가 무섭게 부리나케 달려 나갔다. 지혜의 신은 어머니 발치에 앉은 채 멀어져가는 동생을 바라보았다. 동생이 보이지 않자, 자리에서 일어나서 어머니 주위를 돌고는 다시 어머니 무릎에 앉았다. 몇 년이 지났다. 전쟁의 신이 숨을 헐떡이며 돌아와서 말했다. "어머니, 형이 왜 무릎에 앉아 있어요? 형은 여기서 꼼짝도

하지 않았을 텐데요." 어머니가 대답했다. "아들아, 중요한 것은 우주를 도는 것이 아니고 우주의 중심을 도는 것이란다."

신앙은 변죽을 울리는 것이 아니다. 그래서 "너희가 성령으로 충만함을 받았느냐? 그래서 하루에 몇 시간 기도하느냐? 성경은 몇 번이나 읽었느냐?"를 묻지 않고 "너희가 그리스도를 경외함으로 피차 복종하느냐?"를 묻는다. 본문은 특히 아내들한테 남편에게 복종하기를 주께 하듯 하라고 한다. 그리스도가 교회의 머리인 것처럼 남편이 아내의 머리이기 때문이다.

성경은 그리스도와 교회의 관계를 남편과 아내의 관계로 설명한다. 어쩌면 여자들은 이런 설명이 싫을 수 있다. 남편을 상전으로 모시라는 말처럼 들리기 때문이다.

따져 보자. 그리스도는 교회의 머리이고 교회는 그의 몸이다. 이 말에 거부감을 느끼는 사람은 없다. 그러면 성경이 그리스도와 교회를 머리와 몸으로 말하는 의도가 무엇일까? 그리스도가 교회보다 높다는 사실을 말하기 위해서가 아니다. 그리스도와 교회가 한 몸이라는 사실을 말하기 위해서다.

운동선수가 늘 하는 일은 머리로 아는 것을 몸으로 익히는 일이다. 머리로 아는 것이 실력이 아니라 몸에서 나오는 것이 실력이다. 축구는 다리로 하지만 머리의 지시를 받는다. 다리가 골을 넣으면 신문에 다리 사진이 나오지 않고 그 사람 얼굴이 나온다. 그리고 다리는 거기에 불만을 말하지 않는다. 전부 한 몸이기 때문이다.

교사 기도회를 인도하면서 본문을 얘기한 적이 있다. 기도회가 끝나자 질문이 쏟아졌다. "복종하면 더 기고만장해서 큰소리칠 텐데요?", "계속 복종하면 정신 차릴까요?", "도무지 복종할 만하지 않으면 어떻게 해야 해요?"

성경이 말하는 내용은 "남편 길들이기"가 아니다. "그리스도를 경외하는 마음이 있으면 복종하라"이다. 자기 할 일만 하면 된다. 남편이 남편답지 않아도 아내는 아내다워야 한다. 왜냐하면 그리스도가 그리스도다우시기 때문이다. "계속 복종했더니 남편이 감동하더라"라는 말을 할 수 있으면 참 다행이다. 하지만 그렇지 않아도 복종하는 것 자체가 책임이다. 왜 아내한테 이런 요구를 하느냐 하면 그리스도와 교회의 관계를 설명하기 위해서다. 아내한테 교회의 배역을 맡긴 것이다. 그리스도를 경외하는 마음이 있으면 맡은 배역에 충실해야 한다.

중고등부를 지도하던 시절, 〈친구 초청의 밤〉 행사를 하는데 연극 중에 로마 군병이 예수님을 능멸하는 장면이 있었다. 로마 군병을 맡은 학생한테 손가락으로 예수님의 이마를 콕콕 찍으면서 대사를 하게 했더니 예수님을 맡은 학생이 발끈했다. 자기가 선배인데 어떻게 그럴 수 있느냐는 것이었다. 결국 조금 떨어져서 손가락질을 하는 것으로 동작을 바꿨다.

나중에 예수님을 맡은 학생이 얘기했다. 로마 군병을 맡은 학생한테 전부터 감정이 안 좋았다는 것이다. 그 학생한테는 그것이 심각한 이유였을 것이다. 뒤집어서 생각하면 프로가 아니기 때문이다. 맡겨진 배역이 있으면 배역에 충실해야 한다. 배역에 충실하지 못할 사정이 있다는 얘기는 프로의식이 없다는 뜻이다.

배역을 다른 말로 하면 사명이다. 이 땅에서 그 배역을 잘 감당하면 나중에 주님 앞에서 여우주연상을 받는다. 누군가 여우주연상을 받는다고 해서 남편이 덩달아 남우주연상을 받는 것은 아니다. 그 문제는 다시 따져야 한다.

알레스데어 매킨타이어에 따르면 "내가 무엇을 해야 할 것인가?"라는 물음에 답하려면 "나는 어떤 이야기의 일부인가?"에 답할 수 있어야 한다고 한다. 자기 인생 계획을 세우기 전에 하나님의 계획을 알아야 한다. 하나님은 백마고지 전투를 구상하시는데 혼자 시가전을 준비해도 안 되고, 하나님은 야구장에 계신데 혼자 축구장에 있어도 안 된다. 아브라함 요수아 헤셸은 현대인을 가리켜서 "메시지를 잃어버린 메신저"라고 했다. 세상에 보냄을 받기는 했는데 자기가 왜 세상에 왔는지 모르고 산다는 것이다. 우리의 존재 이유가 무엇일까? 우리가 이 세상을 사는 것이 하나님과 무슨 상관이 있을까?

C. S. 루이스의 〈순전한 기독교〉에 조지 맥도날드의 비유를 인용한 내용이 나온다. "여러분 자신이 집이라고 상상해 보십시오. 하나님이 오셔서 그 집을 다시 지으려 하십니다. 처음에는 그가 하는 일이 이해가 될 것입니다. 우선 하수구를 고치고 지붕에 새는 곳들을 막습니다. 그런데 얼마 안 가 집을 부수기 시작합니다. 도대체 무슨 일을 하고 계신 걸까요? 그는 여러분 생각과 전혀 다른 집을 짓고 계십니다. 여기에는 벽을 세우고 저기에는 바닥을 더 깔고 탑을 새로 올리고 마당을 만드십니다. 여러분은 아담한 오두막집을 생각했습니다. 그런데 그는 궁전을 짓고 계십니다. 그 궁전에서 같이 살 작정이십니다."

하나님이 우리한테 그런 일을 하신다. 그래서 아내들한테 남편에게 복종하기를 주께 하듯 하라고 한다. 우리는 이 세상에서 나름대로 열심히 살다가 죽으면 그만인 사람들이 아니다. 힘써 하나님의 계획에 동참해야 하는 사람들이다.

남편들은 무엇을 해야 할까? 아내가 자기한테 얼마나 복종하는지 감시할 틈이 없다. 아내가 자기한테 복종하기를 바라는 만큼 그리스도에게 복종하는 일이 급하다. 우리 모두가 그리스도의 신부이기 때문이다. 우리가 그리스도와 교회의 관계를 신학적으로 설명하지 못할 수는 있지만 실천적으로는 설명할 수 있어야 한다. 그것이 세상을 살아가는 우리의 책임이다.

5:25-28〉 남편들아 아내 사랑하기를 그리스도께서 교회를 사랑하시고 그 교회를 위하여 자신을 주심 같이 하라 이는 곧 물로 씻어 말씀으로 깨끗하게 하사 거룩하게 하시고 자기 앞에 영광스러운 교회로 세우사 티나 주름 잡힌 것이나 이런 것들이 없이 거룩하고 흠이 없게 하려 하심이라 이와 같이 남편들도 자기 아내 사랑하기를 자기 자신과 같이 할지니 자기 아내를 사랑하는 자는 자기를 사랑하는 것이라

남편은 그리스도께서 교회를 사랑하신 것처럼 아내를 사랑해야 한다. 그리스도는 교회를 위하여 자신을 주셨다. 남편이 아내를 그렇게 사랑해야 한다.

요한계시록에 죽도록 충성하라는 말씀이 있다. 전에 어떤 분이 물었다. "죽도록 충성하다가 정말로 죽으면 어떻게 해요?" 그런 질문을 하는 이유는 죽음을 실제 상황이 아닌 각오의 문제로 여긴 탓이다. 게다가 죽음을 두려워하는 마음이 깔려 있기도 하다.

〈땅끝에서 오다〉라는 김성일의 장편소설이 있다. 주인공 임준호가 팔레스타인 해방군이 운전하는 차를 타고 가다가 이스라엘의 공습을 만난다. 황급히 피했다가 공습이 끝난 다음 차에 타면서 운전자한테 묻는다. 운전자의 아버지는 전사했고 어머니와 두 여동생은 폭격으로 죽었다고 했다.

"이런 공습이 자주 있나요?"

"그럼요. 없는 날이 오히려 불안할 정도입니다."

"무섭지 않나요?"

"죽는 것을 두려워하면 군인이 될 수 없지요."

이 세상 군인만 그렇고 십자가 군병은 다를까? 죽도록 충성한다는 얘기는 우리가 바쳐야 할 충성의 범주에 죽음도 포함된다는 뜻이다. 자칫 죽을 수 있다는 하찮은 이유 때문에 바쳐야 할 충성을 유보하면 안 된다.

죽는 것이 어떻게 하찮은 이유일까? 신앙을 지켜야 한다는 사실에 비하면 하찮은 이유가 맞다. 윌리엄 바클레이가 초대교회 당시의 핍박에 대해서 한 말이 있다. "사자 밥이 되거나 화형을 당하는 것은 생각조차 하기 무서운 일이다. 하지만 예수를 믿기로 작정하면 모두 각오하고 있어야 한다." 예수를 믿는다는 말에는 이미 그 모든 것이 포함되어 있다. 죽도록 충성하다가 정말로 죽으면 자기가 바칠 충성의 분량을 채운 것이다. 그다음은 죽도록 충성하라고 말씀하신 분이 책임질 차례다. 의문을 가질 이유가 없다.

그리스도는 죽을 각오로 교회를 사랑하지 않았다. 정말로 죽었다. 같은 일을 남편한테 요구한다. 남편이 할 일은 아내 사랑하기를 그리스도께서 교회를 위하여 자신을 주심 같이 하는 일이다. 그리스도가 교회를 위하여 죽은 것처럼 남편은 아내를 위하여 죽어야 한다. 그리스도가 그렇게 한 이유가 26-27절에 있다. "이는 곧 물로 씻어 말씀으로 깨끗하게 하사 거룩하게 하시고 자기 앞에 영광스러운 교회로 세우사 티나 주름 잡힌 것이나 이런 것들이 없이 거룩하고 흠이 없게 하려 하심이라"가 그 이유다.

K목사가 아들을 차에 태우고 가다가 라디오를 켰다. 마침 자기가 한 설교가 나왔다. 다른 데로 돌리려는데 아들이 "와! 아빠다."라고 하는 바람에 그냥 들었다. 설교 중에 "저는 제 아들을 사랑합니다. 아들을 위해서라면 생명도 줄 수 있습니다."라는 말이 나왔다. 순간 아들 눈치가 보였다. 어제 짜장면 사달라고 하는 걸 안 사줬기 때문이다. 아들이 속으로 "순 뻥이다. 생명은 나중에 주고 짜장면이나 제때 사주지."라고 할 것 같았다.

우리한테 같은 서운함이 있을 수 있다. 예수님이 우리를 사랑하셔서 생명을 주셨다. 그런데 생명만 주시고 다른 것은 안 주신다. 우리가 많은 것을 바라는 것도 아니다. 남편 돈 잘 벌게 해주고, 아이 성적 오르게 해주고, 가족들 건강하게 해주면 그것으로 족하다. 우리를 위해서 생명도 주신 분이 그 정도를 안 해주시는 것이 무슨 까닭일까? 본문에 답이 있다. 그리스도의 관심이 교회를 영광스럽게 만드는 것에 있기 때문이다.

예수를 믿으면 구원 얻는다고 한다. 구원을 얻은 다음에는 무엇을 해야 할까? 구원 얻은 다음에는 구원 얻은 사람다워져야 한다. 그것을 본문은 영광스러운 교회로 얘기한다. 그리스도가 영광스러운 분인 것처럼 교회도 영광스러워져야 한다. 그리스도에게 아무런 티나 주름 잡힌 것이 없는 것처럼 교회 역시 그래야 한다.

사람들이 생각하는 영광은 고작해야 높은 지위에 올라가거나 경연 대회에서 우승하는 것이다. 사람은 시간 속에서 살아간다. 시간이 가면 스러지는 것을 영광이라고 한다. 하나님은 영원히 있을 영광을 우리한테 주고 싶어 하신다. 27절에 "자기 앞에 영광스러운 교회로 세우사"라고 되어 있다. 세상 앞에 영광스러운 교회가 아니라 그리스도 앞에 영광스러운 교회다.

28절은 은근히 복잡하다. "이와 같이 남편들도 자기 아내 사랑하기를 자기 자신과 같이 할지니 자기 아내를 사랑하는 자는 자기를 사랑하는 것이라"라고 했다. '이와 같이'가 없으면 간단하다. 부부는 어차피 한 몸이다. 남이 아닌 또 다른 자기 자신이다. "아내를 사랑하는 것이 곧 자기 자신을 사랑하는 것이다"라는 말이 얼마든지 가능하다. 그런데 '이와 같이'가 있다. '이와 같이'의 내용은 26-27절이다. 그 내용과 연결하면, 그리스도께서 교회를 거룩하게 하시고 영광스러운 교회로 세워서 티나 주름 잡힌 것 없이 거룩하고 흠이 없게 하려는 것같이 남편들도 자기 아내 사랑하기를 자기 자신과 같이 하라는 애기가 된다.

남편은 아내를 자기 자신처럼 사랑해야 한다. 그것은 마치 그리스도께서 교회를 영광스럽게 하려는 것과 같다. 그리스도는 이미 영광스러운 분이다. 남은 일은 교회가 그리스도만큼 영광스럽게 되는 일이다. 그렇게 해서 진정한 한 몸을 이루어야 한다.

남편한테 복종하기를 주께 하듯 하는 것이 아내의 책임이라고 했다. 남편은 아내 위에 군림할 권리가 있다는 얘기가 아니다. 남편 역시 맡은 책임이 있다. 남편은 아내를 26-27절처럼 만들어야 한다. 아내가 주께 하듯 남편에게 복종하면 그것으로 26-27절이 이루어져야 한다. 그리스도가 교회를 사랑하셔서 영광스러운 교회로 세우시고 티나 주름 잡힌 것 없이 거룩하고 흠이 없게 하신 것처럼 아내가 남편에게 복종하면 그렇게 되어야 한다. 남편은 그 일을 위해서 자신을 주어야 한다.

사람들마다 행복을 원한다. 그런데 실제로 행복하다는 사람은 드물다. 행복은 노력한다고 해서 얻을 수 있는 것이 아니다. 거룩하게 살면 저절로 따라온다. 하나님이 창조주이고 우리가 피조물이기 때문이다. 우리의 모든 것이 하나님과의 관계에서 비롯된다.

혼인의 요체도 행복이 아니고 거룩이다. 아내는 교회의 배역을 맡고 남편은 그리스도의 배역을 맡아서 하나님이 창세전부터 예비하신 신령한 복을 누리는 것을 연습해야 한다. 아내는 남편한테 교회의 모습을 보여줄 책임이 있고 남편은 아내한테 그리스도의 모습을 보여줄 책임이 있다.

현실은 어떤가? 지금까지 남편을 위해서 기도해 달라는 부탁을 한두 번 받은 것이 아니다. 그런데 아내를 위해서 기도해 달라는 부탁은 받은 적이 없다. 남편들의 열심이 아내들의 열심에 미치지 못한다는 뜻이다. 남편들은 가정의 평화를 위해서 예배에 참석해주는 경우가 수두룩하다.

그런데 남편이 아내의 머리라고 한다. 가부장적인 질서를 인정하는 얘기라면 어려울 것이 없지만 그게 아니다. "이는 곧 물로 씻어 말씀으로 깨끗하게 하사 거룩하게 하시고 자기 앞에 영광스러운 교회로 세우사 티나 주름 잡힌 것이나 이런 것들이 없이 거룩하고 흠이 없게 하려 하심이라"를 하라는 것이다. 아내를 이렇게 만들기 위해서 죽으라고 한다.

하나님이 현실을 몰라도 너무 모른다. 하나님 혼자 뜬구름 잡는 얘기를 하고 계시다. 이 말을 뒤집으면 어떻게 될까? 우리가 하나님의 뜻에 까마득히 멀리 있다는 뜻이다. 가야 할 길이 너무도 멀다. 고생문이 훤하다는 뜻이 아니다. 하나님이 우리를 위해서 예비하신 영광이 우리가 기대하는 수준을 훨씬 뛰어넘는다는 뜻이다.

우리가 할 수 있는 일은 하나님이 지시하시는 쪽으로 한 걸음씩 옮기는 일뿐이다. 그 일을 "남편들아 아내 사랑하기를 그리스도께서 교회를 사랑하시고 그 교회를 위하여 자신을 주심 같이 하라"라고 얘기한다. 남편이 아내를 사랑하는 것은 당연하다. 하나님이 그 당연한 일을 통해서 그리스도와 교회의 신비를 설명하신다. 우리가 가정에서 보내는 하루하루가 하늘나라와 연결되어 있다는 사실이 마냥 놀랍다. 그 사실을 감안하면 우리는 더 진지할 필요가 있다. 우리의 행보에서 그리스도의 행보가 보여야 한다.

5:29-30〉 누구든지 언제나 자기 육체를 미워하지 않고 오직 양육하여 보호하기를 그리스도께서 교회에게 함과 같이 하나니 우리는 그 몸의 지체임이라

예수님이 하신 말씀 중에 포도나무 비유가 있다. 예수님은 포도나무이고 우리는 가지다. 줄기와 가지 사이에 무슨 차이가 있을까? 줄기에서 한 조각을 떼어내고 가지에서 한 조각을 떼어내서 DNA를 분석하면 같은 유전자가 나올 것이다. 그리스도와 교회를 한 몸이라고 하는 얘기가 그렇다. 나와 남의 구분이 없다.

자기 육체를 보호하는 것은 본능이다. 뜨거운 것이 닿으면 얼른 손을 떼고 추우면 옷을 껴입는다. 그리스도가 교회에 대하여 그렇게 한다고 한다. 그리고 우리는 주님 몸 된 교회의 지체들이다. 주님은 당연히 우리를 돌보신다.

KJV에는 30절에 "그의 살과 그의 뼈라"가 더 있다. 아담이 하와를 보고 "이는 내 뼈 중의 뼈요 살 중의 살이라"라고 한 말을 연상하게 한다. 하와의 뼈도 자기 뼈이고 하와의 살도 자기 살이라는 것이다. 아담한테는 하와가 남일 수 없다. 또 다른 자기 자신이다. 그 말을 예수님이 우리한테 하신다. "그의 살과 그의 뼈라"라고 할 때의 '그'는 그리스도다. 우리 몸이 그리스도의 살과 그리스도의 뼈로 되어 있다는 것이다. 이런 내용이 "그러므로 사람이 부모를 떠나 그의 아내와 합하여 그 둘이 한 육체가 될지니 이 비밀이 크도다"로 이어진다.

십계명 중에 다섯 번째 계명이 "네 부모를 공경하라"이다. 그러면 혼인하기 전에는 부모를 공경하고 혼인한 다음에는 부모를 떠나는 것일까? 그런 말이 아니다. 부모가 먼저냐, 배우자가 먼저냐를 말하는 것이 아니라 혼인을 했으면 독립해야 한다는 뜻이다. 혼인했으면서 모든 결정을 부모한테 맡기는 것은 잘하는 일이 아니다. 혼인한 자녀한테 매사에 간섭하는 부모도 마찬가지다.

본문이 말하는 내용은 그런 정도가 아니다. 그런 정도라면 "이 비밀이 크도다"라고 할 까닭이 없다. 혼인한 자식이 부모 품을 떠나서 새로운 가정을 이루는 것이 뭐 그리 큰 비밀일까?

5:31-33〉 그러므로 사람이 부모를 떠나 그의 아내와 합하여 그 둘이 한 육체가 될지니 이 비밀이 크도다 나는 그리스도와 교회에 대하여 말하노라 그러나 너희도 각각 자기의 아내 사랑하기를 자신 같이 하고 아내도 자기 남편을 존경하라

'그러므로'에 힌트가 있다. 그 앞에 있는 내용부터 차근차근 생각해 보자. 사람마다 자기 몸을 아끼고 보호하는 것은 그리스도가 교회에 하는 것과 같다. 우리는 그 몸의 지체다. 그리스도가 우리를 자기 몸처럼 아낀다고 하면 정확한 표현이 아니다. 자기 몸처럼 아끼는 것이 아니라 자기 몸이어서 아낀다. 우리가 그리스도의 몸을 이루는 지체이니 그리스도가 우리를 아낄 수밖에 없다. 그러므로 사람이 부모를 떠나 그의 아내와 합하여 그 둘이 한 육체가 된다.

본래 그리스도는 하나님과 더불어 하늘 보좌에 앉아 계신 분이다. 영광과 존귀와 권세가 하나님과 동등하다. 그런데 성부 하나님을 떠나서 교회와 한 몸을 이루셨다.

하나님이 세상을 만들었으니 이 세상에는 하나님을 엿볼 수 있는 단서가 더러 있다. 대표적인 것이 부성애와 모성애다. 하나님이 우리를 대하는 마음의 그림자가 부모가 자식을 대하는 마음이다. 마찬가지로 성자 예수님이 성부 하나님을 떠나서 교회를 그의 신부로 삼는 구원의 신비를 보여주는 그림자도 있다. 사람이 부모를 떠나 그의 아내와 합하여 그 둘이 한 육체가 되는 것이다. 그래서 "이 비밀이 크도다 나는 그리스도와 교회에 대하여 말하노라"라는 말이 나온다. 남편과 아내가 그만큼 놀라운 관계다.

세상에서는 의사 사위를 얻으려면 열쇠 세 개를 준비해야 한다고 한다. 세상 사람들이 그렇게 사는 것은 우리가 알 바 아니다. 정작 조심해야 할 것이 따로 있다. 그런 풍조는 비웃으면서 자기가 그리스도의 신부가 될 준비는 안 하는 것이다. 세상에서도 열쇠 세 개를 준비한다는데 성경 한 번을 안 읽는다. 그리스도는 우리와 한 몸을 이루기 위해서 성부 하나님을 떠났는데 우리는 절대 세상을 안 떠난다. 마치 큰 인심이라도 쓰는 것처럼 교회에 다녀준다. 일주일에 한 번 예배당에 앉아 있어주고, 십일조나 내주는 것으로 대단한 희생을 하는 줄 안다면 그리스도에 대한 모독도 그런 모독은 없다. 마치 결혼을 해준다는 격이다. 자기가 하나님께 가진 마음을 하나님이 자기한테 갖는다면 그것이 얼마나 끔찍한 재앙인지 모르는 모양이다.

청년회 예배를 인도하면서 이 부분을 이렇게 설명했던 기억이 있다. "혹시 신앙생활을 마지못해 하는 사람이 있으면 이다음에 마지못해 결혼해 주는 배우자를 만나기 바랍니다." 한마디 더 했다. "여러분이 교회에 보이는 열심이 여러분 배우자가 여러분한테 갖는 마음과 비례하기를 바랍니다. 이 얘기가 덕담인지 악담인지는 각자의 책임입니다."

그리스도와 우리가 한 몸이다. 사람이 부모를 떠나 그 아내와 합하여 둘이 한 몸을 이루는 것처럼 성자 예수님이 성부 하나님을 떠나 우리와 한 몸을 이루었다. 우리가 예수님의 존재 의의다. 예수님은 우리가 없으면 존재하지 않기로 작정하셨다. 이런 엄청난 사건을 보여주는 그림자가 남편과 아내다. 한 남자와 한 여자가 부부를 이루어 사는 것은 지극히 일상적인 일이다. 그 일상적인 일을 통해서 하나님이 그리스도와 교회의 비밀을 보여주신다.

교회는 그의 몸이니 만물 안에서 만물을 충만하게 하시는 이의 충만함이니라(엡 1:23)

그리스도는 홀로 충만하신 분이다. 그런데 성경은 교회를 그리스도의 충만함이라고 한다. 우리가 충만해지지 않으면 그리스도는 충만해지지 않기로 작정하셨다. 그리스도께서 우리를 그렇게 대접하신다. 우리가 천국에 안 가면 그리스도는 우리를 찾아서 천국에서 가출할지도 모른다. 신자가 그 정도로 놀라운 신분이다.

예수님은 말씀이 육신이 되어 세상에 오신 분이다. 하나님 말씀은 누군가의 몸을 필요로 하는 모양이다. 이제는 우리 차례다. 하나님 말씀이 이 세상에 나타나려면 우리 몸을 통할 수밖에 없다. 우리가 이 세상을 살아가는 모습에서 하나님 말씀이 나타나야 한다. 그러면 본문을 보면서 우리는 무엇을 해야 할까? 남편과 아내가 한 몸을 이루어 사는 것이 그리스도와 교회가 한 몸임을 보여주는 그림자라고 하는데 이 사실을 나타내려면 어떻게 해야 할까? 33절에서 "그러나 너희도 각각 자기의 아내 사랑하기를 자신 같이 하고 아내도 자기 남편을 존경하라"라고 한다.

신앙은 공염불이 아니다. 멋들어진 경구를 나열하는 것도 아니다. 실제 세상을 살면서 자기한테 맡겨진 일을 하는 것이다. 우리가 그리스도는 아니다. 세상을 구원하는 일은 못한다. 하지만 아내를 사랑하고 남편을 존경하는 일은 할 수 있다. 세상에서는 부부애라는 이름으로 이런 것을 하지만 우리한테는 신앙이다. 그리스도와 교회가 한 몸인 것은 참으로 놀라운 신비다. 성경은 그 신비를 우리한테 나타내라고 한다. 그것이 남편은 아내를 사랑하고 아내는 남편을 존경하는 것이다.

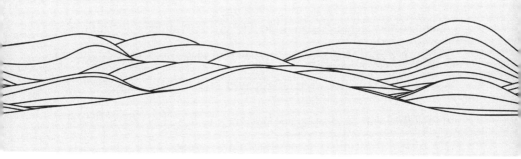

6장 십자가 군병

6:1-4) 자녀들아 주 안에서 너희 부모에게 순종하라 이것이 옳으니라 네 아
버지와 어머니를 공경하라 이것은 약속이 있는 첫 계명이니 이로써 네가 잘
되고 땅에서 장수하리라 또 아비들아 너희 자녀를 노엽게 하지 말고 오직
주의 교훈과 훈계로 양육하라

  딕 루카스라는 영국 목사가 있다. 그가 설교 중에 초내교회 교인과 이웃
에 사는 로마인 사이에 오갔을 대화를 얘기했다.

  "당신이 믿는 종교는 성전이 어디에 있습니까?"

  "성전이 따로 없습니다. 예수님이 우리 성전입니다."

  "성전이 없으면 제사장은 어디서 제사를 지냅니까?"

  "제사장도 따로 없습니다. 예수님이 우리 제사장입니다."

"제사장이 없어요? 그럼 제물은 누가 드립니까?"

"예수님이 우리를 위한 희생 제물이시기 때문에 제물이 필요 없습니다."

"그게 무슨 말입니까? 그러면 종교가 아니지 않습니까?"

맞는 말이다. 기독교는 종교가 아니다. 신앙은 종교 행위가 아니라 삶으로 나타나야 한다. 성령으로 충만함을 받으면 가슴이 뜨거워질 수 있다. 기도할 때 눈물이 날 수도 있다. 그보다 먼저 아내가 남편을 대하는 것, 남편이 아내를 대하는 것, 자녀가 부모를 대하는 것, 부모가 자녀를 대하는 것이 달라야 한다. 자녀가 부모를 공경하는 것을 세상에서는 효도라고 하는데 성경은 성령 충만이라고 한다. 자녀가 부모를 대하는 것이 집안 문제로 끝나지 않고 하나님과 연결된다.

사람이 하나님과 같이 되려고 한 것이 죄의 시작이다. 이런 죄의 흔적이 신자가 된 다음에도 남아 있다. "평소에는 기도하지 않다가 아쉬울 때만 기도하는 것은 위선 아닌가?"라는 말을 생각해 보자. 얼핏 생각하면 양심적인 것 같지만 그렇지 않다. 하나님 앞에서도 자존심을 굽히기 싫다는 고약한 발상이다. 사람은 하나님과도 자존심 경쟁을 한다. 하물며 부모일까?

하나님이 부모와 자녀의 관계를 허락하신 것은 부모의 권위가 하나님의 권위를 암시하기 때문이다. 남편과 아내가 그리스도와 교회의 관계를 상징하는 것처럼 부모와 자녀는 하나님과 우리의 관계를 보여준다.

옛날 가부장 사회에서는 아버지의 기척만 들려도 긴장했다. 이제는 다르다. 자녀들이 부모의 권위를 인정하지 않는다. 그러면 하나님 아버지의 권위는 어떻겠는가? 다른 예를 들어보자. 요즘은 목사를 공경하지 않는다. 예전에는 목사가 심방 오는 것을 마치 예수님이 오는 것처럼 생각했다. 쌀이 귀한 시절에도 목사를 위해서는 쌀밥을 준비했다. 내가 신학생 때만 해도 목사는 예고하지 않고 찾아갈 수 있는 유일한 사람이라는 말을 들었는데 지금은 어림도 없다. 목사의 말에 토를 다는 것을 아무도 이상하게 여기지 않는다. 그래서 어떻게 되었느냐 하면, 신앙이 안 좋아졌다.

부모와 자녀의 관계도 마찬가지다. 부모의 권위가 전처럼 존중되지 않는다. 부모와 자녀가 친구처럼 되었다. 그만큼 사회가 개방된 것은 관계없지만 신앙이 안 좋아진 것은 문제다. 무릇 자녀는 주 안에서 부모에게 순종해야 한다. 그것이 자녀의 책임이다.

부모의 책임도 있다. "아비들아 너희 자녀를 노엽게 하지 말고 오직 주의 교훈과 훈계로 양육하라"가 그렇다. 자녀가 부모한테 순종하는 것으로 우리가 하나님을 섬기는 모습을 보여준다면 부모는 자녀한테 하나님이 우리를 어떻게 대하시는지 보여줄 수 있어야 한다. 그래서 "주의 교훈과 훈계로 양육하라"라고 하는 것이다.

'양육'이라는 말은 앞에서도 나왔다. 5:29에서 "누구든지 언제나 자기 육체를 미워하지 않고 오직 양육하여 보호하기를 그리스도께서 교회에게 함과 같이 하나니"라고 했다. 모든 사람이 자기 몸을 돌본다. 마치 그리스도가 교회에게 하는 것과 같다. 부모가 자녀한테 그렇게 해야 한다.

너무 뻔한 말 같다. 자녀를 자기 몸처럼 돌보지 않는 부모도 있을까? 그래서 조건이 있다. 주의 교훈과 훈계로 양육해야 한다. 세상의 교훈과 훈계로 양육하면 안 된다.

중고등부를 지도하던 시절, 여름 수련회를 앞뒀을 때의 일이다. 고3 아들을 둔 분이 말했다. "솔직히 이번에는 수련회를 안 보낼 생각이었는데 애가 하도 간다고 해서 보내기로 했어요. 방학 내내 공부만 하는 것보다 수련회 가서 머리 식히고 와서 공부하는 것도 나쁘지 않을 것 같아요." 그런 말을 하면서 어떤 대답을 기대했을까? 아마 "잘 생각했습니다. 감사합니다."라는 답을 기대했을 것이다.

수련회 참가하면 은혜를 받고 와서 신앙이 좋아져야 할까, 머리 식히고 와서 공부를 열심히 해야 할까? 게다가 그런 말을 목사한테 하는 이유가 무엇일까? 자기가 틀린 것을 몰라서 그렇다. 모든 관심이 세상에 있고 하나님은 자기를 돕는 들러리로 전락시켰으면서도 그것을 신앙적인 결단인 줄 안다. 그만큼 세상이 중요하다. 남들이 다 그렇게 살기 때문이다.

누군가로부터 "성경에 모든 답이 있는 것은 아니잖아요?"라는 말을 들은 적이 있다. 대체 어떤 문제에 대한 답을 찾고 싶었을까? 물론 성경이 모든 문제의 답을 말해주지는 않는다. 주식 시세가 어떻게 될지, 아파트 분양가가 어떻게 될지 침묵한다. 성경이 말하는 것은 "너희는 하나님의 백성이다. 하나님의 백성으로 살아라."이다. 어떤 사람이 성경에 관심을 안 갖는다는 얘기는 하나님 백성이 아니라는 뜻이다. 성경은 우리한테 "자녀들아 주 안에서 부모에게 순종하라", "아비들아 너희 자녀를 오직 주의 교훈과 훈계로 양육하라"라고 말한다. 이제 우리가 응답할 차례다. 성령으로 충만함을 받은 사람만 응답할 수 있다.

6:5-8) 종들아 두려워하고 떨며 성실한 마음으로 육체의 상전에게 순종하기를 그리스도께 하듯 하라 눈가림만 하여 사람을 기쁘게 하는 자처럼 하지 말고 그리스도의 종들처럼 마음으로 하나님의 뜻을 행하고 기쁜 마음으로 섬기기를 주께 하듯 하고 사람들에게 하듯 하지 말라 이는 각 사람이 무슨 선을 행하든지 종이나 자유인이나 주께로부터 그대로 받을 줄을 앎이라

종은 '둘로스'를 번역한 말인데 노예라고 해야 더 정확하다. 근세 유럽에서는 노예라고 하면 쇠사슬에 매인 채 채찍에 맞으면서 강제 노역에 시달리는 사람을 떠올렸다. 그래서 종이라고 했는데 성경에서는 종으로 읽더라도 뜻은 노예로 받아들여야 한다. 예수를 믿는 사람은 누구나 그리스도의 노예다.

노예는 복종이 몸에 밴 신분이다. 물건을 떨어뜨려서 발등을 다쳐도 자기가 아픈 것보다 주인의 심기를 먼저 살핀다. 그런데 본문은 육체의 상전에게 순종하기를 그리스도께 하듯 하라고 한다. 겉으로만 복종하는 것이 아니라 마음으로 복종하라는 것이다.

노예한테 소망이 있다면 노예 신세를 면하는 것이다. 로마시대에는 노예 신분을 벗어나서 해방 노예가 되는 수가 있었다. 예수를 믿는 노예는 다르다. 그는 상전에게 순종하기를 그리스도께 하듯 하는 것을 인생 목표로 삼는다. 사람을 섬기는 자처럼 하는 것이 아니라 하나님을 섬기는 자처럼 한다. 자기가 노예라는 사실이 하나님을 기쁘시게 하는 데 아무 장애도 안 된다.

요즘 말로 바꿔볼까? 어떤 사람이 있다. 그의 소원은 세상에서 성공하는 것이다. 그것을 가장 중요하게 여긴다. 신자는 다르다. 신자에게 소원이 있다면 하나님의 뜻을 이루는 것이다. 자기한테 주어진 삶을 하나님의 뜻대로 사는 것이다.

교회가 커야 큰 일을 할 수 있다고 한다. 맞는 말이다. 큰 교회는 작은 교회가 엄두도 못 내는 일을 할 수 있다. 하지만 주님은 우리한테 큰 일을 하라고 하신 적이 없다. 우리가 해야 할 일은 주님의 일이다. 교회가 커서 큰 일을 하는 것은 무방하지만 큰 일을 하기 위해서 교회가 커야 한다고 하면 틀린 말이다.

그런데 그런 생각을 하는 사람이 있다. 자기가 외형적인 것에 점수를 주니까 하나님도 외형적인 것에 점수를 주는 줄 아는 모양이다. 그런 생각을 본문에 적용하면 얘기가 이상하게 된다.

어떤 노예가 있다. 늘 신세타령을 하며 지낸다. 그러다 예수를 믿게 되었다. 그다음부터는 하나님의 은혜로 해방 노예가 되기를 기대한다. 노예만 아니면 신앙생활을 잘할 수 있는데 노예 신세라서 못한다고 생각한다.

요즘 말로 바꿔볼까? 늘 아등바등 애쓰며 사는 사람이 있다. 남보다 높은 지위에 오르는 것을 가장 중요하게 여긴다. 그러는 중에 예수를 믿게 되었다. 그러자 하나님의 은혜로 출세하기를 소망한다. 자기 형편만 나아지면 하나님을 더 잘 섬길 수 있다는 것이다.

성경의 관심은 다르다. 노예 신세를 벗어날 수 있는 비결 대신 노예가 가져야 할 자세를 말한다. 그리스도를 섬기는 것처럼 상전을 섬기라는 것이다. 신앙은 환경을 고치는 것이 아니라 자기를 고치는 것이다. 남다른 일을 맡는 것이 중요한 것이 아니라 맡은 일을 남다른 마음으로 하는 것이 중요하다.

당시는 계급사회였다. 에베소교회 교인 중에도 노예가 있었을 것이다. 그들의 주인이 상전이다. 그 상전을 섬기되 그리스도의 종이 주를 섬기듯 하라고 한다. 사람의 종은 눈가림만 하여 사람을 기쁘게 하지만 그리스도의 종은 마음으로 하나님의 뜻을 행하고 기쁜 마음으로 주를 섬긴다. 그리스도의 종과 사람의 종은 섬기는 대상만 다른 것이 아니라 섬기는 자세도 다르다.

예전에 어떤 학생이 물었다. "기도는 마음으로 하면 되죠?" 학교에서 점심시간에 기도를 하려면 친구들 눈치가 보이는데 꼭 눈 감고 해야 하느냐는 것이었다. 내가 물었다. "왜 마음으로 하려고 하는데?" 그때 그 학생은 마음으로만 해도 하나님이 아시지 않느냐고 했는데, 물론 아신다. 설마 하나님이 모르실까? 하나님은 기도한다는 사실만 아시는 것이 아니라 왜 그렇게 건성으로 하는지도 아신다.

성경이 말하는 마음은 그런 식의 마음이 아니다. 〈관주성경〉을 보면 6절의 "그리스도의 종들처럼 마음으로 하나님의 뜻을 행하고"에서 마음에 1)이 있다. 관주에는 '헬 목숨'이라고 되어 있다. 우리말 성경에는 마음으로 번역했지만 헬라어 원문으로는 목숨이다. 아무나 그리스도의 종이 되는 것이 아니다. 목숨을 걸고 하나님의 뜻을 행하는 사람이라야 그리스도의 종이 될 수 있다.

블레셋이 이스라엘과 싸우면서 베들레헴에 진을 친 적이 있다. 베들레헴은 다윗의 고향이다. 다윗의 뇌리에 불현듯 어릴 적에 마시던 우물물이 떠올랐다. "베들레헴 성문 곁 우물물을 누가 나로 마시게 할꼬"라고 중얼거렸다. 다윗 옆에 있던 세 용사가 그 말을 듣자마자 블레셋 군대를 돌파하여 다윗이 말한 우물물을 길어 왔다.

그 우물물에 대한 다윗의 마음이 어느 만큼 간절했을까? 당시는 전쟁 중이었다. 그 우물물을 못 마시면 세상 살 낙이 없다고 할 만큼 간절하지는 않았을 것이다. 그냥 혼잣말을 했을 뿐이다. 그런 말도 허투루 듣지 않았다. 다윗의 마음을 조금이라도 흡족하게 할 수 있는 일이라면 기꺼이 목숨을 걸었다.

같은 말을 사울이 했으면 어떻게 되었을까? 사울 진영에도 목숨을 걸고 물을 떠올 사람이 있었을까? 마음으로 섬기는지의 여부에는 이런 차이가 있다.

6:9) 상전들아 너희도 그들에게 이와 같이 하고 위협을 그치라 이는 그들과 너희의 상전이 하늘에 계시고 그에게는 사람을 외모로 취하는 일이 없는 줄 너희가 앎이라

상전들은 무엇을 해야 할까? 성경은 "상전들아 너희도 그들에게 이와 같이 하고…"라고 한다. 종이 상전을 그리스도를 대하듯 하는 것처럼 상전 역시 종을 그리스도 대하듯 해야 한다. 방법이 의외로 간단하다. 위협을 그치라는 것이다. 자기가 주권자인 것처럼 굴면 안 된다. 상전이면 종의 생살여탈권을 갖고 있다. 그렇다고 해서 자기가 종의 운명을 틀어쥐고 있다고 생각하지 말아야 한다. "이는 그들과 너희의 상전이 하늘에 계시고 그에게는 사람을 외모로 취하는 일이 없는 줄 너희가 앎이라"가 그 이유다.

자기가 종한테 상전인 것처럼 자기한테도 상전이 있다. 그 상전은 자기한테만 상전이 아니라 종한테도 상전이다. 종이 상전을 마음으로 섬기지 않고 눈가림으로 섬기는 것이나 상전이 종의 모든 것이 자기한테 달린 것처럼 종을 대하는 것이나 하나님 앞에는 똑같이 악하다.

주후 4세기에 콘스탄티노플 감독을 지낸 요한은 크리소스톰(황금 입)이라는 별명으로 더 유명하다. 그가 설교를 하면 좀도둑이 들끓었다고 한다. 사람들이 설교에 매료되어 누가 무엇을 훔쳐도 모르기 때문이었다. 그가 얘기했다. "그리스도와 관련된 문제에는 노예와 주인이 평등합니다. 여러분이 그리스도의 노예인 것처럼 여러분이 섬기는 주인도 그리스도의 노예입니다."

하나님에게는 사람을 외모로 취하는 일이 없다. 그런데 한사코 하나님이 사람을 외모로 취하는 것처럼 살아간다. 기왕이면 부자로 살고 싶어 하고 기왕이면 높은 자리에 오르고 싶어 한다. 그렇지 않은 사람이 어디 있느냐고 반문하지 말자. 모든 사람이 그렇다고 해서 하나님이 그 가치를 인정하시는 것이 아니다. 우리는 기왕이면 남을 섬기고 싶어 하고 기왕이면 순종하고 싶어 해야 한다.

세상에서는 누가 종이고 누가 상전인지만 따진다. 자기가 남다른 사람이고 싶어 한다. 하나님은 그런 것에 관심이 없다. 누가 더 하나님 백성다운 지가 문제다. 우리의 관심도 그래야 한다. 하나님이 관심 두지 않는 것에 관심을 둘 이유가 없다. 하나님의 관심이 머무르는 곳에 우리의 관심도 머물러야 한다. 우리는 남다른 일을 맡는 것에 관심을 두지 않는다. 남다른 마음을 품을 뿐이다. 그것이 우리의 본분이다.

6:10-11〉끝으로 너희가 주 안에서와 그 힘의 능력으로 강건하여지고 마귀의 간계를 능히 대적하기 위하여 하나님의 전신 갑주를 입으라

하나님은 하늘에 속한 모든 신령한 복을 주시려고 창세전에 우리를 택하셨다(1:3-4). 그 일을 위해서 먼저 우리를 죄에서 꺼내야 했다(2:1). 그렇게 해서 우리를 데려가는 자리에 대한 설명이 3:14-19다. 하나님이 예비하신 영광을 우리가 무슨 수로 헤아릴까? 우리는 그저 부르심을 받은 일에 합당하게 행할 뿐이다(4:1). 4:17-24에서 옛사람과 새사람 얘기가 나온다. 우리는 새사람이다. 하나님을 본받는 자가 되어야 한다. 우리가 전에는 어두움이었지만 이제는 주 안에서 빛이기 때문에 빛의 자녀들처럼 행해야 한다. 세월을 아껴야 한다. 아무 생각 없이 살면 안 된다. 우리는 성령으로 충만해야 한다. 성령 충만과 관계없는 일을 할 이유가 없다. 그래서 부부는 어떠해야 하고 부모와 자식은 어떠해야 하고 종과 상전은 어떠해야 하는지 말했다.

이런 내용에 이어서 "끝으로 너희가 주 안에서와 그 힘의 능력으로 강건하여지고"가 나온다. 어쩌면 지금까지 말한 내용으로 충분할 수 있다. 그런데 바울은 미련이 있는 것 같다. 그래서 마지막으로 당부한다.

전도가 힘든 이유는 불신자가 자신의 불신앙에 불편을 못 느끼기 때문이다. 밥을 안 먹으면 배가 고프고 잠을 안 자면 졸린 것 같은 증상이 예수를 안 믿을 때도 나타나면 왜 예수를 안 믿겠는가? 그런데 그런 게 없다. 오히려 신자를 불편하게 여긴다.

신자가 신앙에 성실하지 않은 이유도 마찬가지다. 신앙이 강건하지 않아도 불편하지 않다. 불신자가 신자를 자기들이 만든 교리에 속박된 사람으로 여기는 것처럼 신앙생활에 성실한 것을 속박으로 여긴다. 신앙생활이 부담되면 안 된다는 말을 태연하게 한다. 이미 자기를 부인하고 자기 십자가를 진 사람한테 새삼스럽게 무슨 부담이 있는지 궁금하다.

신자를 가리키는 별명은 한두 가지가 아니다. 목자를 따르는 양이라고도 하고 토기장이가 빚는 그릇이라고도 한다. 어린양의 신부라고도 하고 포도나무의 가지라고도 하고 십자가 군병이라고도 한다. 본문에는 하나님의 전신 갑주라는 말이 나온다. 십자가 군병이 연상된다. 그러면 교회에 등록된 사람이 십자가 군병일까? 어떤 책에서 "설교자 여러분! 여러분의 설교를 듣는 회중이 전부 십자가 정예 군사로 보이십니까?"라는 구절을 읽은 기억이 있다.

성경은 우리한테 주 안에서와 그 힘의 능력으로 강건해지라고 한다. 우리가 할 일은 주 안에서 강건해지는 일이다. 세상이 주는 힘으로 강건해지는 것은 우리의 관심사가 아니다. 그래서 11절에서 마귀의 간계 얘기가 나온다. 마귀의 간계가 항상 우리의 관심을 흐리기 때문이다.

명심할 내용이 있다. 우리가 직접 마귀를 대적하지 않는다. 우리는 마귀의 간계를 대적한다. 마귀가 시커먼 망토를 뒤집어쓰고 뿔 달린 모습으로 나타나면 누가 속겠는가? 그런데 우리를 부추겨서 엉뚱한 것에 관심을 갖게 하면 식별이 쉽지 않다. 대표적인 마귀의 간계를 꼽으려면 세상이 주는 힘으로 강건하게 되는 것에 관심을 갖게 하는 것이다. 사람들로 하여금 마귀의 간계에 빠진 줄 모르게 하는 것이야말로 마귀의 간계다.

우리는 하나님의 백성이다. 한번 얻은 구원은 취소되지 않는다. 그러면 마귀의 간계는 무엇을 노리는 것일까? 마귀한테는 우리의 구원을 취소시킬 재주가 없다. 결국 마귀가 노리는 것은 우리의 신분이 아니라 우리의 수준이다. 우리로 하여금 하나님의 백성으로 살지 못하게 하는 것이 마귀의 목표다.

욥기 시작 부분에 마치 천상에서 어전회의가 열린 듯한 내용이 나온다. 하나님이 사탄한테 어디서 왔느냐고 묻자, 땅을 두루 돌아 여기저기를 다녀왔다고 대답한다. 한 청년이 그 내용을 읽다 물었다.

"사탄은 지금 뭐해요? 지금도 일하나요?"

"사탄이 아무것도 안 하면 그게 사탄이냐?"

"와! 그럼 우리가 속아 넘어가지 않으면 사탄이 헛수고하겠네요."

사탄이 헛수고를 하는 상상만 해도 통쾌하다. 그런데 행여 사탄이 헛수고를 할세라 지레 협조하는 사람이 있다. 하나님이 헛수고하는 것은 괘념하지 않으면서 사탄이 헛수고하는 것은 신경 쓰이는 모양이다.

욥기에 따르면 사탄은 땅을 두루 돌아 여기저기를 다닌다고 했다. 우리가 있는 곳이라고 해서 사탄의 행동반경에서 제외되는 것이 아니다. 그래서 하나님의 전신 갑주가 필요하다. 전신 갑주는 아무나 입는 옷이 아니다. 하급 군졸은 안 입는다. 특히 로마시대에는 모든 무장이 개인 부담이었으니 그럴 수밖에 없다.

성실한 신앙생활을 얘기하면 "꼭 그렇게까지 믿어야 하느냐?"라는 사람이 있다. 맞는 얘기다. 어차피 모든 군인이 전신 갑주를 입지는 않는다. 일상생활을 하기에는 그런 옷을 입지 않는 것이 편하다. 단, 마귀의 간계를 대적하려면 입어야 한다.

영화 〈밀양〉에서 여주인공 신애의 차가 고장 난다. 연락을 받고 온 정비사가 종찬이다. 차를 견인해서 가는 도중에 신애가 밀양이 무슨 뜻인지 묻자, 종찬이 대답한다. "뜻예? 우리가 뭐 뜻 보고 삽니꺼? 그냥 사는 기지에."

세상 사람들의 인생관을 그대로 보여주는 말이다. 이 세상이 어떤 곳인지도 모르고 자기가 왜 살아야 하는지도 모르고 어떻게 살아야 하는지도 모른다. 관심도 없다. 그냥 산다. 남의 얘기가 아니다. 하나님의 뜻이니 구원이니 성화니 하는 것은 모른다. 알아야 한다고 생각하지도 않는다. 교회 왔으면 됐지, 또 뭐가 있다는 얘기일까?

그래서 바울이 당부한다. 제발 그런 식으로 예수 믿지 말라는 것이다. 무엇보다도 우리를 하나님으로부터 멀리 떨어뜨려 놓으려는 악한 영이 실제로 존재한다. 우리는 그 간계를 대적해야 하는 사람들이다.

6:12-13) 우리의 씨름은 혈과 육을 상대하는 것이 아니요 통치자들과 권세들과 이 어둠의 세상 주관자들과 하늘에 있는 악의 영들을 상대함이라 그러므로 하나님의 전신 갑주를 취하라 이는 악한 날에 너희가 능히 대적하고 모든 일을 행한 후에 서기 위함이라

앞에서 하나님의 전신 갑주를 입으라는 말이 나왔다. 본문에 또 나온다. 군인이 무장을 하는 것은 싸움을 하기 위해서다. 우리가 감당해야 할 싸움이 있다. 그 싸움을 "우리의 씨름은 혈과 육을 상대하는 것이 아니요…"로 얘기한다. 씨름에 해당하는 헬라어가 '팔레'인데 영어성경은 struggle, fighting, wrestling으로 번역했다.

전신 갑주에서 연상되는 단어는 전쟁이다. 전쟁은 혼자 하지 않는다. 자기가 아무리 뛰어나도 전쟁에서 질 수 있다. 일본의 전설적인 검객 미야모토 무사시는 전국을 돌아다니며 유명한 고수들과 60차례가 넘는 진검승부를 벌여서 단 한 번도 진 적이 없다고 하는데도 실제 전쟁에서는 별다른 공을 세우지 못했다. 씨름이나 레슬링은 그렇지 않다. 자신의 역량이 그대로 드러난다. 우리의 신앙 싸움은 전체에 묻어갈 수 있는 것이 아니다. 철저하게 개인적이다.

윤태호 화백의 〈미생〉은 직장인의 애환을 바둑에 빗대어 그린 만화다. 그 만화에 "이기지 못하면 내 바둑이 좋아졌는지 알 수 없다. 밤을 새워 노력해도 실력이 증명되지 않는다."라는 내용이 나온다. 자기 실력이 어느 만큼 늘었는지 증명하려면 이겨야 한다. 자기가 아무리 잘 됐다고 우겨도 지면

그만이다. 우리가 감당해야 하는 씨름이 그렇다. 이기면 실력이 있는 것이고 지면 실력이 없는 것이다.

그 상대가 누구일까? 통치자들과 권세들과 이 어둠의 세상 주관자들과 하늘에 있는 악의 영들이다. 우리는 세상에 속한 사람과 싸우지 않고 하나님을 반대하는 세상 풍조와 싸운다. 세상 풍조가 하나님을 거스르는 이유는 배후에 악한 영이 있기 때문이다.

입에 담기 민망하지만 남자가 바람을 피우는 수가 있다. 그런 경우에 본처가 상대방 여자를 찾아가면 상대방 여자는 일방적으로 당했다. 자기가 잘못한 것이 있으니 입이 열 개라도 할 말이 없다. 요즘은 그렇지 않다고 한다. "사모님, 선생님을 포기하세요. 선생님은 이제 저를 사랑하십니다." 하고, 태연하게 말한다. 이런 풍조를 놓고 시대가 변했다고 한다. 이렇게 변한 것에 누가 좋아할까? 하나님이 영광받으실까, 사탄이 미소 지을까?

감기로 인해서 나타나는 증상은 여러 가지다. 열이 나기도 하고 기침이나 콧물이 나기도 하고 몸살을 앓기도 한다. 증상은 다양하지만 원인은 감기 바이러스 때문이다. 세상 풍조가 점점 엉망인 이유가 그렇다. 청소년 범죄가 날로 증가하고 가정이 파괴되고 연속극 소재마다 '막장'인 이유가 우연이 아니다. 누군가 작용하는 탓이다. 우리가 왜 세상 풍조에 야합하면 안 되는가 하면, 그것이 사람과 사람 사이의 일로 끝나는 것이 아니기 때문이다.

그래서 우리한테 맡겨진 싸움이 있다. 하나님의 싸움이 아니고 우리의 싸움이다. 간절히 기도하면 하나님이 대신 싸워주시는 싸움이 아니라 우리가 직접 감당해야 하는 싸움이다. 혼탁한 세상을 보면서 "하나님, 세상이 왜 이 모양입니까?" 하고 한탄한다고 하자. 하나님이 "내가 묻고 싶은 말이다. 세상이 왜 그 모양이냐?"라고 하시지 않을까?

미국에서 목회하는 목사한테 들은 얘기가 있다. 이민 사회는 삶이 치열하기 때문에 교회에서는 누구나 위로받기를 원한다고 한다. 죄를 지적하는 설교는 금기에 속한다. 일주일 내내 힘들게 살다 왔으니 교회에서라도 편하게 해줘야 하는 것 아니냐는 것이다.

이민 교회에만 해당하는 얘기일까? 요즘 교회에서는 희생을 말하지 않는다. 기독교가 다분히 세속화되었다. 경건한 삶을 사는 것보다 세상에서 덕을 보는 것에 신앙의 가치를 둔다. 영국 성공회 주교인 존 라일이 한 말이 있다. "요즘 시대에는 세속적인 기독교가 일반화되어 있어서 많은 사람이 아무도 마음 상하게 하지 않으며 아무런 희생도 요구하지 않는 값싼 기독교를 믿으면서 스스로 부요하다고 생각한다. 그런 기독교는 아무 대가도 들지 않는 대신 아무 가치도 없다."

어쩌면 우리의 씨름은 세상 풍조에 대한 것만이 아닐 수 있다. 교회에 유입된 잘못된 풍조에 대해서도 결연히 맞서야 한다. 예수 이름으로 세상 풍조를 전하는 경우가 있기 때문이다.

〈약속〉이라는 영화가 있다. 부하가 다른 조직에 의해서 죽자, 두목이 복수를 한다. 상대편 조직의 두목과 조직원 몇 명을 살해한 것이다. 두목의 심복이 대신 죄를 뒤집어쓰고 잡혀간다. 사형 선고를 받고 형 집행을 기다리게 된다. 두목이 면회를 갔을 때 부하가 말한다. "형님은 저한테 무엇을 주어도 아깝지 않다고 하셨습니다. 저 또한 형님께 무엇을 드려도 아깝지 않습니다." 그러면서 큰절을 한다.

두목이 모든 범행 증거를 가지고 자수하러 가는 것으로 영화가 끝난다. 부하는 두목을 위해서 대신 죽으려고 하고, 두목은 그 부하를 살리기 위해서 죽을 자리를 찾아간다. 뒷골목 건달한테도 생명을 포기하면서까지 지키고 싶은 것이 있는 모양이다. 하물며 우리한테 그런 것이 없을 수 없다. 기독교 역사에서는 그런 사람을 순교자라고 해서 자손까지 칭송한다.

그런데 언제부터인지 교회에 야성이 없어졌다. 신앙이 죄다 물러 터졌다. 무슨 일이 있어도 기필코 신자답게 살고야 말리라는 결연한 의지를 실행하는 모습은 없고 엉뚱한 모습만 보인다. 자기가 얼마나 신앙을 지킬 수 없는 형편인지 조목조목 얘기하면 신앙을 지킨 것으로 인정되는 줄 아는 모양이다.

명심해야 한다. 주님은 우리한테 신자답게 살라고 하셨지, 신자답게 살기 힘든 이유를 말해보라고 하신 적이 없다.

우리나라에 기독교가 전래되던 초기만 해도 야성이 있었다. 그때는 전부 목숨 걸고 예수를 믿었다. 자기가 감당해야 할 책임을 변명으로 대신하려는 사람이 없었다.

그래서 당부한다. 적어도 교회에서는 변명하지 않기로 하자. 군인한테 변명은 어울리지 않는다. 우리한테는 십자가 군병의 군인 정신이 있을 뿐이다. 교회는 그것을 채우는 곳이다.

6:14a) 그런즉 서서 진리로 너희 허리띠를 띠고

성경 여러 곳에 허리를 묶는다는 표현이 나온다. 당시는 통으로 된 원피스를 입었다. 활동을 하려면 우선 허리를 묶어야 했다. 마귀의 간계를 대적하려면 가장 먼저 해야 하는 일이 진리로 허리띠를 띠는 일이다.

집을 그릴 때는 지붕부터 그린다. 하지만 집을 지붕부터 짓는 법은 없다. 여기에 대해서 신영복 선생이 쓴 글이 있다. "나와 같이 징역살이를 한 노인 목수가 있었습니다. 언젠가 그 노인이 뭔가를 설명하면서 땅바닥에 집을 그렸습니다. 그 그림에서 받은 충격을 잊을 수 없습니다. 먼저 주춧돌을 그린 다음 기둥, 도리, 들보, 서까래, 지붕의 순서로 그렸기 때문입니다. 일하는 사람의 그림이었습니다. 세상에 지붕부터 지을 수 있는 집은 없습니다. 그럼에도 불구하고 지붕부터 그려온 나의 무심함이 부끄러웠습니다. 나의 서가(書架)가 한꺼번에 무너지는 낭패감이었습니다."

집을 그리기만 하는 사람은 지붕부터 그려도 무방하다. 집을 짓는 사람은 그렇지 않다. 신앙생활도 마찬가지다. 실제로 신앙생활을 하려면 진리가 기초여야 한다. 다른 것이 그 자리를 대신한다면 신앙생활이 아니라 종교유희일 따름이다.

그들을 진리로 거룩하게 하옵소서 아버지의 말씀은 진리니이다(요 17:17)

성경은 하나님 말씀을 진리라고 한다. 우리의 신앙은 언제나 하나님 말씀을 기초로 한다. 근거가 하나님 말씀이 아니면 아무리 포장을 잘해도 무효다.

전에 기도원 집회에 참석했더니 "하늘 보좌를 움직이는 기도"라는 말이 유난히 자주 들렸다. 별로 마음에 들지 않았다. 우리 기도가 하늘 보좌에 상달해야 하는 것은 맞지만 하늘 보좌를 움직이면 어떻게 될까? 부모는 아이의 고집에 두 손 들기도 하지만 설마 하나님도 그러실까?

그런데 그런 표현이 설득력이 있다. 그만큼 절실한 문제가 있기 때문이다. 이것이 신앙인의 약점이다. 자기의 절실함에 속아서 하나님의 뜻을 간과한다. 동기에서는 하나님을 찾지 않으면서 과정에서는 하나님을 찾는다. 어떻게 해서든지 자기 뜻을 관철하는 것을 중요하게 여긴다.

이런 폐단이 왜 있을까? 우리한테 하나님의 전신 갑주를 입으라고 하는 이유를 몰라서 그렇다. 우리가 전신 갑주를 입어야 하는 이유는 마귀의 간계를 대적하기 위해서다. 세상에서 자기 욕심을 이루기 위해서가 아니다. 그래서 진리로 허리띠를 띠는 것이다. 활동에 앞서서 펄럭거리는 옷을 묶는 것처럼 우리한테 떠오르는 생각이 있을 때마다 그 생각을 진리를 기준으로 점검해야 한다.

진리가 기준이 아니어도 신앙에 대한 얘기를 할 수 있다. 집을 그릴 때 지붕부터 그려도 무방한 것과 같다. 단, 정말로 집을 지으려면 주추부터 시작해야 한다. 우리가 정말로 신앙에 뜻이 있으면 진리가 기준이어야 한다. 하나님 말씀과 무관한 것이 아무리 주변에서 펄럭거려도 거기에 시선을 빼앗기면 안 된다. 우리는 이 땅에서 하나님의 뜻을 이루는 십자가 군병이다.

6:14b〉 의의 호심경을 붙이고

호심경은 갑옷 가슴 부분에 호신용으로 붙이는 구리 조각을 말한다. 팔다리는 어떻게 할까? 팔이나 다리라고 해서 적의 창칼이 피해가지 않는다. 하지만 온몸에 보호 장비를 갖추면 활동이 둔해진다. 전투에는 지장이 없게 하되 생명과 직결된 부분은 호심경으로 보호하는 것이다. 설령 팔을 잃어버려도 가슴은 지켜야 하고 다리를 잃어버린다고 해도 심장은 지켜야 한다.

1956년, 휘튼 칼리지 출신의 청년 다섯 명이 에콰도르 밀림에 복음을 전하러 갔다가 원주민한테 피살되었다. 그들은 맹수의 공격에 대비해서 총을 가지고 있었다. 그런데 그 총으로 원주민과 싸우느니 차라리 죽는 편을 택했다. 총을 사용하면 앞으로 복음 전파가 어려워질 것이기 때문이다. 그들한테는 죽는 한이 있어도 지켜야 할 것이 있었다.

어떤 것은 포기할 수 있고 어떤 것은 포기할 수 없는지 사람마다 차이가 있다. 흔히 가치관이 다르다고 한다. 우리한테도 반드시 지켜야 할 것이 있다. 그래서 호심경이 동원된다.

옛날 사람들은 마음이 장기에서 비롯된다고 생각했다. 우리말에도 "간덩이가 크다", "쓸개가 빠졌다", "허파에 바람 들었다" 같은 표현이 있다. 염통을 심장(心腸)이라고 한다. 마음을 주관하는 장기라는 뜻이다. "마음이 조마조마하다"나 "심장이 조마조마하다"나 같은 뜻이다.

호심경은 이처럼 사람 마음이 장기에서 비롯된다는 생각을 기초로 한다. 마귀의 간계에 맞서 싸우다 보면 팔이나 다리를 다칠 수 있다. 하지만 마음은 지켜야 한다. 그 호심경을 의의 호심경이라고 한다. 군인이 구리 조각으로 자기 몸을 보호하는 것처럼 의로 우리 마음을 보호한다.

특히 히브리어에서는 관계에서 나오는 의무를 다하는 것을 의라고 한다. 사람은 숱한 관계 속에서 살아간다. 모든 관계에는 의무가 따른다. 부모는 자식을 부양해야 하고 자식은 부모를 공경해야 한다. 이런 의무를 다하면 관계가 원만하게 된다. 그것이 의다. 뒤집어서 생각하면 관계에서 나오는 의무를 다하지 않는 것이 불의한 것이다. 아담이 에덴동산에서 그랬다.

어떤 사람이 목사한테 물었다. "어떻게 하면 간절하게 기도할 수 있습니까? 저도 간절하게 기도하고 싶은데 잘 안 됩니다." 목사가 답했다. "먼저 간절하게 사십시오. 그러면 간절하게 기도할 수 있습니다."

기도는 그럴 듯한 문구를 나열하는 것이 아니다. 삶에서 유래한다. 기도가 삶을 넘을 수는 없다. 일주일 내내 발이 부르트게 복음을 전하는 사람이 잃어버린 영혼을 위해 기도한다. 늘 시간과 물질을 쪼개어 가난하고 병든 이웃을 섬기는 사람이 그들을 위해 기도한다. 항상 성경책 펴놓고 무슨 뜻인지 고심하는 사람이 지혜를 달라고 기도한다. 그런 기도가 단 한 번도 복음을 전해보지 않은 사람, 늘 돈벌이에만 마음이 있는 사람, 성경이라고는 창세기밖에 안 읽어본 사람이 하는 기도와 같을 수 없다. 설령 같은 문장을 나열한다고 해도 같은 기도가 아니다. 기도가 간절하려면 먼저 삶이 간절해야 한다. 삶이 간절하지 않으면 기도는 공염불이다.

우리가 드릴 수 있는 최고의 기도는 단연 주님이 가르쳐주신 기도다. 그 기도는 하나님의 이름이 거룩하게 되기를 바란다는 내용으로 시작한다. 이 땅에 하나님의 나라가 오기를 간구하고 하나님의 뜻이 하늘에서 이루어진 것처럼 땅에서도 이루어지게 해달라고 간구한다. 얼마나 거창한가? 정말 하늘에 속한 사람다운 기도다. 아버지의 나라가 오게 해달라고 기도한다는 얘기를 다른 말로 하면 자기의 나라가 끝나게 해달라고 기도한다는 뜻이다. 그런 기도는 아무나 할 수 없다. 세상 욕심과 결별할 각오가 된 사람만 할 수 있다.

그런데 우리를 시험에 빠지지 않게 하고 악에서 구해달라는 내용으로 끝을 맺는다. 하나님의 나라를 구하는 우리의 현실이 초라하기만 하다. 우리는 늘 시험에 빠질까 노심초사해야 하고 악에서 구원받는 것을 소원해야 한다. 가슴에는 하나님 나라를 품고 있는데 발은 진흙탕에 빠질세라 전전긍긍하는 모양새다.

용두사미가 아니다. 정말로 하나님의 나라가 오기를 구하는 사람은 시험에 빠지지 않게 하고 악에서 구해달라는 기도가 나오게 마련이다. 하나님의 뜻이 하늘에서 이루어진 것처럼 땅에서 이루어지는 일이 저절로 되지 않기 때문이다. 삶의 현장에서 그 일을 이루려면 그만큼 처절하게 살아야 한다. 혹시 그런 기도가 안 나온다면 하나님의 나라를 이루려는 소망이 없는 탓이다. 하나님의 뜻과 무관하게 사는 사람이 시험에 빠지지 않게 해달라고 기도할 수는 없다.

에베소서의 내용도 마찬가지다. 하나님은 하늘에 속한 모든 신령한 복을 주시려고 창세전에 그리스도 안에서 우리를 택하셨다. 하늘에 있는 것이나 땅에 있는 것이 다 그리스도 안에서 통일되게 하려는 것이 하나님의 구원 계획이다. 하나님은 우리를 하나님의 기업이라고 하신다. 장차 우리는 하나님이 거하실 처소가 될 것이다. 우리로서는 차마 감당 못할 얘기다.

그런 약속이 있다고 해서 세상이 우리를 받들어 모시지는 않는다. 우리로 하여금 손에 물 안 묻히고 발에 흙 안 묻히고 살 수 있도록 천군 천사가 호위하지도 않는다. 하나님의 약속과 우리의 현실이 동이 서에서 먼 것처럼 멀리 떨어져 있다.

우리의 당면 과제는 마귀의 간계를 대적하는 것이다. 의의 호심경에 의지해서 처절하게 싸워야 한다. 손과 발에는 숱한 상처가 있겠지만 그런 것에 신경 쓸 겨를이 없다. 하나님의 나라를 갈망하는 사람이라야 시험에 빠지지 않기를 간구하는 것처럼 정말로 하나님의 약속에 소망을 둔 사람이라면 하나님의 전신 갑주를 입고 자기한테 주어진 싸움을 성실히 싸울 것이다. 그 싸움을 싸우지 않는 사람은 하나님의 약속을 무시하는 사람이다.

가끔 하나님께 하는 푸념을 듣는 수가 있다. 주로 자기한테 안 좋은 일이 있을 때 그런 말을 한다. 하나님이 무엇을 하는 분인지 모르겠다는 것이다. 만일 그 말이 진지한 항변이면 어떻게 될까? "대체 그 위에서 무엇을 하고 계십니까?" 하고 따지면, "넌 그 밑에서 무엇을 하고 있느냐?" 하고 되묻지 않으실까? 하나님이 하나님 구실을 제대로 안 하는 것이 문제가 아니라 우리가 신자 구실을 제대로 안 하는 것이 문제다. 우리가 하나님께 이런저런 질문을 할 수 있다. "하나님, 대체 어디 계십니까?"라고 할 수도 있고 "하나님, 정말 계시기는 계신 겁니까?"라고 할 수도 있다. 그때마다 하나님도 물으실 것이다. "너희 믿음은 어디 있느냐?" 어쩌면 우리가 하나님께 하는 질문들은 하나님의 질문을 회피하려고 선수를 치는 것일 수 있다.

영국 성공회 주교인 윌리엄 템플이 아무 일도 없을 때 자연스럽게 생각나는 것이 우리가 섬기는 진정한 신이라고 했다. 밑도 끝도 없이 불현듯 로또 복권에 당첨되었으면 좋겠다는 생각이 든다면 돈이 그 사람의 신이라는 뜻이다. 우리한테는 그것이 어떤 것일까? 한가하게 앉아서 커피를 마실 때 주님이 생각나는가? 그렇다면 의의 호심경이 제대로 붙어 있는 것이 맞다.

우리가 그런 의의 호심경으로 무장해야 한다. 우리 안에 가득한 하나님을 향한 마음은 절대 침해받으면 안 된다. 이 세상을 살아가는 다른 문제들은 몰라도 이것만큼은 지켜야 한다. 우리의 존재가 하나님께는 기쁨이고 마귀한테는 근심이어야 한다.

6:15〉 평안의 복음이 준비한 것으로 신을 신고

군인을 위한 옷이 따로 있는 것처럼 군인을 위한 신도 따로 있다. 우리 역시 세상 사람들과 다른 신을 신는다. 바로 평안의 복음이 준비한 신이다.

왜 하필이면 평안의 복음일까? 진리의 복음이나 생명의 복음, 영광의 복음, 능력의 복음은 안 될까? 본문이 전시 상황을 전제로 하기 때문이다. 전투에 임하는 군인이 추구하는 가치는 당연히 평화다. 그래서 평안의 복음이다.

군인은 아침마다 전투화 끈을 맨다. 일과가 끝날 때까지 풀면 안 된다. 특히 전시 상황이면 전투화 끈을 조이면서 마음을 다지게 마련이다. 본문이 우리한테 그런 말을 한다. 진리의 허리띠를 띠고 의의 호심경을 붙였으면 그다음에는 전투화 끈을 조여 매야 한다. 그때마다 "이 발이 닿는 곳마다 복음이 전파되게 해야지"라는 결의를 다진다. 복음 전파가 우리의 가치 기준이다.

집에서 교회까지 천천히 걸으면 20분쯤 걸린다. 중간에 시장이 있어서 여러 가지 풍경을 보게 된다. 얼마 전에 점을 보는 곳이 새로 생겼다. 휘장을 두른 안에 탁자가 있고 승복 같은 옷을 입은 사람이 앉아 있다. 사주, 궁합, 성명, 손금을 본다는 글귀와 함께 '자녀 공부방'이라는 글귀가 보였다. 공부방의 위치나 책상 위치가 성적에 어떻게 관계되는지 조언(?)해준다는 뜻인 것 같았다. 한번은 그 옆을 지나가다가 아주머니 두 분이 하는 말을 우연히 들었다.

"저런 걸 누가 믿어?"

"왜? 믿지야 않지만 나쁠 거 없잖아."

나쁠 거 없다는 말이 무슨 뜻일까? 점쟁이 말을 들어서 성적이 떨어지면 나쁜 것이지만 그럴 일은 없다는 뜻이다. 혹시 모르니까 점쟁이 말을 들어봐서 아이 성적이 오르면 좋은 것이고 오르지 않으면 본전(?)이다. 남들이 미신이라고 하거나 말거나 알 바 아니다. 복채로 날린 돈이나 엉뚱한 일에 낭비한 시간은 물론이고 헛된 기대를 가진 자신의 어리석음까지도 판단 대상이 아니다. 좋고 나쁜 기준이 오로지 자녀 성적이다.

복음 전파가 우리의 가치 기준이라는 얘기가 그런 뜻이다. 우리 머리에 늘 그 생각이 있어야 한다. 복음을 전하는 데 도움 되는 일은 좋은 일이고 방해되는 일은 나쁜 일이다. 왜 그래야 하느냐 하면, 우리가 마귀의 간계를 대적하는 사람들이기 때문이다. 마귀의 간계는 우리를 세상 풍조에 밀어 넣는 것이다. 세상 풍조에 휩쓸리지 않으려면 우리만의 동력이 있어야 한다. 그것이 복음이다. 복음을 추구하는 사람은 세상 풍조에 휩쓸리지 않는다.

스웨덴의 한 갑부가 자기가 죽었다는 신문 기사를 보았다. 그의 형이 죽었는데 기자가 실수한 것이었다. 어쨌든 그렇게 해서 자기의 죽음에 대한 세상의 평가를 확인하게 되었다. "다이너마이트라는 무서운 파괴력을 세상에 소개한 갑부가 죽었다"라는 기사 내용이 상당히 마음에 걸렸다. 그가 고민에 빠졌다. "나는 그동안 열심히 살았다. 그런데 세상에 남긴 것이 파괴적인 살상 무기뿐이란 말인가? 내 인생이 이것이 전부인가?"

그 일을 계기로 인생 목표를 바꿨다. 고심 끝에 전 재산을 스웨덴 과학 아카데미에 기부했다. 그렇게 해서 노벨상 제도가 시작되었다. 알프레드 노벨 이야기다.

이런 얘기가 별로 설득력이 없을 수 있다. 노벨은 간접적으로나마 죽음을 체험했지만 우리는 그렇지 않기 때문이다. 그런데 과연 그럴까? 우리한테 죽었다 살아난 경험이 정말 없을까? 그리스도와 함께 죽었다가 그리스도와 함께 다시 사는 것이 세례다. 우리는 이미 죽었다가 살아난 사람들이다. 그런데도 죽기 전에 소망하던 것을 여전히 소망한다면 어딘가 이상하다. 우리한테 정말로 하늘 소망이 있는지, 하나님의 나라가 이 땅에 이루어지는 것에 관심이 있는지 검토해봐야 한다. 어쩌면 신발을 신을 때마다 복음을 전할 마음을 가다듬은 것이 아니라 세상을 향한 욕심을 가다듬었을 수 있다.

우리가 어떤 일을 하면 그 일을 하는 것이 복음 전파에 유익이기 때문이다. 어떤 일을 하지 않으면 그 일을 하지 않는 것이 복음 전파에 유익이기 때문이다. 다른 이유가 없다. 우리는 평안의 복음이 준비한 것으로 신을 신은 사람들이다.

6:16) 모든 것 위에 믿음의 방패를 가지고 이로써 능히 악한 자의 모든 불화살을 소멸하고

진리의 허리띠, 의의 호심경, 평안의 복음이 준비한 신에 이어서 믿음의 방패를 말한다. 악한 자의 모든 불화살에 대비해야 하기 때문이다. 제아무리 다른 무장이 잘되어도 믿음의 방패가 없으면 악한 자의 불화살에 당할 수밖에 없다.

늑대가 나타났다고 하는 이솝 우화가 있다. 양치기 소년의 거짓말에 속은 사람은 헛걸음만 하면 된다. 속은 것이 불쾌하겠지만 크게 손해 본 것은 없다. 마귀의 간계는 그렇지 않다. 불화살에 비유될 만큼 실제적이다. 재수 없는 셈 치고 넘어갈 수 있는 문제가 아니다.

사탄이 가룟 유다의 마음에 역사해서 예수님을 팔도록 했다. 그러면 유다는 책임이 없을까? 사탄의 간계는 항상 우리의 의지에 작용한다. 우리가 동의하지 않으면 사탄은 전혀 힘을 쓰지 못한다. 반대의 경우도 성립한다. 성령님이 우리를 통해서 역사하시려면 먼저 우리가 동의해야 한다. 사탄이 우리의 의지에 작용하는 것처럼 성령님 또한 그렇다. 자기가 잘못했으면서 남을 탓하는 것은 인간으로서의 자존심을 포기한 처사다. 자기한테 의지가 있다는 사실을 스스로 부정하는 것이기 때문이다.

우리는 주기도문을 통해서 우리를 시험에 빠지지 않게 해달라고 기도한다. 시험이 없게 해달라고 기도하지 않는다. 이 세상에 시험이 존재하는 것을 인정한다. 그렇다고 해서 열심히 기도하면 하나님이 우리를 시험에서 면제해 주시는 것도 아니다. 우리의 의지가 시험에 빠지지 않는 쪽으로 작용해야 한다.

성경은 우리한테 믿음의 방패를 가지라고 한다. 우리가 할 일은 믿음의 방패를 갖는 일이다. 악한 자의 불화살을 없애달라고 떼를 써봐야 소용없다. 악한 자의 불화살은 늘 있다. 우리한테 불화살을 쏘는 것이 악한 자의 본성이다. 관건은 우리한테 믿음의 방패가 있느냐 하는 것이다. 악한 자가 악한 자의 일을 하는 것처럼 우리가 우리 할 일을 하면 그만이다.

결국 두 유형의 신자가 있는 셈이다. 믿음의 방패가 있는 신자와 믿음의 방패가 없는 신자다. 믿음의 방패가 없는 신자는 늘 고슴도치 신세일 것이다. 옆구리에 박힌 화살을 겨우 뺐는데 또 어깨에 화살이 꽂혔다고 엄살할 것이다. 그렇다고 해서 사탄한테 화살을 그만 쏘라고 사정할 수도 없다. 하나님께 말씀드리면 될까? "하나님, 신앙생활을 하고 싶어도 계속 날아오는 화살 때문에 할 수가 없습니다. 이 화살 좀 어떻게 해주십시오."라고 하면 하나님이 뭐라고 하실까? "얼른 믿음의 방패를 가져라. 그것이 네가 할 신앙생활이다."라고 할 것이다.

사람들은 믿음을 자기가 필요한 영역에 갖다 붙이기를 좋아한다. "주실 줄 믿습니다", "될 줄로 믿습니다", "나을 줄 믿습니다"라는 기도를 한두 번 들은 것이 아니다. 대체 누구를 믿고 무엇을 믿는다는 뜻일까? 그런 것은 모른다. 어쨌든 믿을 테니까 자기가 원하는 일이 이루어지게 해달라는 것이다. 원하는 일이 이루어지지 않으면 믿음이 부족했다고 자책한다. 믿음을 열심의 문제로 생각하는 것이다.

본문에서 말하는 믿음은 그런 믿음이 아니다. "모든 것 위에 믿음의 방패를 가지고"라고 했다. 밑도 끝도 없이 믿음만 가지면 안 된다. 진리의 허리띠를 띠고 의의 호심경을 붙이고 평안의 복음이 준비한 것으로 신을 신은 다음에 믿음의 방패를 가져야 한다. 무작정 "믿습니다"라고 하는 것은 떡줄 사람은 생각도 안 하는데 김칫국부터 마시는 꼴이다. 자기 필요가 믿음의 기준일 수 없다. 하나님의 뜻이 기준이어야 한다.

어떤 사람이 절벽 끝에 매달려 있다. 마침 팔을 뻗으면 닿을 만한 거리에 나뭇가지가 있다. 그런 경우에 그 나뭇가지에 대한 생각은 중요하지 않다. "저 나뭇가지는 내 몸무게를 충분히 지탱할 수 있을 거야. 난 믿어."라고 생각하거나 "혹시 저 나뭇가지가 튼튼하지 않으면 어떡하지?"라고 생각하거나 아무 차이가 없다. 그 사람을 구할 수 있는 것은 그 사람의 믿음이 아니라 믿음의 대상이다.

피터 윌슨 목사가 그의 책 〈다시 일어서는 힘 플랜 B〉에서 한 질문이 있다. "만일 하나님이 당신과 함께한다는 사실을 확신한다면 지금 이 상황에서 당신은 어떻게 하시겠습니까?" 이 질문에 대한 대답으로 우리한테 믿음의 방패가 있는지 알 수 있다. 설마 정답을 모르는 사람이 있을까? 그 정답이 자기한테서 나오지 않는 것이 문제다. 정말로 하나님을 신뢰한다면 자기가 무엇을 어떻게 해야 하는지 다 안다. 그것을 행하는 것이 믿음의 방패를 갖는 것이다.

몰라서 못하는 것은 믿음이 없는 것이 아니다. 아는데 안 하는 것이 믿음이 없는 것이다. 그러면 악한 자의 불화살에 노출된다. 몸은 교회에 있는데 오히려 세상의 영향을 받는 이상한 교인이 된다. 교회 와서도 늘 세상을 탓하고 환경을 원망한다. 말로는 십자가 군병이라고 하면서 걸핏하면 마귀의 간계에 넘어진다. 본문이 그것을 경계한다. 악한 자가 아무리 불화살을 쏴도 그런 것에 연연하지 않고 묵묵히 할 일을 하는지, 혹시 악한 자가 불화살을 쏠 때마다 혼비백산하는 것은 아닌지 점검해보라는 것이다.

모름지기 우리가 십자가 군병이라면 전투력이 있어야 한다. 악한 자의 불화살 따위에 쩔쩔매면 안 된다. 정말로 우리한테 신앙이 있다면 그 신앙은 하나님 나라에 보탬이 되어야 한다.

6:17a〉 구원의 투구와

우리가 구원을 얻었으면 그 구원은 우리한테 투구의 구실을 해야 한다. 투구는 머리를 보호하는 것이다. "나는 구원 얻은 사람이다"라는 생각이 항상 머리에 있어야 한다.

히스기야가 종교 개혁을 하면서 대대적으로 유월절을 지켰다. 나중에 요시야도 종교 개혁을 하면서 유월절을 지킨다. 유월절은 하나님의 은혜로 구원 얻은 것을 기념하는 절기다. 즉 "우리는 하나님의 은혜로 구원 얻은 하나님의 백성이다"라는 사실을 일깨운 것이다. 모든 일에는 기초가 튼튼해야 하는 것처럼 신앙생활도 그렇다. 자기가 하나님의 백성임을 항상 인식해야 한다. 그것을 보여주는 것이 구원의 투구다.

자는 자들은 밤에 자고 취하는 자들은 밤에 취하되 우리는 낮에 속하였으니 정신을 차리고 믿음과 사랑의 호심경을 붙이고 구원의 소망의 투구를 쓰자(살전 5:7-8)

"그런즉 믿음, 소망, 사랑, 이 세 가지는 항상 있을 것인데 그중의 제일은 사랑이라"라는 고전 13:13 말씀은 상당히 유명하다. 믿음, 소망, 사랑은 데살로니가전서가 원조(?)다. 신약성경 중에서 가장 먼저 기록된 책이 데살로니가전서다. 주후 51-53년에 쓰였다. 고린도전서는 주후 55-57년, 에베소서는 주후 62년경에 쓰였다.

바울이 데살로니가교회에 편지를 쓰면서 "믿음과 사랑의 호심경"이라고 했는데 10년쯤 후에 에베소교회에 편지를 쓰면서는 "의의 호심경"이라고 했다. 표현은 달라도 뜻은 같다. 관계에서 나오는 의무를 다하는 것이 의라고 했다. 우리가 하나님을 믿고 사랑하면 그것이 신자 된 도리를 다하는 것이다. "구원의 소망의 투구"도 마찬가지다. 구원의 투구를 다른 말로 한 것이 구원의 소망의 투구다. "우리한테는 영원한 구원이 약속되어 있다. 그 사실을 안다면 거기에 맞게 살아야 한다."라는 뜻이다.

너희의 믿음의 역사와 사랑의 수고와 우리 주 예수 그리스도에 대한 소망의 인
내를 우리 하나님 아버지 앞에서 끊임없이 기억함이니(살전 1:3)

믿음의 역사, 사랑의 수고, 소망의 인내가 나온다. 사람들은 흔히 돈이 있
어야 일을 한다고 하지만 성경에는 그런 말이 없다. 역사하는 것은 돈이 아
니라 믿음이다. 또 사랑이 있으면 기꺼이 수고를 감당한다. 밤을 꼬박 새워
서 애인 과제를 해준 청년을 알고 있다. 그런 수고를 할 수 있는 원동력이
사랑이다. 또 소망에는 인내가 따른다. 벼는 농부의 발소리를 듣고 자란다
고 한다. 농부가 그런 수고를 마다하지 않는 이유는 추수에 대한 소망 때문
이다.

우리는 구원의 소망의 투구를 써야 한다. 우리한테 정말로 구원에 대한
소망이 있다면, 그것은 고난을 인내하는 힘으로 나타날 것이다. 소망이 있
는 사람은 힘든 일을 힘든 일로 여기지 않는다.

허영만 화백의 〈부자사전〉에 따르면 부자의 특징 중 하나가 자기가 정한
원칙에 충실한 것이라고 한다. 매일 새벽에 산책을 하기로 했으면 어떤 일
이 있어도 산책을 한다. 간밤에 늦게 잤다거나 비가 오는 것이 이유가 되지
않는다. 상황에 따라 말이 달라지는 사람은 부자 되기 틀린 사람이다.

혹시 우리한테는 지켜야 할 원칙이 없을까? 우리는 우리의 결국을 안다.
이 세상을 전부로 아는 사람은 밤에 속했지만 우리는 그렇지 않다. 밤에 속

한 사람은 자고 싶을 때 자고 취하고 싶을 때 취해도 무방하지만 우리는 다르다. 정신을 차리고 깨어 있어야 한다.

중학생 때 양계장을 하는 친구가 있었다. 닭들이 참 불쌍해 보였다. 제대로 움직일 수도 없는 좁은 공간에 평생을 갇혀 지낸다. 할 수 있는 일이라고는 주는 모이를 먹고 알을 낳는 일뿐이다. 알을 많이 낳게 하기 위해서 밤에도 불을 켜두기 때문에 밤인지 낮인지도 모른다. 그런 일이 가능한 이유는 닭한테 깊은 사고력이 없기 때문이다. 닭이 사람처럼 생각할 줄 안다면 걷잡을 수 없는 사태가 벌어질 것이다.

그보다 더 심각한 일이 있다. 신자가 생각할 줄 모르는 것이다. 자기가 누구인지, 하나님이 어떤 분인지, 하나님과 자기가 어떤 관계인지 생각이 없다. 세상 풍조대로 살아간다. 모든 관심이 오늘에 집중된다. 당장 하루하루를 살아가는 것이 중요하다.

출애굽한 이스라엘이 광야 생활 내내 불평한 이유가 가나안을 생각할 줄 몰랐기 때문이다. 홍해를 건넜으면 가나안에 대한 소망으로 부지런히 걸음을 재촉하는 것이 옳다. 그런데 가나안에 대한 소망이 없었다. 왜 애굽에서 나와서 생고생인지 후회막심이었다. 애굽과 가나안을 비교하면 가나안이 훨씬 좋은데 그들 머리에 가나안이 없었다. 애굽과 광야를 비교하니 그나마 애굽이 나은 것을 어떻게 할까? 할 수만 있으면 얼른 애굽으로 돌아가고 싶었다.

우리의 문제는 무엇일까? 예수를 믿는 우리한테 불만이 있다면 그 이유가 어디에 있을까? 출애굽한 이스라엘만이 아니라 우리도 구원의 투구를 쓰지 못한 것일 수 있다. 팔이나 다리를 다치는 것과 머리를 다치는 것은 격이 다른 것처럼 이 부분을 놓치면 신앙생활을 못한다. 예수를 믿는 것이 구원 때문인데, 그 구원을 빼면 뭐가 남을까? 홍해를 건넌 이유가 가나안에 가기 위한 것인데 가나안을 빼면 뭐가 남을까? 홍해는 대체 왜 건넜을까?

이재철 목사가 쓴 〈인간의 일생〉에서 읽은 내용을 소개한다. 유럽 교회가 한낱 관광지로 전락했다는 얘기를 들은 적이 있을 것이다. 건물은 화려하고 웅장한데 사람이 없다. 그런데 희한하게도 사람이 죽으면 신문 부고에는 십자가를 인쇄해 넣는다. 공동묘지에는 십자가가 새겨지지 않은 비석이 없다. 그들이 모두 크리스천이었다면 주일마다 예배당이 차고 넘쳐야 할텐데 어떻게 된 영문일까? 죽은 다음에만 크리스천이고 살아 있는 동안에는 크리스천이 아닐까?

그런 풍조 때문에 근래 서부 유럽에서는 성직자가 해마다 감소해서 신부 기근 현상을 보인다. 신부가 없는 곳에서는 어쩔 수 없이 평신도가 장례를 집례할 수 있도록 허용했다. 프랑스어권에서는 하관식 때 집례자의 기도 중에 다음의 내용을 덧붙여야 한다고 한다.

Oh Dieu! Le mort ne soit pas entre comme un chien!
(오 하나님! 이 죽은 자가 개처럼 묻히지 않게 하소서!)

신문 부고에 십자가를 인쇄하고 묘지 비석에 십자가를 새기는 것이 무슨 의미가 있을까? 평생 개처럼 살았으면서 죽은 다음에 개처럼 묻히지 않게 해달라고 기도하면 그 삶이 의미 있는 삶으로 바뀔까?

우리는 하나님의 전신 갑주로 무장해야 하는 사람들이다. 그렇게 해야 마귀의 간계를 대적할 수 있다. 마귀의 간계 중의 하나가 우리 인생을 낭비하게 하는 것이다. 우리한테 허락된 구원을 이루는 일이 아닌 엉뚱한 일에 신경 쓰게 하는 것이다.

진리의 허리띠, 의의 호심경, 평안의 복음이 준비한 신, 믿음의 방패, 구원의 투구는 모두 군인의 무장 상태를 말한다. 성경은 우리한테 "너희는 지금이 전시인 것을 아느냐?"라고 묻는 셈이다. 우리는 이 세상이 놀이터가 아니라 전쟁터인 것을 명심해야 한다.

요컨대 교회는 응석부리는 곳이 아니다. 마음의 위로나 받으면 되는 곳이 아니라 마귀의 간계를 대적할 힘을 공급받는 곳이다. 우리는 세상을 살되, 다음 세상을 기준으로 살아야 한다. 다른 일에 신경 쓸 겨를이 없다. 우리한테 허락된 구원을 소망하면서 거기에 맞게 사는 것이 당면한 과제다.

6:17b〉 성령의 검 곧 하나님의 말씀을 가지라

앞에서 진리의 허리띠, 의의 호심경, 평안의 복음이 준비한 신, 믿음의 방패, 구원의 투구를 살펴보았다. 본문은 성령의 검이다. 지금까지 나온 다섯 가지는 전부 방어용이고 성령의 검만 공격용이다. 마귀의 간계에 넘어가지 않는 것이 아무리 중요해도 그것으로는 부족하다. 적극적으로 마귀의 술책을 박살낼 수 있어야 한다. 성령의 검이 필요하다. 그 성령의 검을 하나님의 말씀이라고 한다.

하나님이 아담한테 선악과를 먹으면 죽는다고 했다. 사탄은 죽지 않는다고 했다. 누구 말을 들어야 할까? 그 옛날 에덴동산에서 있었던 일회성 사건이 아니다. 교회에서 하는 말과 세상에서 하는 말이 다르면 어느 말을 들어야 할까?

오래전 일이다. 내가 직장을 그만두고 신학을 시작했다는 말을 들은 사촌이 물었다.

"일요일에는 항상 교회 가?"

"응"

"한 주도 빠지면 안 돼?"

"응"

"온 가족이?"

"응"

"수연이는 무슨 죄야? 일요일에 놀이동산도 못 가고 교회에만 가야 해?"

내가 대답 대신 웃었더니 정말로 안쓰럽다는 듯이 말했다.

"수연이 참 불쌍하다. 가끔 우리 집에 보내. 우리 애들하고 같이 놀이동산 데리고 갈게."

불신자들은 우리가 신앙에 속박된 줄 안다. 자유롭게 살 수 있는데 괜한 것에 얽매어 불편하게 지낸다는 것이다. 불신자가 불신자다운 생각을 하는 것을 누가 말리겠는가? 그런데 우리한테도 신앙에 충실할수록 손해라는 생각이 은연중에 있다. 신앙을 버리지는 않지만 열심을 부리지도 않는다.

신자 중에 세상을 믿을 만하다고 하는 사람은 없다. 또 신자는 누구나 하나님을 믿는다고 고백한다. 그런데 하나님 말씀보다 세상 풍조를 더 따른다. 신자가 앓는 가장 큰 병이다. 하나님을 믿는다고 하면서 세상에 귀를 기울인다.

　애들은 자기 고민을 부모나 선생님과 의논하지 않고 친구들과 의논한다. 부모나 선생님과 의논하면 원하는 답이 안 나오기 때문이다. 부모나 선생님에게는 일단 비밀이다. "이런 말 하면 욕먹는다"라는 사실을 안다. 그런데 "그러니까 하지 말아야지"라는 쪽으로는 생각을 안 한다. 자기가 틀린 것을 인정하는 것이 아니라 부모나 선생님이 자기 재미를 빼앗는 것으로 여긴다.

　교회 안에는 이런 모습이 없을까? 성경 말씀을 모르지 않는다. 하나님이 무엇을 기뻐하시고 무엇을 싫어하시는지 안다. 하지만 하나님 좋아하시는 일만 하다가 자기 좋아하는 일은 언제 한단 말인가? 그래서 신앙 원칙은 항상 뒷전이다. 자기의 진정한 복을 하나님에게서 찾지 않고 세상에서 찾는다. 그러면서 말로는 하나님을 믿는다고 한다. 그것이 모순인 줄 모른다. 큰 병을 앓는 것이 분명하다.

　본문은 우리한테 성령의 검을 가지라고 한다. 성령은 예수님이 구세주인 것을 알게 하는 일을 한다. 예수님이 십자가에 달릴 적에 우리는 세상에 존재하지도 않았다. 그 일로 우리 죄가 사해졌다는 것이 논리적으로 말이 될까? 이런 말도 안 되는 일을 말이 되게 하는 것이 성령이 하는 일이다.

　또 있다. 예수님이 제자들한테 "보혜사 곧 아버지께서 내 이름으로 보내실 성령 그가 너희에게 모든 것을 가르치고 내가 너희에게 말한 모든 것을 생각나게 하리라"라고 하셨다. 성령은 예수님의 가르침을 생각나게 하는 일을 한다. 예수님은 말씀이 육신이 되어 이 세상에 오신 분이다. 예수님이 곧 하나님 말씀이다. 성령은 우리한테 하나님 말씀을 알게 하는 일을 한다. 그 성령을 검으로 얘기한다. 우리가 하나님 말씀대로 살면 사탄은 그만큼 타격을 입을 수밖에 없다. 아니, 우리가 하나님 말씀대로 사는 것 외에 사탄을 꺾을 방도가 없다.

쉽게 고개를 끄덕이면 안 된다. 참으로 무서운 얘기다. 우리가 하나님 말씀을 준행하지 않을 때마다 사탄한테 동조하게 된다는 뜻이기 때문이다. 바울이 갈라디아교회에 권면하기를 "너희는 성령을 따라 행하라 그리하면 육체의 욕심을 이루지 아니하리라"라고 했다. 성령을 따라 행하면 육체의 욕심을 이루지 않는다. 반대의 경우도 성립한다. 성령을 따라 행하지 않으면 그때마다 육체의 욕심을 이루게 된다. "내가 비록 성령을 따라 행하지는 않지만 육체의 욕심을 이루는 것도 아니니 이만하면 괜찮다"라는 말은 어불성설이다.

어린 시절에 들은 동화에 따르면 도깨비는 씨름을 좋아한다고 한다. 어떤 사람이 한밤중에 길을 가는데 누군가 길을 막고는 다짜고짜 씨름을 하자고 했다. 마침 힘깨나 써서 씨름은 자신 있었다. 그런데 상대방이 만만치 않았다. 한참을 옥신각신하는 중에 상대방이 도깨비인 것을 알게 되었다. 이 노릇을 어떻게 할까? 행여 씨름에 지면 죽을 것 같았다. 말 그대로 젖 먹던 힘을 다 내서 마침내 이겼다. 도깨비를 땅바닥에 메친 다음에 근처에 있던 고

목나무에 얼른 도깨비를 묶었다. 그리고 피곤에 겨워 잠에 곯아떨어졌다. 깨어 보니 아침이었는데 이게 웬일인가? 고목나무에 빗자루가 묶여 있었다. 밤새 빗자루를 붙들고 씨름을 했던 것이다.

우리는 마귀의 간계를 대적해야 하는 사람들이다. 날이 밝으면 빗자루에 불과할 것을 부둥켜안고 밤새 씨름해도 되는 사람들이 아니다. 늘 스스로에게 "지금 하는 이 일을 과연 하나님께서 기뻐하실까?"를 물어야 한다. 그런 일이 아니면 시간을 쓸 이유가 없다.

초등학생 때, 쉬는 시간에 여학생들은 고무줄놀이를 했고 남학생들은 축구를 했다. 쉬는 시간 10분 사이에 교실에 있다가 복도 지나서 현관에서 신발 신고 운동장에 나가서 편을 가르고 축구를 하는 것이 어떻게 가능할까? 도무지 이해가 안 되는데 그때는 가능했다. 지금 같으면 교실에서 운동장에 나가는 데만도 10분이 걸린다.

나이를 먹을수록 시간이 점점 빨리 지나간다. 나이 50을 넘긴 다음부터는 제야의 종소리가 일주일 간격으로 들리는 것 같다. 인생은 길지 않다. 이것저것 잡다한 일에 신경 쓸 새가 없다. 우리는 하나님 말씀에 더 착념해야 한다. 그것이 우리한테 있는 성령의 검이다.

6:18〉 모든 기도와 간구를 하되 항상 성령 안에서 기도하고 이를 위하여 깨어 구하기를 항상 힘쓰며 여러 성도를 위하여 구하라

본문은 "모든 기도와 간구를 하되"라는 말로 시작한다. 기도와 간구를 굳이 구별할 이유는 없다. 히브리 사람들은 같은 내용을 다른 표현으로 반복하기를 즐긴다. 그냥 열심히 기도하면 된다. 조건이 있다. "모든 기도와 간구를 하되" 다음에 "항상 성령 안에서 기도하고"라는 말이 나온다. 무작정 기도하면 되는 것이 아니라 성령 안에서 기도해야 한다. 표현은 어색하지만 성령 밖에서 하는 기도도 있는 모양이다. 그 정도가 아니다. "이를 위하여 깨어 구하기를 항상 힘쓰며"라는 말이 이어진다. 성령 안에서 기도하는 것이 저절로 되는 일이 아니라는 뜻이다. 그 일을 위해서 각별히 주의를 기울여야 한다. 그리고 "여러 성도를 위하여 구하라"라는 말로 본문이 끝난다. 자기가 성령 안에서 깨어 기도할 수 있도록 간구하는 것은 물론이고 다른 성도를 위해서도 그렇게 해야 한다. 예수는 혼자 믿는 것이 아니다. 옆사람도 같이 믿어야 한다. 무엇보다도 우리는 교회의 지체들이다. 당연히 같은 모습이어야 한다.

불신자도 기도를 한다. 새벽마다 찬물로 목욕재계를 하고 정화수 떠놓고 치성을 드리는 것도 기도의 한 형태다. 그런 기도가 성령 안에서 하는 기도일 수는 없다. 그렇다고 해서 신자가 하는 기도는 저절로 성령 안에서 하는 기도로 인정되는 것이 아니다. 성령 안에서 하는 기도가 어떤 기도이고 성령 밖에서 하는 기도가 어떤 기도인지 몰라도 알 수 있는 사실이 있다. 불신자는 성령 안에서 하는 기도를 할 수 없다. 우리가 하는 기도 중에 불신자도 할 수 있는 기도는 성령 안에서 하는 기도가 아닌 것이 된다.

앞에서 하나님의 전신 갑주를 확인했다. 그런 내용에 이어서 기도를 말한다. 하나님의 전신 갑주로 무장하면 다 끝나는 것이 아니다. 그 무장이 효력을 발휘하려면 기도가 수반되어야 한다. 즉 우리의 기도는 마귀의 간계와 대척점에 있어야 한다. 우리가 기도할수록 마귀의 간계가 소멸되어야 한다. 그것이 성령 안에서 하는 기도다.

현실은 그렇지 않다. 사람들이 자기 욕구를 하나님께 아뢰기에 급급하기 때문이다. 행여 하나님이 자기 기도를 잊을세라 하나님을 일깨워드리기에 바쁘다. 그래서 새벽마다 기도하기도 하고 밤을 새워 기도하기도 하고 밥을 안 먹고 기도하기도 한다.

기독교 서점에 가면 기도에 대한 책이 참 많다. 그런데 대부분 '기도 교과서'가 아니라 '기도 훈련 교재'다. 어떤 기도가 바른 기도인지 설명하는 책은 없고 기도하는 행위 자체를 강조하는 책만 있다. 기도를 분별의 문제로 다루지 않고 열심의 문제로 다룬다.

우리가 기도를 어떻게 하는지 묻는 설문 조사가 있다고 하자.

당신은 기도 생활을 어떻게 하십니까?

① 일과 중에 늘 하나님을 생각한다. 삶이 곧 기도다.

② 매일 시간 정해서 기도한다.

③ 정한 시간은 따로 없지만 틈나는 대로 기도한다.

④ 식사기도 위주로 한다.

이 설문 조사에 대한 답을 상상해보면 왜 '기도 교과서'는 없고 '기도 훈련 교재'만 있는지 알 수 있다. 바른 기도를 얘기하기에 앞서 기도를 하게 해야 하기 때문이다. 일단 기도를 하고 있어야 그 기도를 고치든지 개선하든지 할 수 있다.

기도에 대한 강의를 하면 으레 "이런 기도도 해도 됩니까?"라는 질문이 나온다. 질문 자체에 어폐가 있다. 하나님이 들어주신다면 기도하겠지만 들어주시지 않는다면 기도할 필요가 없지 않으냐는 뜻이기 때문이다. 기도를 자기가 원하는 것을 얻는 수단으로 여기면 그럴 수밖에 없다.

우리는 지금보다 더 신앙이 자라야 한다. 이 얘기에 그렇지 않다고 할 사람은 없다. 그러면 일단 교회에 붙어 있어야 한다. 교회 밖에서 신앙이 충분히 자라서 교회에 들어오는 법은 없다. 기도도 마찬가지다. 우리 신앙이 성장해야 하는 것처럼 기도도 성장해야 한다. 그러기 위해서는 일단 기도를 하고 있어야 한다.

기도는 땅의 일을 이루기 위해서 하늘의 능력을 빌리는 것이 아니다. 하늘의 뜻을 땅에서 이루는 것이다. 이런 기도를 어떻게 처음부터 할까? 처음에는 누구나 "하나님, 이 문제는 이렇게 해주시고 저 문제는 저렇게 해주십시오."하고 매달리게 마련이다. 그 과정을 거친 사람이라야 "하나님 뜻대로 하겠습니다."라는 기도를 할 수 있다.

6:19-20〉 또 나를 위하여 구할 것은 내게 말씀을 주사 나로 입을 열어 복음의 비밀을 담대히 알리게 하옵소서 할 것이니 이 일을 위하여 내가 쇠사슬에 매인 사신이 된 것은 나로 이 일에 당연히 할 말을 담대히 하게 하려 하심이라

다른 사람한테 기도를 부탁한다면 주로 어떤 내용을 부탁할까? 질문을 바꿔보자. 여러분이 감옥에 갇혀 있다면 어떤 기도를 부탁하겠는가? 바울은 "내게 말씀을 주사 나로 입을 열어 복음의 비밀을 담대히 알리게 하옵소서"라고 했다. 자기가 옥에서 나가는 것보다 더 중요한 일이 복음의 비밀이 선포되는 일이고, 자기의 무죄가 밝혀지는 것보다 더 중요한 일이 자기 주변에 복음이 확산되는 일이었다. 자기가 옥에 갇힌 것은 별일 아니지만 복음이 갇히는 일은 있을 수 없는 일이었다.

대학 다닐 적에 경제학원론을 배웠다. 경제학은 인간의 욕구는 무한한데 그것을 충족시킬 자원이 유한하기 때문에 생긴 학문이라고 한다. 그런데 행복은 욕구 충족으로 얻어지는 것이 아니다. 행복이 욕구 충족으로 얻어진다면 충족시키려는 욕구의 총합과 충족시킨 욕구의 총합의 관계로 나타낼 수 있을 것이다. 분모에 충족시키려는 욕구의 총합을 넣고 분자에 충족시킨 욕구의 총합을 넣어서 계산한 값이 커질수록 더 행복하게 된다. 그런데 인간의 욕구는 무한하다. 분모에 무한대가 있으면 분자에 어떤 수가 오든지 그 값은 0이다. 욕구를 아무리 충족시켜도 행복과 무관하다는 뜻이다.

그래서 욕심을 버리라는 말을 한다. 욕심을 버리면 분모가 무한대가 아니게 된다. 그러면 행복할 수 있을 것도 같다. 안빈낙도가 그런 얘기다. 하지만 기독교의 가르침은 아니다. 행복은 욕구를 충족시키는 것에나 욕구를 버리는 것에 있지 않다.

우리가 하나님의 피조물이면 행복도 하나님과의 관계가 기준이어야 한다. 자기 욕구를 놓고 하나님께 기도할 것이 아니라 하나님의 뜻에 자기 욕구를 맞춰야 한다. 행복은 거룩의 부산물이다. 우리와 하나님의 관계가 올바르게 정립되는 것에서 행복이 시작된다.

바울의 얘기를 들어보자. 20절에서 "이 일을 위하여 내가 쇠사슬에 매인 사신이 된 것은 나로 이 일에 당연히 할 말을 담대히 하게 하려 하심이라"라고 했다. 19절에서 자기가 복음의 비밀을 담대하게 전할 수 있도록 기도해 달라고 하더니 바로 그 일을 위해서 자기가 감옥에 갇혔다고 한다.

신앙생활을 제대로 하고 싶어도 하나님이 환경을 만들어주지 않는다는 푸념을 종종 듣는다. 집안에 아무 걱정이 없으면 교회 봉사를 더 잘할 수 있는데 하나님이 왜 그렇게 안 해주시는지 모르겠다는 것이다.

그 말을 바울한테 적용하면 어떻게 될까? 우선 감옥에서 나와야 한다. 유대인들한테 시달리는 일도 없어야 한다. 가는 곳마다 사람들이 박수갈채를 치며 반겨야 한다. 그러면 바울은 느긋하게 복음을 전할 수 있다. 아닌 게 아니라 그렇게 복음을 전하면 훨씬 효율적일 것 같다. 그런데 바울의 말은 다르다. 자기가 할 일을 담대하게 할 수 있도록 하나님이 모든 세상 소망을 끊으셨다고 한다.

바울은 자기가 한때 유익하다고 생각했던 것들을 배설물로 여긴 사람이다. 바울한테는 이 세상에 속한 것 중에 탐낼 만한 것이 아무것도 없었다. 죄다 얼른 버려야 할 것들뿐이었다. 그럼 집안에 아무 문제가 없으면 신앙생활을 제대로 하겠다는 사람들의 얘기는 어떻게 되는 것일까? 자기한테 온갖 배설물을 채워주면 신앙생활 열심히 하겠다는 얘기가 된다. 하나님을 향한 신앙 고백이 아니라 세상을 향한 신앙 고백이다. 자기를 향한 하나님의 뜻보다 중요한 것이 세상에서 이루고 싶은 자기 욕심이다.

결국 바울이 19절처럼 기도를 부탁한 것은 자기를 향한 하나님의 뜻을 알았기 때문이다. 자기가 담대하게 할 말을 할 수 있도록 하기 위해서 하나님이 자기를 쇠사슬에 매인 사신이 되게 했다고 한다. 그래서 그 뜻에 부응할 수 있게 해달라고 기도를 부탁한다. 하나님의 관심과 자기의 관심이 일치되게 기도해 달라는 것이다.

애인이 생기면 교회 봉사를 등한히 할 것 같아서 하나님이 애인을 안 주신다는 청년 얘기를 들은 적이 있다. 사업을 하는 어떤 분은, 사업이 대박나서 주머니에 돈이 있으면 놀러 다니기에 바빠서 교회를 멀리 할 게 뻔하니까 하나님이 일용할 양식만 주신다고도 했다.

그런 말이 사실은 아닐 것이다. 자기의 상황을 그렇게 해석한 것이다. 어쨌든 세상 재미를 탐하는 것보다 하나님께 붙들린 것이 더 복되다는 사실을 인정해서 하는 말이다.

바울도 그렇다. 설마 하나님이 바울의 인생을 의도적으로 그렇게 만드셨을까? 그런데 바울이 그렇게 말한다. 자기한테 가장 중요한 일이 어떤 일인지 알기 때문이다. 자기는 기꺼이 그렇게 살 마음이 있다.

그러면 바울이 행복했을까, 불행했을까? 신자는 신자로 사는 것이 행복하다. 우리한테 걱정이 있다면 혹시 세상일에 사로잡혀서 신자답게 살지 못하면 어떻게 하나 하는 것 한 가지여야 한다. 다른 걱정을 할 이유가 없다. 하나님이 우리를 그렇게 지으셨다. 우리는 하나님의 피조물이다.

6:21-22) 나의 사정 곧 내가 무엇을 하는지 너희에게도 알리려 하노니 사랑을 받은 형제요 주 안에서 진실한 일꾼인 두기고가 모든 일을 너희에게 알리리라 우리 사정을 알리고 또 너희 마음을 위로하기 위하여 내가 특별히 그를 너희에게 보내었노라

바울이 안부를 전하기 위해서 두기고를 보낸다. 감옥에 갇힌 처지에 사람을 보내면서까지 전해야 할 소식이 어떤 게 있을까? 설마 "비록 옥에 갇혔지만 주의 은혜로 몸 건강히 잘 지내고 있습니다. 내 걱정은 하지 마십시오."라고 전하려는 것은 아닐 것이다.

두기고가 에베소교회에 도착한 다음을 상상해 보자. 바울의 소식을 전하는 데 걸린 시간이 얼마나 될까? 에베소는 튀르키예(터키)에 있는 도시다. 달랑 한두 마디를 하려고 로마에서 거기까지 가지는 않았을 것이다.

바울은 앞에서 자기가 복음의 비밀을 담대하게 전할 수 있게 해달라는 기도를 부탁했다. 두기고를 통해서 전하는 소식도 그것과 관계된 소식일 것이다. 일종의 선교 보고다. 바울이 어떤 경로로 복음을 전했고, 복음을 전하는 동안 어떤 일이 있었고, 바울한테서 복음을 들은 사람들은 어떤 사람들이고, 그 사람들이 어떤 반응을 보였고 또 어떤 변화가 나타났는지, 그 사람들을 통해서 복음을 영접한 사람들은 어떤 사람들인지 세세하게 설명했을 것이다.

그런 소식을 전하려면 조건이 있다. 두기고 역시 바울이 하는 일에 상당한 애착이 있어야 한다. 그 소식을 듣는 에베소교회 교인들도 마찬가지다.

두기고가 열심히 소식을 전하는데 "그 얘기는 됐고 밥부터 먹읍시다"라고 하면 안 된다. 귀를 쫑긋 세우고 들어야 한다. 중간에 질문을 할 수도 있다.

요컨대 두기고는 바울의 행적을 세세하게 전할 수 있는 사람이었다. 또 있다. 두기고가 맡은 일은 바울의 소식을 전하는 일만이 아니다. 22절에서 "우리 사정을 알리고 또 너희 마음을 위로하기 위하여 내가 특별히 그를 너희에게 보내었노라"라고 했다. 바울의 소식을 전하면서 에베소교회 교인들 마음을 위로하기도 해야 했다.

김하중 장로가 쓴 〈하나님의 대사〉에 아내 배영민 권사가 신앙을 갖게 된 계기가 소개되어 있다.

배영민 권사의 어머니는 칠십 평생 부처를 섬긴 보살이었다. 그런 가정에서 자란 배영민 권사는 불교 신자는 아니었지만 기독교 신자는 더욱 아니었다. 결혼 후에 시어머니한테 이끌려 억지로 교회에 나간 경험이 고작이다. 어느 날, 동창 모임에서 암에 걸렸다면서 핼쑥한 얼굴로 앉아 있는 친구를 보았다. 반가움과 놀라움이 교차하는 마음으로 친구의 손을 잡고 우는데 친구가 담담하게 말했다. "괜찮아, 난 예수 믿거든." 그 말 뒤에 감추어진 말이 있는 것을 우리는 안다. "그런데 넌 예수도 안 믿고 어떻게 하냐?"

예수를 믿는다는 것이 무슨 뜻일까? 거기에 얼마나 놀라운 비밀이 있기에 암 환자가 오히려 건강한 사람을 다독일까?

바울이 옥에 갇혔다. 에베소교회 교인들이 낙심할 만한 상황이다. 그런데 바울은 태연하다. 그래서 특별히 두기고를 보낸다. 바울 생각에 에베소교회 교인들을 위로하기에 가장 적합한 사람이 두기고였다.

두기고의 마음이 바울과 다르다고 가정해 보자. 바울의 마음은 전하지 못한 채 바울이 전하라는 소식만 사무적으로 전할 수 있다. 아니면 자기 속마음을 노출할 수도 있다. "큰일 났습니다. 선생님은 괜찮다고 하는데 절대 괜찮은 상황이 아닙니다. 이 일을 어떻게 하면 좋습니까?"라고 하면 에베소교회는 걷잡을 수 없는 혼란에 빠질 것이다.

언젠가 전도를 해야 하는 이유를 어떻게 설명하면 좋으냐는 질문을 받은 적이 있다.

"예수를 안 믿으면 지옥 가는데 무슨 이유가 더 필요하냐?"

"그럼 그 사실을 얼마나 실감나게 설명해주느냐에 달린 건가요?"

"아니, 일단 네가 먼저 실감해야지. 너도 실감하지 못하면서 말로만 하지 말고…"

행 1:8 말씀은 다 안다. 하지만 그 말씀에 자기의 인생을 건 사람과 들은풍월로 아는 사람은 천지차이다. 누군가 바울의 소식을 에베소교회에 전해야 한다. 단지 소식만 전하는 것이라면 꼭 두기고일 필요가 없다. 하지만 바울의 심정으로 전하기에는 두기고만한 사람이 없었다. 그래서 두기고를 '진실한 일꾼'이라고 한다.

지난 2003년 3월에 미국이 대량 살상 무기를 명분으로 이라크를 침공했다. 〈강아지똥〉, 〈몽실 언니〉로 유명한 아동문학가 권정생 선생은 무고한 생명이 죽는 모습을 TV로 보고는 밤이면 맥박이 120회까지 뛰고 열이 40도까지 올랐다고 한다. 나도 그때 마음이 참 무거웠다. 백인 복음주의자 80%

가 전쟁을 지지한다는 얘기도 어리둥절했지만 전쟁 특수로 군수산업체 주
가가 폭등해서 월 스트리트에서 환호성이 터져 나왔다는 얘기는 정말 분노
가 치밀었다. 하지만 맥박이 120회까지 뛰거나 열이 40도까지 오르지는 않
았다.

　우리가 신앙을 얘기할 때도 이런 차이가 있을 것이다. 예수님이 구세주
라는 사실에 다 동의한다. 이 세상이 전부가 아니고 다음 세상이 있는 것도
안다. 날마다 자기 십자가를 지고 예수님을 따라야 한다는 사실도 인정한
다. 하지만 그런 내용이 바르게 나타나지 않는다고 해서 평소보다 맥박이
급히 뛰거나 열이 오르지는 않는다.

　우리가 믿는 예수님과 바울이나 두기고가 믿는 예수님이 다른 분은 아닐
것이다. 우리가 아는 복음과 바울과 두기고가 아는 복음이 다른 복음도 아
니다. 〈하나님의 모략〉으로 유명한 달라스 윌라드가 이렇게 꼬집었다. "오
늘날 그리스도인들 중에 제자라는 단어의 의미 그대로 예수의 제자인 사
람이 누가 있는가?" 제자는 배우는 자, 학생, 도제를 말한다. 도제는 아무리
초보라도 그 업에 종사하는 사람이다. 그 업이 자기의 전부다. 도제와 장인
의 차이는 숙련도의 차이일 뿐이다. 열정과 관심의 차이가 아니다. 거기에
인생을 거기는 매일반이다. 그런데 제자가 되지 않고도 그리스도인일 수
있는 것처럼 생각하는 사람이 있다. "꼭 그렇게까지 믿어야 하는 것은 아니
잖아요?"라는 질문을 한두 번 들은 것이 아니다. 그럼 그렇게까지 안 믿고
어느 정도로 믿겠다는 얘기일까?

　우리가 정말로 그리스도인인지, 그냥 교회만 다니는 사람인지 점검해봐

야 한다. 그리 어렵지 않다. 우리가 원하는 것이 무엇인지 보면 된다. 우리한테 그리스도의 마음을 갖는 것보다 더 소중한 것이 있다면 그리스도의 제자가 아니다. 그리스도를 따르지는 않고 믿기만 하겠다는 얘기는 말이되지 않는다.

그런 점에서 두기고는 바울이 믿고 보낼 만한 사람이었다. 바울의 마음 그대로 바울의 소식을 전할 수 있는 사람이었다. 그러면 남은 과제는 에베소교회 교인들한테 있다. 두기고만 바울과 같은 마음이면 되는 것이 아니라 두기고를 통해서 소식을 듣는 에베소교회 교인들도 바울과 같은 마음이어야 한다.

이 얘기를 우리한테 옮기면 어떻게 될까? 우리는 에베소서에 기록된 내용을 알기만 하면 되는 사람들이 아니다. 그런 내용을 기록한 바울과 같은 마음이어야 한다. 그런 말씀을 성경에 남기신 하나님의 뜻에 진심으로 "아멘" 할 수 있어야 한다.

6:23) 아버지 하나님과 주 예수 그리스도께로부터 평안과 믿음을 겸한 사랑이 형제들에게 있을지어다

어떤 사람이 몸이 안 좋아서 병원에 갔다. 의사로부터 충격적인 말을 들었다. 죽을병이라는 것이다. 다행히 때마침 개발된 신약이 있어서 처방을 받았다. 그 약은 한 가지 부작용이 있었다. 거짓말을 하면 죽는 것이다. 어쨌든 그 사람은 건강을 회복했다. 그러던 어느 날, 우연히 동창을 만났다.

몇 마디 나누고 헤어졌는데 바로 죽었다. 헤어지면서 "언제 한번 밥이나 먹자"라고 했기 때문이다.

본문도 그렇게 생각할 수 있다. 물론 바울이 입에 발린 말을 하는 것일 수는 없다. 하지만 듣는 쪽에서는 으레 하는 말로 들을 수 있다. 설령 에베소 교회 교인들이 그렇게 듣지 않았다고 해도 우리가 그렇게 들을 수 있다.

누군가 에베소서를 읽는다고 생각해 보자. 1장 1절부터 한 절씩 묵상하면서 정독하다가 6장에 이르렀다. 23절까지 오면 무슨 뜻인지 음미하는 것은 고사하고 책을 덮을 궁리부터 하지 않을까?

평안, 믿음, 사랑은 교회에서 늘 듣는 말이다. 그런데 표현이 특이하다. "평안과 믿음을 겸한 사랑"이라고 했다. 하나님의 사랑을 받으면서도 평안이 없을 수 있고, 예수님의 사랑을 받으면서도 믿음이 없을 수 있는 모양이다.

하나님이 우리를 사랑하신다는 이유만으로 매사가 원하는 대로 풀리지는 않는다. 환경은 여전히 우리한테 적대적일 수 있다. 정말로 하나님이 계신지 의아할 수도 있다. 그래서 바울이 "평안과 믿음을 겸한 사랑"을 기원한다. 우리가 받는 사랑은 세속적인 조건에 구애되는 것이 아니기 때문이다.

6:24) 우리 주 예수 그리스도를 변함없이 사랑하는 모든 자에게 은혜가 있을지어다

왠지 야박하다. 모든 사람한테 은혜가 있기를 기원하는 것이 아니라 예수 그리스도를 변함없이 사랑하는 사람이라는 조건을 달고 있다. 예수 그리스도에 대한 사랑이 오락가락하는 사람한테는 은혜를 기원하기 싫은 것일까?

어떤 사람이 "나는 아버지 재산이 필요하지, 아버지는 필요 없습니다."라고 한다면, 그 사람한테 뭐라고 해야 할까? 탕자가 그 주인공이다. 아버지 재산은 탐내면서 아버지와 관계를 맺는 것은 싫어했다.

성경에만 나오는 얘기가 아니다. 구원은 행위가 아닌 믿음으로 얻는다. 우리가 얻은 구원은 하나님의 선물이다. 그런데 하나님이 주시는 선물만 챙기고 하나님과 관계없이 살아도 되는 줄 아는 사람이 있다. 구원은 받았다고 하면서 구원받은 모습은 안 보인다. 하나님이 주신 선물과 하나님을 분리한 것이다. 결혼반지는 이 사람한테 받고 결혼은 저 사람과 한다는 격이다.

구원에 담긴 하나님의 은혜를 오해하면 이런 폐단이 생긴다. 행실은 엉망인 채 믿음을 얘기하는 사람이 얼마든지 있다. 신학자 케제만은 칭의를 주권의 전이(轉移)로 이해해야 한다고 했다. 의롭게 칭함 받는 것이 전부가 아니라 사탄의 통치에서 해방되어 하나님의 통치로 옮겨졌다는 것이다. 하나님과 하나님이 주시는 선물이 분리되지 않는 것처럼 우리가 하나님의 통치 안에 있으면 우리와 우리를 향한 하나님의 통치도 분리되지 않는다.

그래서 본문은 "우리 주 예수 그리스도를 변함없이 사랑하는 모든 자에게 은혜가 있을지어다"라고 한다. 주님을 향한 우리 마음이 고정되어 있어야 한다. 그럼 예수 그리스도를 변함 있게 사랑하는 사람은 어떤 사람일까? 앞에 나온 "평안과 믿음을 겸한 사랑"에서 힌트를 얻을 수 있다. 세속적인 조건이 충족되어야 하나님의 사랑을 실감하는 사람이다.

푸른 초장, 쉴 만한 물가에서 하나님의 사랑을 찬양하는 일은 쉽다. 하지만 사망의 음침한 골짜기를 지날 때는 상황이 달라진다. 그때는 평안도 없고 믿음도 없다. 자기가 그리스도를 변함없이 사랑해야 하는 줄 모르고 엉뚱한 얘기를 한다.

에베소서가 이렇게 끝난다. 지금까지 어떤 내용을 읽었는가? 에베소서는 교회론을 다룬 책이라고 했다. 신자가 어떠해야 하는지 말하는 것이 에베소서의 내용이다. 에베소서에 그런 내용이 기록되었다는 얘기는 에베소교회 교인들이 그만큼 신자로 살기 힘든 환경에서 신앙생활을 해야 했다는 뜻이다.

모두가 신앙을 지키는 분위기라면 문제 될 것이 없다. 동조효과 때문에라도 신앙을 지킬 수 있다. 현실은 그 반대다. 아무도 신앙을 지키지 않는데 우리만 신앙을 지켜야 한다. 신앙을 지킨 보상이 곧바로 주어지지도 않는다. 주 예수 그리스도를 변함없이 사랑하는 일이 절대 만만하지 않다. 그래서 "우리 주 예수 그리스도를 변함없이 사랑하는 모든 자에게 은혜가 있을지어다"라는 말로 에베소서가 끝난다. 나 역시 같은 말씀으로 에베소서 강해를 맺는다. 우리 주 예수 그리스도를 변함없이 사랑하는 모든 자에게 은혜가 있기를 진심으로 진심으로 진심으로 소망한다. 그들에게는 에베소서가 기록될 당시에 역사하셨던 성령님께서 그때와 동일한 능력, 동일한 사랑으로 역사하실 것이다.

Let's Go 에베소서

초판 1쇄 발행 2022. 12. 23.

지은이   강학종
펴낸이   방주석
펴낸곳   베드로서원
주 소   10252 경기도 고양시 일산동구 고봉로 776-92
전 화   031-976-8970
팩 스   031-976-8971
이메일   peterhouse@daum.net
등 록   2010년 1월 18일
창립일   1988년 6월 3일
ISBN   979-11-91921-17-5 03230
책값은 뒤표지에 있습니다.

베드로서원은 문서라는 도구로 한국교회가 복음의 본질을 회복하고

마을 목회와 선교적 교회로 나아가는 데 기여하고자 최선을 다합니다.

나의 힘이신 여호와여 내가 주를 사랑하나이다(시 18:1)